Edition Akzente
Herausgegeben von
Michael Krüger

Zeit-Räume

Zeiträume – Raumzeiten – Zeitträume

Herausgegeben
von Martin Bergelt und
Hortensia Völckers

Carl Hanser Verlag

Mit freundlicher Unterstützung
von DANCE '91
Eine Veranstaltung des Kulturreferats
der Landeshauptstadt München

ISBN 3-446-16430-8

Umschlag: Entwurf Hubertus Reichert,
Layout Peter Langemann
Gesamtherstellung: Friedrich Pustet Regensburg
Printed in Germany

Inhalt

4

5

Martin Bergelt

Zeit-Räume – Zur Einleitung

1.

Vermutlich ist das Nachdenken über Zeit und ihr Vergehen so alt wie die Menschheit selbst. Mit der Erkenntnis der eigenen Sterblichkeit und der Periodizität natürlicher Kreisläufe sind bereits die beiden grundlegenden Zeitmuster, das lineare und das zyklische, gegeben – Muster, die im Verlaufe der Geschichte den Grundriß verschiedener kultureller Zeitsysteme zeichneten. Im christlichen, stufenförmig gegliederten Kosmos des Mittelalters liefen gleichsam zwei Uhren völlig unabhängig voneinander. Die eine zeigte die absolute Zeit Gottes, sie verlief linear gerichtet (Symbol: der Finger Gottes, das Stundenglas), die andere zeigte die relative Zeit weltlich-physikalischer Ereignisse, sie verlief zyklisch-reversibel (Symbol: das Rad, die Räderuhr). Diese beiden Zeiten verliefen nicht analog, vielmehr herrschte zwischen ihnen eine rein typologische Beziehung. Beiden Modellen gemeinsam war jedoch die Vorstellung einer homogenen Zeit, eines kontinuierlichen Fließens völlig unabhängig vom Raum. Der Raum – lange Zeit nur als konkreter Lebensraum im Blick – galt als statisch, den Gesetzen der Euklidischen Geometrie gehorchend; er war schlicht da. Mit den Fortschritten der Astronomie zu Beginn der Neuzeit wurde zwar die christliche Zeit-Raum-Architektur baufällig, doch änderte sich noch nicht das Zeitparadigma, denn der eingeführte Begriff »unendlich« war der göttlichen Sphäre ohnehin stets beigesellt gewesen. Der Raum dehnte sich – nach wie vor euklidisch – unendlich, die Zeit floß nunmehr – nach wie vor kontinuierlich – von Unendlichkeit zu Unendlichkeit. Das aristotelische Prinzip »Die Natur macht keine Sprünge« blieb unangetastet. Die von Newton zum mechanischen Weltbild ausformulierte Naturgesetzlichkeit schien der Endpunkt physikalisch-mathematischer Theoriebildung, auf den nurmehr die sukzessive Verbesserung technologischer Anwendung zu folgen hatte. Selbst in theologischer Hinsicht mußte Newton keinen Skandalfall darstellen, denn bewies er nicht exakt das, was die Theologie seit je symbolisch in bezug auf die Welt Gottes formuliert hatte: Ordnung in Vollendung?

Und dann in den 20er Jahren dieses Jahrhunderts jener empörte Ausruf Albert Einsteins, »Gott würfelt nicht!«. Ausgerechnet Einstein, der Revolutionär der gesamten Newtonschen Physik, der Zertrümmerer der jahrtausendealten Vorstellung vom homogenen Zeitfluß, vom statischen Raum, jener Mann, der uns dreidimensionalen Geschöpfen das Rätsel der Vierten Dimension aufgab, beschwor eine göttliche Ordnung. Was war passiert? »Ketzer« wie Werner Heisenberg hatten die mathematische Unschärferelation eingeführt, sprachen von Quantensprüngen, von der prinzipiellen Indeterminierbarkeit bestimmter physikalischer Vorgänge, anders gesagt: der Zufall hatte Einzug in die vermeintliche Weltordnung gehalten. Damit war freilich nicht nur die Annahme einer göttlichen Ordnung gefährdet – das »Siehe, es war gut« –, sondern auch die fundamentale Hypothese der gesamten Naturwissenschaften, die prinzipielle mathematisch-physikalische Erfaßbarkeit von Natur. Deren Fluchtlinie hatte schon der Laplacesche »Dämon« gezogen: mittels des exakten Datenmaterials eines beliebigen Weltmomentes die gesamte Weltgeschichte vor und zurück berechnen zu können. Diese in der Tat dämonische Vorstellung gehört heute – das haben die naturwissenschaftlichen Forschungen der letzten 80 Jahre belegt – endgültig der Vergangenheit an. Das Universum ist kein mechanisches Uhrwerk; an die Stelle linearer Kausalität sind kybernetische Rückkopplungskreise, Netzsysteme, in denen Ursache und Wirkung aufeinander einwirken, getreten. Forschungen in Chemie, Biologie und Physik bestätigen den 2. Hauptsatz der Thermodynamik, das Gesetz wachsender Unordnung innerhalb energieverbrauchender Systeme (Entropie). Damit wurde auch die Annahme einer symmetrischen Zeit, wie sie noch den Relativitätstheorien Einsteins zugrunde liegt, hinfällig. Gemäß dem gegenwärtigen Zeitparadigma verläuft die Zeit nicht nur nicht homogen, sie ist vielmehr gerichtet, irreversibel, altert gleichsam selbst. Jede Science-fiction einer Reise in die Vergangenheit oder in die Zukunft findet hier ihre theoretische Widerlegung, denn weder ist der an sich schon fiktive Jetzt-Zustand exakt bestimmbar, noch kann die Genese einer zusammengesetzten Information prozessual rückwärts verfolgt werden, da die Einzeldaten der Informationsbildung ungespeichert verlorengegangen sind. Veranschaulichen läßt sich dies am Beispiel der Dinosaurier. Ohne fossile Funde wäre nichts über sie bekannt, denn mit deren Aussterben sind auch sämtliche genetischen Informationen verlorengegangen. Die Evolutionsforschung könnte anhand ihres Datenmaterials nicht auf die Existenz dieser Art rückschließen. Auf der anderen Seite läßt sich ebensowenig mathematisch in die Zukunft extrapolieren, da die Ausgangsbedingungen niemals exakt bestimmbar sind. Auch die größte Meßgenauigkeit bleibt prinzipiell unscharf. Wie die Chaosforschung zeigt, können aber schon minimale Abweichungen auf dem Wege exponentieller Fehlerverstärkung gewaltige – völlig unvorhersehbare – Veränderungen bewirken. Das Paradebeispiel für solche Unvorhersehbarkeit ist die alltägliche Wettervorhersage. Schon der Flügelschlag eines Schmetterlings – so lautet das berühmte Beispiel aus der Chaosforschung – kann für die Entstehung eines Wirbelsturms entscheidend sein.

2.

Mit der Annäherung an die Jahrtausendwende steigen die Publikationen zur Zeit-Thematik sprunghaft, welche der Sorge Ausdruck verleihen, daß ein zum »Dorf« oder zum »Raumschiff« geschrumpfter Globus gleichsam knapp vor einem Tempokollaps stehe, der Beschleunigungsprozeß geradewegs auf eine Apokalypse zusteuere. Diese Sorge entspringt nicht jenem Irrationalismus, wie er immer wieder besonders zu Zeitwenden auftrat, sie wird vielmehr abgeleitet aus der Deutung wissenschaftlich-technologischer Innovation.

Nun scheint die Revolutionierung des Newtonschen Zeit-Raum-Kontinuums auf den ersten Blick nicht unsere Alltagswelt zu betreffen, da sie Phänomene jenseits der menschlichen Wahrnehmungsfähigkeit erfaßt. Quantensprünge, Raumkrümmung, Zeitdilation sind keine lebensweltlichen Faktoren, vielmehr Theorien aus den der Erfahrbarkeit entzogenen Grenzbereichen des Mikro- und Makrokosmos. Obwohl wir also mit den konventionellen Zeit-Raum-Begriffen sehr gut weiter operieren können, dies auch permanent tun – jede Verabredung basiert auf der Homogenität und Determiniertheit von Zeit und Raum –, hat diese Revolution doch zu tiefgreifenden Umstellungen unseres Weltbildes, zu dramatischen Veränderungen unserer Lebenswelt geführt. Die Gesamtheit der Lebensverhältnisse wurde auf dem Wege technologischer

Revolution dynamisiert, mit einem Zeitkoeffizienten versehen.

Von der Antike bis zur Mitte des 19. Jahrhunderts hatte sich die Reisegeschwindigkeit nicht nur nicht verändert, sondern sie war auch identisch mit dem Tempo der Nachrichtenübermittlung. Daß wir uns heute per Flugzeug mit Schallgeschwindigkeit bewegen, erscheint nur als quantitativer Fortschritt, verglichen mit jenem qualitativen Sprung, den die Lichtgeschwindigkeit bedeutet, mit der heute Informationen verbreitet und verarbeitet werden können. Voraussetzung für diesen Beschleunigungsschub war – jenseits der Apparatekonstruktion – ein Abstraktionsschub, der die prinzipielle Austauschbarkeit allen sinnlichen Materials denkbar machte. Ob Schrift, Stimme, Musik, Bild – im Digitalisierungsprozeß fallen sämtliche medialen Differenzen, der Zahlencode wird gleichsam zu *der* Meta-Sprache. Während Kategorien wie Original und Authentizität dieser Normierung zum Opfer fielen, eröffnete sie völlig neue Möglichkeiten der Manipulation und der Simulation. Aufgrund des extremen Tempos der Codierungs- und Decodierungsprozesse wird selbst das Verhältnis von Ursache und Wirkung derart verdeckt, daß beide simultan scheinen. So läßt sich etwa aus der puren Zeitbeobachtung nicht schließen, ob das Licht angeht, weil der Schalter gedrückt wird, oder ob der Schalter gedrückt wird, weil das Licht angeht. Diese Gleichzeitigkeit des Ungleichzeitigen betrifft – nicht anders als im engen Raum eines Zimmers – inzwischen den gesamten Globus, dessen 40 000 km Umfang ein Funksignal im Bruchteil einer Sekunde zurücklegt. In dem Maße, in dem die überwundenen Räume dabei zu einem einzigen Zeitpunkt schrumpfen, wird die erhöhte Mobilität des Menschen – trotz Flugzeug, Auto und Hochgeschwindigkeitsbahn – zum Anachronismus. Zeitgemäß im Sinne einer Ökonomie der Bewegung im Raum ist dagegen der unbeweglich vor den weltweit vernetzten Apparaten verharrende Adaptertypus, der über Schalter Wirklichkeit zu Datenmaterial sterilisiert, in welchem die Konkretheit von Zeit und Raum getilgt ist.

In der dank solcher Zeitökonomie gewonnenen Freizeit wird der Verlust an konkreter Erfahrung zwar raumgreifend kompensiert, doch nur im ganz oberflächlichen Wortsinne. Der Aufenthalt im klimatisierten Tropenhotel mit TV und Telefon, der Flug, die Autofahrt, das alles sind nur Simulationen einer Erfahrung. Sehenswürdigkeiten werden nicht mehr wahrgenommen, sondern mittels Fotoapparat und Videokamera gleichermaßen vom Leib gehalten wie zu neuem Datenmaterial verarbeitet; der Blick aufs Armaturenbrett und durch die Windschutzscheibe gleicht jenem auf Tastatur und Monitor, die Wirklichkeit bleibt draußen. Und kommt es dennoch zur Konfrontation mit dieser, dann als Unfall, als Todesdrohung, jenem rudimentären Augenblick des Authentischen.

Derart verengt sich der Bereich konkreter Lebenserfahrung stetig, am Horizont zeichnet sich eine Art Chip-Typus mit Operatorfunktion ab, auswechselbar, ohne eigene Zeit, ohne eigenen Raum, eingezwängt ins Schema binärer Schalterwahl. Während es heute schon unmöglich ist, eine Weltgeschichte des 20. Jahrhunderts zu schreiben, da sich das multifaktorielle, aus Abermilliarden vernetzter Einzelinformationen bestehende Weltgeschehen nicht mehr auf das traditionelle Kausal- und Temporalgitter von Geschichtsschreibung abbilden läßt, werden täglich immer mehr Informationen gespeichert, völlig losgelöst von der Frage, mit welcher und zu welcher Zeit diese Informationen wieder abgerufen werden sollen. Tendenziell nähert sich das Verhältnis gespeicherter Information zu Lebenszeit der Größe 1 : 1, widersinnig wie eine Landkarte dieses Formats. Das Gedächtnis als Sitz des Zeitgefühls, mit seiner Fähigkeit, lebendige Vergangenheit zu erinnern, beginnt vor dieser nicht mehr memorierbaren Datenflut zu kapitulieren. Wie heute schon oft das Kopieren das Lesen ersetzt, wird das Speichern zur Simulation der Erinnerung, das Gespeicherte vergessen. Wird es je abgerufen, dann ohne nachzudenken. Die Information erscheint augenblicklich wie aus dem Nichts. Dabei kulminieren die Zeitmodalitäten Erinnerung, Erlebnis und Erwartung tendenziell in einem immergleichen Jetzt – bis zum Abschalten.

3.

Da die Zeit-Raum-Thematik nicht exklusiv in einer bestimmten Disziplin beheimatet, sondern jeder reflektierenden Auseinandersetzung mit Wirklichkeit immanent ist, wurden für diesen Band Autoren unterschiedlicher Wissensbereiche eingeladen, ihr jeweiliges Fachwissen auf dessen lebensweltliche Relevanz hin zu befragen. In der Zusammenschau der Resultate aus Physik, Chemie, Wissenschaftstheorie, Architektur, Philosophie, Politologie, Musik- und Theaterwissenschaft wird erkennbar, was man das Zeit-Raum-Paradigma im ausgehenden 20. Jahrhundert nennen könnte. Die Besonderheit des Ansatzes dieses Bandes liegt in der Gegenüberstellung von wissenschaftlichen und ästhetischen Entwürfen. Aus dem Wissensbereich der Kunst wurde der Tanz als die Gattung ausgesucht, die sich explizit mit den Kategorien Zeit und Raum auseinandersetzt, bilden diese doch die konstituierenden Elemente von Choreographie überhaupt. Gerade der Kunstform Tanz bieten sich vorzügliche Möglichkeiten, zeitgenössische Erfahrungs- und Wirklichkeitsmuster ins Anschauliche zu transformieren. Seine Interdisziplinarität, sein Zugang zu Subkulturen, seine flexible Organisationsform lassen ihn heute als *das* Medium zur Umsetzung einer zeitgenössischen Ästhetik erscheinen. Sein Dispens vom Bedeutungszwang der Sprache, deren sinnüberfrachtete Enge dem Sprechtheater die Luft zu nehmen droht, die Loslösung von einer linearen Handlung, vom Handlungsmodell überhaupt, die Simultaneität verschiedener Bewegungen, das Spiel mit dem Zufall und das Herstellen chaotischer Ordnungen, die Visualisierung von Strukturen und deren Zerfall, die ständige Dynamik, der Perspektivismus, der Verzicht auf identifizierbare Räume, deren spontane Veränderungen durch Lichtwechsel, die Diskontinuität von Figuren – all dies sind genuine Darstellungsmöglichkeiten des Tanzes. Im Gegensatz zu den Naturwissenschaften untersucht der Tanz die Wechselwirkungen von Zeit und Raum auf den konkreten menschlichen Körper. Der Kunstraum Bühne gleicht in den Konzeptionen avancierter Choreographie einem Laboratorium zur Erforschung theoretischer Zeit-Raum-Modelle, wobei der menschliche Körper gleichermaßen einen Bewegungsparameter darstellt wie auch die Dimension der Humanität.

Begriffe wie strukturierte Unordnung, Synergetik, Selbstorganisation und offenes System sind sowohl auf naturwissenschaftliche wie auch auf ästhetische Konzepte anwendbar. Dabei ist die Frage des apriori nicht eindeutig zugunsten der Naturwissenschaften zu beantworten, wie die Tatsache erhellt, daß in deren Bereich einer »eleganten«, d. h. symmetrischen und in sich homogenen Formel noch eine Option auf Richtigkeit zugestanden wurde, als das dazu korrespondierende ästhetische Modell, Klassik und Klassizismus, nur noch eingeschränkt akzeptiert wurde. Heute scheint es hier wie dort keine »einfachen« Lösungen mehr zu geben, ganz zu schweigen vom alles erfassenden Systemgedanken. Anders als der – nicht immer geliebte – Zögling von Naturwissenschaft, die Technokultur mit ihrer Tendenz zur Etablierung zwanghafter Systeme, kann die Kunst dank ihrer utopischen Energie das in den zeitgenössischen Weltmodellen angelegte Freiheitspotential darstellen. Freiheit als Resultat des Nachweises der Indeterminiertheit von Welt; Freiheit als Kritik an Planungen, die mit Zukunft operieren, als handele es sich dabei um einen Rohstoff, ungeachtet der unberechenbaren Wechselwirkungsdynamik komplexer Systeme.

Der Choreographie bietet sich hier die Chance, ein Gegenbild zu jenen doch skeptischen Ausblicken in eine Zukunft ständiger Beschleunigung bei gleichzeitiger Raumverknappung mit der Konsequenz nur mehr simulierten Lebens aus Wirklichkeitssurrogaten entwerfen zu können: Der spielerisch-experimentelle Umgang mit Zeit und Raum setzt ein Bewußtsein derselben voraus, die Körper sind anwesend und in Bewegung, das Ereignis findet »wirklich« statt, keine Reproduktion, keine Simulation, wiederholbar zwar, mit ähnlichen Anfangsbedingungen, aber immer wieder einmalig.

1

Peter Kafka

Raum, Zeit, Materie – Gibt es das eigentlich? oder Ein Tanz ohne Boden

1. Die Gier nach den Ur-Sachen

Seit auf der Erde gedacht wird, stellen Denker auch das vermeintlich Selbstverständliche in Frage. So haben Philosophen aller Zeiten und Schulen darüber gestritten, was man unter Realität oder Wirklichkeit oder Existenz zu verstehen habe. Als Naturwissenschaftler bin ich natürlich zu ungebildet, um die Geschichte dieses Streites genauer zu überblicken, aber es lohnt sich vielleicht, ihn ein paar Jahrhunderte nach der Aufklärung mit dem eigenen Wissen im eigenen Denken wiederaufzunehmen. Gibt es beispielsweise einen prinzipiellen Unterschied in der Qualität oder im Grad der Existenz zwischen einem »Gegenstand«, auf den man mit der Nase stößt, und den man dann mit der Hand begreifen kann, und einem Gegenstand des begrifflichen Denkens?

Schon sind wir in eine Falle geraten, beginnen im Käfig unseres Denkens ruhelos hin und her zu wandern. Wir fragten »gibt es?« – und wollten doch eigentlich der Bedeutung eben dieser Redewendung auf die Spur kommen. Es geht uns hier also ähnlich, wie dem Finder jenes Blattes Papier, das auf beiden Seiten die Botschaft enthält: »Was auf der anderen Seite steht, ist falsch!«

Einen modernen Wissenschaftler, der sich selbst als Materialisten bezeichnet, sich also zum Glauben an die Dreieinigkeit von Raum, Zeit und Materie bekennt, gehen solche scholastischen Gedankenspielereien nichts an, möchte man meinen. Verfügt er nicht über ein Kriterium, mit dem er nützliche von unnützen Gedanken scheidet? Die konstruktive *Brauchbarkeit* ist dies Kriterium: Denken ist überflüssig, wenn es nicht zum Weiterbauen dient. Auch jede Erkenntnis ist letztlich konstruktiver Natur. Die Existenzfrage läßt sich nur dadurch positiv entscheiden, daß man einen Weg zur Verwirklichung angibt – und damit ist letztlich gemeint: materielle Verwirklichung in Raum und Zeit, also in der »wirklichen Welt«. Es gibt nur das, womit wir eine »Wechselwirkung« erfahren, worauf wir beim »Erfahren der Welt«, also beim Fortschreiten durch Raum und Zeit, mit der Nase stoßen können. Und, ganz entscheidend, der Weg muß wenigstens im Prinzip jedem anderen so zu beschreiben sein, daß auch er ihn finden und dort auf das gleiche stoßen kann.

Schon wieder eine Falle? Wir können ja auf die abstrusesten Ideen mit der Nase stoßen! Sie müssen z. B. nur in der Materie von Papier und Druckerschwärze verwirklicht sein. Und natürlich ist auch jeder Gedanke, jedes Gefühl, jeder Traum in diesem materialistischen Sinne Wirklichkeit – existent, realisiert, wirkungsvoll, etwas bewirkend –, und zwar durchaus in materieller Gestalt. In jener materiellen Gestalt in Raum und Zeit nämlich, die sich selbst als »Seele und Geist« erfährt – also in jener Verflechtung von vielen Milliarden Nervenzellen im Gehirn mit je Hunderttausenden anderen. Und jeder Gedanke, jede Idee, kann nach außen hin wirksam werden, in anderen Hirnen und Händen, kann womöglich Massen bewegen, den Lauf der Welt verändern. Wenn durch solche Wechselwirkungen die Wirklichkeit erwiesen wäre, wie könnte dann ein Materialist bestreiten wollen, daß es Gott gibt? Stößt man nicht ständig mit der Nase auf ihn? Ja kann nicht sogar noch immer den Kopf verlieren, wer sich nicht vor ihm niederwirft oder ihn gar leugnet?

Offensichtlich ist auch für den materialistisch eingestellten Erfahrungswissenschaftler der Existenzbegriff komplexer, als wir es ihm eben unterstellen wollten. Ausreden, wie sie im Jahrhunderte währenden »Universalienstreit« üblich waren, stehen ihm jedoch nicht mehr zur Verfügung, nachdem ihm nun, dank der Erkenntnisse über Hirnentwicklung als Selbstorganisation neuronaler Netzwerke, auch die Gedanken und Begriffe zu materiellen Phänomenen in Raum und Zeit werden. Er wird zugeben, daß die Anerkennung der Existenz von gekrümmten Raum-Zeiten oder von Neutrinos für manchen ähnlich schwierig sein mag, wie für ihn die Anerkennung der Existenz von Gott und Teufel. Er wird auch auf den Erfolg seiner Methode verweisen, auf die er sich mit vielen anderen intelligenten Leuten geeinigt hat, und die doch offensichtlich in der materiellen Welt innerhalb weniger Generationen mehr Spuren hinterlassen hat als alle Religionen in Jahrtausenden. Wahrscheinlich aber wird er schließlich doch ganz bescheiden sagen: »Gott sei Dank ist dies nicht mein Problem«, ja vielleicht sogar *Stanisław Jerzy Lec* zitieren: »Ob ich Atheist bin, weiß Gott allein.« Und er wird sich wieder seinem eigentlichen Problem zuwenden: die Gesetze von Raum, Zeit und Materie zu ergründen. Es ist doch vernünftig, erst einmal das Einfache zu erforschen, nicht wahr?

Was meinen wir eigentlich, wenn wir sagen, wir haben etwas erforscht? Die Sprache erinnert sich noch daran: *Forschen* und *Fragen* haben etwas mit der *Furche* zu tun, also mit dem Herumwühlen im Grund. Der *Grund*, das sieht man noch im Englischen, das ist das *Zerriebene* – das dann als *Fundament* zum Weiterbauen und Weitergehen dienen kann. (Das *fundamentum* ist übrigens urverwandt mit dem *Boden*, dem *Pfad* und dem *finden* ...) Die Krümel, also den Grund, den wir bei diesem Zerkleinerungsprozeß erzeugt haben, nennen wir auch die Ursachen. (Da sehen wir: Die Forschung hat schon mit dem Durchwühlen des Bodens nach Wurzeln und Pilzen und mit der Juristerei angefangen. Man suchte nicht nur Nahrung und gangbare Pfade, sondern mußte auch für jede Tat-Sache eine Ur-Sache finden, damit jemand schuldig gesprochen werden konnte ...)

In diesem Sinne wäre die Naturforschung rückwärts gewandt, ihre Erkenntnisse keineswegs »konstruktiv«. Der Forscher zweifelt ja nicht an der realen Existenz des Wahr-Genommenen. Er fragt nur immer weiter »warum?« – wie das kleine Kind. Die wissenschaftliche Neugier hieße also besser Altgier. Der immer häufiger gehörte Vorwurf, das analytische Vorgehen bringe durch das Auflösen von Zusammenhängen, das Ent-flechten von Kom-plexem, unsere Welt in Gefahr, wäre dann offensichtlich unhaltbar – denn wie sollte das Wühlen nach den Ursachen in ein paar Laboratorien (oder gar in Papier) viel Schaden anrichten?

Nun ja – ganz so kindlich ist die Forschung nicht. Zu den Wissenschaften kommen selbstverständlich die Anwendungen. Die Erfahrungswissenschaft dient einem Eroberungszug. Und wieder weiß dies noch die Sprache: Unser *Erfahren* ist verwandt mit der griechischen Wurzel der *Empirie*, nämlich *peira*, was *Versuch* und *Wagnis* bedeutet. (Aha – Beute machen wollen sie, die *Piraten*!)

Wenn wir aber etwa scheitern, sind doch nicht die Forscher schuld! Ursachenforschung liefert die Entschuldigung: Was in den Hirnen geschieht, ist schließlich nichts als das Herumtasten in der längst existierenden Welt, nach den Regeln des »neuralen Darwinismus«. Das Überlegene ist nicht schuld, wenn es das Unterlegene verdrängt oder versklavt. Überlebensfähigeres ist nicht schuld am Überleben. Wissenschaften wie Machenschaften sind Folge der Großhirnentwicklung; diese wiederum war Folge des Aufstiegs des Lebendigen zu immer höherer Komplexität; das Leben entsprang dem Zustand der Erde kurz nach Entstehung des Sonnensystems; dessen chemische Zusammensetzung war Ergebnis der Geschichte einer Gas- und Staubwolke, zu der wiederum Geburt, Entwicklung und Tod vorangegangener Sterngenerationen beitrugen; all dies konnte nur geschehen, weil mit Milliarden Galaxien auch unsere Milchstraße entstanden war, und dies war Folge der Klumpenbildung von Materie unter ihrer eigenen Schwerkraft nach hinreichender Verdünnung der Hintergrundstrahlung (welche ursprünglich die bei weitem überwiegende Substanz darstellte, deren Dichte aber bei der Ausdehnung stärker abnimmt als die der Materie).

Die ganze Welt, die astrophysikalischen Strukturen, die irdische Biosphäre, der einzelne Mensch mit seinem Ich und seinen Gefühlen, die Gesellschaft, die Wissenschaft, das Reich der Ideen – all dies sind »dissipative Strukturen«, die durch Selbstorganisation der Materie in Raum und Zeit zustande kamen. Den tiefsten bisher beim Wühlen und Zerreiben erreichten Grund, die Ur-Ursachen, denen auch Raum, Zeit und Materie erst entsprangen, nennen wir *Urknall, physikalische Grundgesetze* und *Logik der Selbstorganisation* – eine noch fundamentalere Dreieinigkeit, in der alle Wirklichkeit wurzelt.

2. *Wie das Begreifen harte Tatsachen erweicht*

Den Laien fröstelt es, aber dem Eingeweihten wird ganz warm dabei, und er kann nicht umhin, auch hier wieder wenigstens ein bißchen von seinen Abenteuern mitzuteilen:

Wenn wir in den Raum hinausschauen, also Licht oder andere Strahlung empfangen, die vor langer Zeit ausgesandt wurde, so finden wir, daß überall und immer dieselben Naturgesetze galten, daß (abgesehen von Klumpenbildung) alles gleichmäßig verteilt ist, und daß alles gleichmäßig auseinanderfliegt. Durch diese Ordnung im Großen erhält es wieder einen Sinn, von einem »Alter der Welt« zu sprechen, nachdem uns ja die Entdeckung der richtigen Raum-Zeit-Begriffe (in Einsteins Relativitätstheorie) zunächst klargemacht hatte, daß die Beurteilung räumlicher und zeitlicher Abstände, also von »Alter« oder »Dauer«, wie auch von »Größe« nichts Absolutes ist, sondern vom Beobachter abhängt. Schon die spezielle Relativitätstheorie, und viele Experimente seither, hatten gezeigt, daß Beobachter, die sich mit hoher Geschwindigkeit gegeneinander bewegen, die Dauer eines Vorgangs verschieden beurteilen, ja sogar, daß Zwillinge bei ihrer Wiederbegegnung nach zwei verschiedenen solchen Reisen verschieden alt sein werden. Dieses Auseinanderklaffen zwischen unserer intuitiven Auffassung von Raum und Zeit und deren »richtiger« mathematischer Beschreibung verschlimmerte sich noch mit der *allgemeinen* Relativitätstheorie, die auch die Rückwirkung der Materie (und jeder anderen Energie) auf die Raum-Zeit-Struktur mit einbezieht und zum Begriff der Schwarzen Löcher führte. Diese bescherten uns in einem gewissen Sinne sogar eine »Relativität der Existenz«, denn nun müssen wir akzeptieren, daß ein Vorgang, der einem Beobachter als von kurzer Dauer erscheint (nämlich der alles vernichtende eigene Sturz in ein Schwarzes Loch), von einem anderen Beobachter als unendlich lange, also »in Ewigkeit« dauernd beurteilt wird. So wird die Idee des »es gibt« schon in der »klassischen« Raum-Zeit-Physik (also schon vor der Begegnung mit den noch größeren Wunderlichkeiten der Mikrophysik) recht fremdartig verzerrt.

Daß wir nun dennoch wieder von einem »Alter der Welt« sprechen können, liegt – wie gesagt – an der im großen und ganzen beobachteten »unwahrscheinlich gleichmäßigen« Ordnung. Sie erst erlaubt überhaupt, die Idee des »Universums« scharf zu formulieren. Wirklich! Es scheint so etwas zu geben! Wer mit modernen astronomischen Hilfsmitteln den Himmel untersucht, der stößt darauf – jedenfalls behaupten dies die meisten meiner Kollegen, die selbst Beobachtungen machen oder solche auswerten. Sicher, ein paar Ketzer gibt es auch hier immer wieder einmal, die diese einheitliche Ordnung nicht anerkennen wollen und ständig auf störende Beobachtungen hinweisen, die nicht ganz ins Bild zu passen scheinen. Aber unser Kulturkreis, dem ja die Wissenschaft entstammt, hat so starke Vorurteile über eine monotheistische Schöpfung, und ein so tiefsitzendes Bedürfnis, im eigenen Ich ein All zu erfassen, daß solche Störungen unsern Glauben nicht leicht erschüttern werden. Ja, dieser Glaube hat sogar durch das erstaunliche Zusammenpassen vieler unabhängig gewonnener Erkenntnisse während der letzten Jahrzehnte und Jahre ein immer stabileres Gerüst von Stützen erhalten. Wenn gelegentlich doch ein unpassendes Phänomen erscheint, so verhalten wir uns etwa wie Atmosphärenforscher und Plasmaphysiker gegenüber dem Kugelblitz-Phänomen: »Das wird sich schließlich auch noch ohne Umsturz der gewohnten Physik erklären lassen!« (Werden gar Wunder berichtet, so schauen wir meist weg und glauben unbesehen, daß es sich nur um absichtliche oder unbewußte Täuschung handeln kann ...)

Das »Unwahrscheinliche« am Anfangszustand unserer Welt, in dem alle heute beobachtete Materie und Strahlung in einem winzigen Raumbereich mit nahezu unendlicher Dichte konzentriert war, liegt in der räumlichen Gleichmäßigkeit der Substanz und ihres Auseinanderstrebens. Unter den praktisch unendlich vielen vorstellbaren Zuständen dieses anfänglichen Weltinhalts stellt also der damals verwirklichte Zustand eine ungeheuer spezielle Wahl dar. Waren vielleicht aus irgendwelchen geheimnisvollen, noch tiefer liegenden Ur-Sachen alle anderen Anfangsmöglichkeiten naturgesetzlich verboten, also prinzipiell nicht verwirklichbar, also eben gar nicht wirklich möglich? Das können wir heute nicht entscheiden, aber natürlich ziehen gerade die phantasievollsten Forscher auf diesem Acker ihre Furchen.

Vorstellbar ist aber vorerst auch, daß die frühe Ordnung gar nicht ganz so eindeutig, so extrem speziell war, sondern sich vielleicht einfach daraus erklärt, daß nur ein relativ kleines, wohlgeordnetes Eckchen im »Raum der Anfangsmöglichkeiten« die spätere Entwicklung von so hochkomplexen Strukturen wahrscheinlich machte, wie sie z. B. die hier formulierte Frage darstellt. Diese Argumentation nennt man in der Kosmologie heute das »anthropische Prinzip«: Die Tatsache, »daß wir hier sind«, schränkt die Anfangsbedingungen und die Naturgesetze erheblich ein – auf einen wie engen Bereich, wissen wir freilich nicht. Aber selbst wenn etwa noch »Multiversen« zulässig wären, für die überblickbare Geschichte unserer Welt spielt das wohl keine große Rolle. Glauben wir also ruhig an die Idee des Alls mit *einem* Beginn und *einem* Gesetz. (Glauben heißt bekanntlich, Zweifel ertragen zu können.)

Die Reise hinaus in den Raum und zurück in die Zeit, die Erfahrung des Weltalls bis an unseren in unendlicher Rotverschiebung verdämmernden Horizont (– das ist die Entfernung, die das Licht seit dem Anfang zurücklegen konnte –), hat uns also ein wenig Vertrauen in eine Art Absolutheit von Raum und Zeit (wenigstens seit ihrer Geburt) wiedergegeben. Die bei der Erforschung der Materie entwickelten »quantenmechanischen« Grundbegriffe des Messens allerdings haben uns gelehrt, daß bei extrem hoher Dichte und für extrem kurze zeitliche oder räumliche Abstände die Begriffsbildung für Raum-Zeit-Messungen prinzipiell zusammenbricht. Versuchen wir also, in Gedanken in der Zeit rückwärtsgehend, uns dem Urknall zu nähern, so erreichen wir eine Ära, für die wir keine Beobachtungen und keine Begriffe haben. Kein Wunder, daß sich leicht Worte dazu einstellen. Wir sagen, dort haben Raum und Zeit begonnen.

Andererseits setzt wieder die Idee des Einen, des Alls, den Begriffen der Quantenmechanik Grenzen. Zu deren Formulierung gehört ja stets der »äußere Beobachter«, der von der Theorie nicht mitbeschrieben wird. Heißt das nicht, daß die Theorie eigentlich gar nicht »Wirklichkeit« erfaßt, sondern nur eine vereinfachte Idee von dieser? Ist nicht der Meßprozeß eigentlich unendlich komplex, weil genaugenommen »alles mit fast allem zusammenhängt«? Stammt etwa die Einfachheit der quantenmechanischen Gesetze nur daher, daß eben die Idee des Einfachen einfach ist? Ist die »wirkliche Materie« womöglich gar nicht einfacher als das gesamte »Reich der Ideen«?

Ja, wie steht es mit der Realität der Materie? Daß wir uns die Nase daran wund stoßen können, hilft den Physikern gar nichts! Alle Versuche einer vollständigen und widerspruchsfreien Theorie der Materie scheitern bisher – im Grunde schon an mathematischen Existenzproblemen. Wir haben noch nicht die richtigen Begriffe gefunden, um saubere mathematische Theorien damit zu bauen – und dennoch kann man oft mit erkennbar fehlerhaften, mathematisch widerspruchsvollen Theorien Beobachtungen an Atomen und Elementarteilchen beschreiben und zuweilen auch vorhersagen. Woran liegt das? Es ist eines der Rätsel, die die tiefsten theoretischen Denker am stärksten bewegen. Es scheint darauf hinzudeuten, daß »im Grunde« die Welt vielleicht doch »so einfach wie möglich« ist – jedoch erst in Begriffen, die unserem alltäglichen Begreifen sehr fern liegen – viel ferner noch, als etwa die relativistische Raum-Zeit-Struktur von unserer psychologischen Raum-Zeit-Erfahrung.

Die Suche nach den einfachen Begriffen erreicht experimentell und mathematisch eine derartige Komplexität, daß die Materie, auf die man mit der Nase zu stoßen glaubte, zu einer der kunstvollsten oder gar traumhaftesten Ideen wird, die Menschen bisher schufen. Woher denn die Hoffnung, daß es in diesem Schöpfungsprozeß ein Ende, ein endgültiges Begreifen überhaupt geben könnte? Kann es nicht geschehen, daß uns all das Weiterwühlen schließlich doch keinen glücklichen Fund beschert – schon gar nicht ein Fundament, auf das man sicher bauen könnte? Ist alles nur eine Erfindung?

Mir wird schwindlig. Hatten denn wir Materialisten uns nicht eben darauf geeinigt, daß die Materie durch Selbstorganisation in Raum und Zeit den Menschen und seine Ideen hervorgebracht hat? Wir wollten doch die Realität von Ideen letztlich auf die Realität der Materie zurückführen! Landen wir wieder nur bei der Frage, ob die Henne oder das Ei zuerst da war?

Ja, das ist endlich die richtige Frage, sagt der Materialist, denn sie zeigt uns, daß sie falsch ist! – »*Die* Henne« und »*das* Ei« sind Begriffe, also auf einer anderen Ebene materiell verwirklicht als eine Henne oder ein Ei. Ob wir aber auf dieser höheren Ebene der menschlichen Hirnprozesse oder auf der tieferen Ebene eines bestimmten lebendigen Huhnes oder Eies beginnen nach dem »Vorher« zu fragen, wir werden nicht aufhören können, bevor wir auf den Anfang der Welt stoßen.

3. Möglichkeit, Wirklichkeit und die Eile des Teufels

Jetzt ist der Materialist wieder in seinem Element. Er sieht im Geiste nicht nur die gesamte Geschichte der Materie in Raum und Zeit vor sich ablaufen, sondern er denkt sie eingebettet in einen abstrakten »Raum der Möglichkeiten« – ähnlich der Idee des »Phasenraums«, den Physiker gern zur Beschreibung von Systemen mit vielen Bewegungsfreiheiten benutzen. Der Zustand der Welt in jedem Moment der Weltzeit wird als ein einziger Punkt in diesem praktisch unendlichdimensionalen Raum gedacht. (Um sich etwas vorzustellen, denke man sich etwa eine nur von Teilchen bevölkerte Welt und ordne jedem Teilchen für seine Lage und Geschwindigkeit im gewöhnlichen Raum zweimal drei eigene Dimensionen des Möglichkeitsraums zu.) Jeder »Punkt« dieses Raumes entspricht also einer möglichen Konfiguration aller Materie der Welt und aller ihrer Wechselwirkungen. Dann ist die Geschichte der Welt vom Urknall bis zum Moment, in dem Sie dies lesen, eine Folge von Punkten, also eine einzige »Linie« in diesem Raum der Möglichkeiten, und die Weltzeit läßt sich entlang dieser Linie angeschrieben denken. (Wir überspringen dabei allerlei Schwierigkeiten – vor allem die bisher unüberwindlichen, die dadurch entstehen, daß wir keine wirklich grundlegende Theorie von Raum, Zeit und Materie haben.)

Bleiben wir in dieser qualitativen Vorstellung. Dann ist der Zustand unmittelbar nach dem Beginn unserer gesamten Welt (genauer alles dessen, was wir heute überblikken und je überblicken werden, falls die anfängliche Gleichmäßigkeit nicht doch irgendwo verletzt ist) im Raum der Möglichkeiten dadurch charakterisiert, daß damals keinerlei Sonderbeziehungen zwischen irgendwelchen Teilen der Welt bestanden. Alles war nur von der *einen* Idee beherrscht: gleichmäßig verteilt und gleichmäßig so schnell wie möglich auseinanderbewegt! Nichts anderes gab es da – also auch noch nicht Elementarteilchen oder gar chemische Elemente, Magnetfelder, Sterne, Planeten, Eiweiße und Nukleinsäuren, Lebewesen, Gehirne, Gedanken. Aber wir wissen: All das ist möglich, und ganz bestimmte dieser Möglichkeiten wurden offenbar vom Urknall ausgehend verwirklicht. Woher bestimmt sich, was möglich ist? Und wie wird aus dem Möglichen das Verwirklichte ausgewählt? Wie zeichnete sich diese eine einzige Linie, die geschehene Weltgeschichte, in den unendlichen Raum der Möglichkeiten?

Die Frage nach dem Möglichen ist eher noch schwieriger, als die nach dem »es gibt«. In unserem Bild könnten wir etwa antworten: Ein »Punkt« gehört nur dann zum Raum der möglichen Zustände, wenn all die Gestalten und Wechselbeziehungen, die er in den unendlich vielen Dimensionen darstellt, naturgesetzlich erlaubt sind. Wir könnten formal auch *alle* Punkte in den gewählten Dimensionen zulassen, nur würden wir dann wohl nachträglich doch wieder »verbotene Bereiche« in Betracht ziehen. Aber wir kennen die Naturgesetze nicht hinreichend – ja wir wissen nicht einmal, ob wir bei ihrer Erforschung je auf ein Fundament stoßen werden. Die Vorstellung vom Raum der Möglichkeiten bleibt also nicht nur Ihnen, sondern auch mir höchst verschwommen.

Die Frage nach der Verwirklichung aber findet eine verblüffend einfache Antwort: Was wir von den Naturgesetzen verstanden haben, zeigt uns ja zumindest, daß es keine starren Zustände gibt. Alles ist unvermeidlichen zufälligen Schwankungen unterworfen. Das heißt, das andere Ende der im Urknall gestarteten »Linie«, also die Gegenwart in jedem Augenblick der Weltgeschichte, zappelt in allen Dimensionen hin und her. Dabei werden unermeßlich viele benachbarte mögliche Zustände erreicht und wieder verlassen, gewissermaßen abgetastet. Darunter werden stabilere und instabilere sein, mehr oder weniger dauerhafte. Das Dauerhaftere überlebt dabei natürlich länger. Aber auch dieses muß weiterhin zappeln. Und unter dem ständigen Angebot verwertbarer Energie (letztlich sozusagen »fossiler« Energie aus dem Schwung des Urknalls) sind in der Nachbarschaft im Zustandsraum unermeßlich viele Möglichkeiten durch dieses Zappeln erreichbar. Deshalb werden mit an Sicherheit grenzender Wahrscheinlichkeit auch immer in irgendwelchen Dimensionen raffiniertere Strukturen und Wechselbeziehungen erreicht, die sich als überlebensfähiger herausstellen, weil in ihnen manches noch ein wenig besser zusammenpaßt, raffinierter aufeinander eingespielt ist.

Ja, das ist die ganze Antwort: »Wahrscheinlich geschieht Wahrscheinliches«, »Das Überlebensfähigere überlebt«, und: »Wegen des ungeheuer unwahrscheinlichen Anfangszustandes« führt diese »Selbstorganisation durch Schwankungen« wahrscheinlich zu höherer Komplexität. Zwar ist die Wahrscheinlichkeit praktisch Null, daß dabei etwa »die beste aller möglichen Weltgeschichten« zustande kommt – ja eine solche ist eigentlich nicht einmal begrifflich vorstellbar –, aber es geht jedenfalls, abgesehen von unermeßlich vielen lokalen »Irrtümern«, bei den unermeßlich vielen »Versuchen« insgesamt »aufwärts« – das soll heißen zu höherer Komplexität, die wir als wertvoller empfinden.

Der Materialist ist ganz außer Atem gekommen bei diesem Bekenntnis zur Dreifaltigkeit von Urknall, Naturgesetzen und Logik der Selbstorganisation. Wir müssen nur noch den Pferdefuß nachtragen: Bei diesem verallgemeinerten Evolutionsprozeß stellt natürlich eine erhöhte »Zappelgeschwindigkeit« selbst einen selektiven Vorteil dar. Deshalb wird sich der Fortschritt im Raum der Möglichkeiten wahrscheinlich beschleunigen. Die Geschichte eines räumlich endlichen Untersystems wie der irdischen Biosphäre, die (abgesehen von der Ein- und Ausstrahlung von Energie) lange Zeit hindurch recht gut vom Rest der Welt isoliert ist, wird deshalb praktisch unvermeidlich in eine Krise geraten. Die gewissermaßen systemtheoretisch begründete Notwendigkeit dieser Beschleunigungskrise habe ich oft den »Lehrsatz vom Teufel« genannt. Warum?

Die Gestalten am »Ende der Linie«, an der »Front der Evolution« (nun im zur Erde gehörenden Teilraum) sind »dort vorne«, weil sie am schnellsten zappeln. Sie bringen aber durch ihre individuelle Lebens- und Entwicklungsdauer einen *Zeitmaßstab* in die Geschichte. Wegen der zunehmenden eigenen Komplexität dieser jeweils führenden Gestalten wird deren individuelle Entwicklungsdauer gewiß nicht kürzer, sondern eher immer länger. Die Innovationsgeschwindigkeit aber wächst ständig. Die unausweichliche Krise wird spätestens manifest, wenn die beiden Zeitskalen einander nahekommen. Wird nämlich durch den beschleunigten Abtast- und Bewertungsprozeß innerhalb der Lebenszeit zu viel Wesentliches verändert, so ist nicht mehr die Zunahme der Komplexität wahrscheinlich, sondern vielmehr deren Abbau – einfach deshalb, weil die dann gerade führende »Krone der Schöpfung« nicht einmal mehr Zeit hat, bei ihren Innovationen den eigenen Wert (das heißt die höchste bisher erreichte Komplexität) hinreichend zu berücksichtigen.

Diese Einsicht, die wegen ihrer recht einfachen logischen Struktur lange vor der Naturwissenschaft von allen Kulturkreisen gefunden wurde, nennen wir den Mythos von Gott und Teufel. Gott ließ der Schöpfung Zeit, um auszuprobieren, was zusammenpaßte. »Er sah, daß es gut war«, wann immer er zurückschaute. Der Teufel (»diabolos«, der Durcheinanderwerfer), auch Luzifer (der Lichtbringer) genannt, ist Gottes Gesetzen auf die Spur gekommen und will damit in Eile die Welt verbessern, das heißt, den Fortschritt im Raum der Möglichkeiten noch weiter beschleunigen. Er ist also eigentlich nicht »böse«, sondern »dumm« – denn er hat die Gesetze der Logik vergessen, die den Naturgesetzen vorangehen. Er will die Welt schneller verbessern, als es logisch möglich ist.

4. Bekehrung durch die Mandelbrotmenge?

Hat damit der Materialist auf dem Umweg über den Teufel, also letztlich über die Logik der Wertschöpfung durch Selbstorganisation, zu Gott gefunden? Unfug!, wird er sagen. Vielmehr hat er eine einfache wissenschaftliche Erklärung für die weltweite Verbreitung eines Mythos gegeben. Gott und Teufel, wie auch unsere unsterbliche Seele und alle anderen Inhalte theologischen Denkens, das sind Ideen, die zwar in unseren Gehirnen und Kulturprodukten materiell in Raum und Zeit realisiert sind, denen aber darüber hinaus nicht mehr »Existenz« zukommt als anderen Gedanken oder Traumbildern.

Doch schon ist ein Idealist da und setzt zu einer neuen Runde in diesem Tanz an: Wenn du deiner Seele und Gott keine Realität zugestehst, weil es »nur Ideen« seien, so laß uns doch einmal etwas weniger komplexe und umfassende Ideen betrachten. Wie steht es denn mit »mathematischen Wahrheiten« und mit der Realität mathematischer Gestalten? Gibt es die Zahlen eins, zwei, drei? Gibt es die komplexen Zahlen? Gibt es die Mandelbrotmenge? In welchem Sinne existieren solche Dinge in der Welt des Materialisten?

Jeder hat wohl in den letzten Jahren irgendwo Bilder von Details der nach *Benoit Mandelbrot* genannten Gestalt gesehen, die bei uns wegen ihrer groben Umrißform auch das »Apfelmännchen« heißt. Das ist nichts als eine Punktmenge in der Ebene. Durch eine simple mathematische Regel, die immer wieder nacheinander (»iterativ«) angewandt wird, läßt sich im Prinzip für jeden Punkt der mit einem Koordinatensystem versehenen Ebene entscheiden, ob er zur Mandelbrotmenge gehört oder nicht. Der »ausgefranste Rand« der so entstehenden Figur erweist sich dabei aber als unendlich komplexe (und »schöne«!) Gestalt, die man mit beliebiger Vergrößerung (mittels Computer – nicht durchs Mikroskop!) unendlich weit in immer wieder sich selbst ähnliche und dennoch immer neue Untergestalten auflösen kann. (Ähnliche Überraschungen erlebt man bei vielen dieser sogenannten »Fraktale«, weil verwandte Gestaltungsprinzipien auch bei vielen Selbstorganisationsprozessen in der Natur, bis hin zum Wachstum unserer Ideen, eine Rolle spielen – weil wir uns also an Bekanntes, an »Schönes« erinnert fühlen.)

Roger Penrose, ein besonders kreativer Mathematiker und theoretischer Physiker, schrieb kürzlich in seinem Buch *»The Emperor's New Mind«* (dessen Titel Andersens Märchen von des Kaisers neuen Kleidern anklingen läßt): »Die Mandelbrotmenge ist einfach da, wie der Mount Everest.« Das ist ein understatement. Berge sind ortsgebunden, und nicht sehr dauerhaft. Den Weg zu den faszinierenden, in Ewigkeit unerschöpflichen Formen der Mandelbrotmenge aber könnte jedes intellektuell begabte Wesen überall in Raum und Zeit (ja sogar »in anderen Universen«) finden. Ist das *mehr,* oder *weniger,* als alle reale Existenz, die sich der Materialist träumen lassen könnte? Daß man beim Versuch, die Mandelbrotmenge in Raum und Zeit zu konstruieren (etwa als Computergraphik) nie an ein Ende kommen kann, ist kein starker Einwand gegen Da-Sein. Auch der quantenmechanische Meßprozeß kann das ja nicht wirklich – ohne daß dies den Glauben an die Materie sehr erschütterte. Für die Mandelbrotmenge lassen sich zudem sicherlich mathematische Existenzbeweise führen – was für viele Begriffe der modernen physikalischen Theorien keineswegs gelingt.

Wo also ist die Mandelbrotmenge, wenn sie *einfach da* ist, und doch nicht in Raum und Zeit? Gibt es sie im Raum der Möglichkeiten? Sicher nicht im vorhin benutzten Konzept des Materialisten, denn wegen ihrer Unerschöpflichkeit im immer Kleineren könnte alle Materie der Welt sie auch im Prinzip nicht darstellen – geschweige denn auf einem Wege der Selbstorganisation materiell konstruieren –, auch nicht in Gehirnprozessen. Und das gleiche gilt in einer endlichen Welt sogar schon für die noch simplere »Menge der natürlichen Zahlen«, 1, 2, 3, ..., weil diese kein Ende hat. Wo also bringen wir auch nur die simpelste Idee unter? Sind wir unterwegs zu Platons »Höhlengleichnis«? Der Schimmer von Ideen ist mit der Evolution des Großhirns und der Kultur in die Welt des Materialisten gekommen – die Ideen selbst aber existieren offenbar anderswo. Wo also?

Ein Wunder! Der Materialist sagt: Im Himmel! Er will nicht die Existenz der Mandelbrotmenge leugnen! Sie soll doch wenigstens nicht schlechter dastehen als irgendein »Punkt im Raum der Möglichkeiten«, dem er immerhin so viel Existenz zugesteht, daß er die Redewendung »es gibt die Möglichkeit« benutzt, auch wenn der Lauf der Welt dank unendlich vieler winziger und ein paar größerer Zufälle an gerade diesem Punkt (wie an fast allen anderen) in einigem Abstand vorbeigelaufen ist oder vorbeilaufen wird. Er ist also bereit, wenigstens den Raum der Möglichkeiten, wenn schon nicht die Wirklichkeit, um ein Reich zu erweitern, in dem das »Wesen der Dinge« Platz hat, unabhängig von der physikalischen Möglichkeit oder der materiellen Verwirklichung in Raum und Zeit. Und da er auch bei anderen Neuentdeckungen gern traditionelle Begriffe aus der Alltagssprache in seine Fachsprache einführt, ist er bereit, den Himmel in den Raum der Möglichkeiten aufzunehmen.

Dann fassen wir doch am besten gleich nach und fragen nach der Realität von etwas komplexeren Ideen: Gibt es eine geistige Welt? Gibt es Engel?

Nun, wer die Ideen als materielle Phänomene in Raum und Zeit zu begreifen suchte, und nun schließlich wohl oder übel der Mandelbrotmenge eine Existenz jenseits davon zugesteht, der beginnt zu ahnen, daß in jenem »Himmel« vielleicht doch auch noch Raum für die Existenz von anderen als mathematisch erfundenen Wesenheiten sein könnte. Mit dem Erweichen der fixen Idee von der Materie beginnen andere, komplexere, Gedanken in die raum-zeitlichen Prozesse der Hirnmaterie einzukehren. Was könnte denn etwa mit dem Bild des Engels gemeint sein? »Eine geistige Gestalt, die zu vielen Menschen in ähnlicher Weise gesprochen hat?« Ist das nicht ein schönes Bild für den intuitiven Prozeß, in dem etwas ins Bewußtsein gehoben werden kann, was sich bei vielen Menschen wegen derer biologischer und kultureller Verwandtschaft in ähnlicher Weise im Unterbewußtsein entwickelt hat?

Spüren Sie, wie der Materialist sich schon wieder heimlich von seinen Zugeständnissen davonstehlen will? Als er nach dem Engel gefragt wurde, merkte er, daß es ja um die Frage der Wechselwirkung zwischen Himmel und Erde geht. Aus dem Reich der Ideen, das er rein formal seinem Raum der Möglichkeiten überstülpen wollte, gelangen offenbar Wirkungen in die Hirnprozesse und damit in die verwirklichte Welt. Die Denkmöglichkeit eines »Dualismus« scheint dem Materialisten hierdurch logisch ausgeschlossen. Wegen der Wechselwirkungen muß er nun entweder alles »Himmel« oder alles »Erde« nennen. Die Aufnahme des Himmels in den Raum der Möglichkeiten war also nicht rein formaler Natur. Namen wie »Welt« oder »Raum der Möglichkeiten« dürfen wir aber beibehalten: Der wirkliche Pfad der Welt im Raum der Möglichkeiten erfaßt die Dimensionen von Himmel und Erde gleichermaßen.

Nun ergeben sich neue Möglichkeiten zu erbittertem Streit. Wenn die Dimensionen des Himmels schon immer dazugehört haben (und nicht etwa erst kürzlich durch die Hirnentwicklung erstmals erschlossen wurden), dann dürfen wir doch ebensogut daran glauben, daß all die angeblichen Zufälle – bis hinunter zum mikroskopischen Gezappel – in Wirklichkeit von »höheren Wesen« gesteuert sind. Der ganze Raum der Möglichkeiten bestand dann strenggenommen nur aus jener genau einen Linie der Weltgeschichte. Wir können sie selbst als Koordinate wählen und dann alle anderen Dimensionen als diese eine Linie vergessen. Der ganze schöne Anlauf des Materialisten zu den Ideen von Freiheit und Verantwortung war dann nichts als leere Wortspiele. Verständlich, daß er sich nun auf diesen Streit nicht mehr einlassen will.

Ein anderer wieder möchte den alten Streit beginnen, ob die Wechselwirkung zwischen einem »Erleuchteten«

und seinem »Engel« auch noch außerhalb des Gehirns physikalisch manifestiert ist – ob vielleicht die Seele oder das »kollektive Unbewußte« noch anders aufzuspüren ist als in neuronalen Netzen und den Stimm- und Blicksignalen zwischen ihnen, und in Bibliotheken und sonstigen materiellen Zivilisationsstrukturen – also kurz gesagt, ob es meßbare »paranormale Phänomene«, »Spukerscheinungen« oder »Wunder« gibt – das heißt letztlich, ob die Seele, die Engel und die ganze geistige Welt nicht vielleicht doch »zum Anfassen« sind. Auch darauf allerdings will der Materialist nicht mehr eingehen, denn von solchen fixen Ideen hatte er sich ja eben erst mit Hilfe der Mandelbrotmenge zu erlösen versucht. Eben weil ihm »übersinnliche« Phänomene nie überzeugend begegneten, denkt er sich »Seele« und »Geist«, wie auch etwa »das Wesen von Bachs Kunst der Fuge« in der unermeßlichen Komplexität der Welt irgendwie »neben« oder »jenseits« von Raum und Zeit, wo er ja schon die simple Mandelbrotmenge hatte unterbringen müssen.

5. *Vom Kopf auf die Füße*

Aus dem Gefängnis von Raum und Zeit hat sich der Materialist nicht befreit, und auch die Fessel der Materie ist er nicht losgeworden. Nur den Boden schien er verloren zu haben. An seiner Stelle schimmerte ein Stück Himmel herein. Welch merkwürdige Lage. Doch das läßt sich in Ordnung bringen. Stellen wir den Materialismus vom Kopf auf die Füße! Und schon liefert die Logik der Selbstorganisation mit dem Lehrsatz vom Teufel ein Fundament, auf dem sich weiterbauen läßt. Wir werden aufhören, mit der Fessel in verzweifeltem Größenwahn gegen die Kerkerwände zu toben und zu diesem Zweck immer raffiniertere, mit der alten Welt nicht verträgliche, materielle Möglichkeiten zu verwirklichen. Wir haben eingesehen: Dieser Befreiungsversuch war zum Scheitern verurteilt. Er zwang uns in die an einen Veitstanz erinnernde Raserei, die nun Menschheit und Erde innerhalb weniger Generationen in ökologischen, gesellschaftlichen und geistigen Untergang zu führen droht. Zwar *mußte* die Geschichte in diese Beschleunigungskrise führen, weil solcher Mißbrauch der Materie so viel verführerische Macht verschaffte, aber die Krise ist dennoch überwindbar, wenn ihre logische Ursache einer Mehrheit einsichtig gemacht werden kann.

Wie sollte das gelingen? Solange fast alle zum Denken Begabten in dem Aberglauben erzogen werden, die Erkenntnis von Naturgesetzen befähige uns zu eiliger Weltverbesserung, scheint solche Einsicht überhaupt keine Chance zu haben. Selbst als noch alle an den Teufel glaubten, hat doch jahrtausendelanges Predigen gegen ihn und allerlei Götzen den Selbstorganisationsprozeß zu immer größerer und zerstörerischer Macht nicht aufhalten können. Und nimmt sich nicht, unter all den Gestalten, die durch philosophische, religiöse und mystische Erfahrung in den Raum der Denkmöglichkeiten gezeichnet wurden, das Gestammel des skeptischen Materialisten eher dürftig aus? Soll gerade von dorther Rettung kommen?

Eben weil das skeptische Denken so nahe an der Welt von Raum, Zeit und Materie bleibt, könnte es etwas bewirken, was die Wortspieler und Beter nicht leisten konnten: Die Verhinderung des größenwahnsinnigen Weiterbastelns von Wissenschaft, Technik, Wirtschaft und Politik. Nur der Versuch freilich wird darüber entscheiden, ob die Wiedervereinigung materialistischer und spiritueller Weltanschauung auf dem Boden bescheidener Logik eine

Chance hat, das Fortschreiten des globalen Niedergangs aufzuhalten. Daß nun jedermann diese Art von Fortschritt innerhalb seiner eigenen Lebenszeit schmerzhaft erfahren muß, wird zu der Einsicht beitragen: Wenn wir weiter versuchen, durch eiliges, weltumspannendes Basteln an unseren lebendigen und toten Wurzeln die Welt zu verbessern, so bricht sie zusammen. An dieser falschen Front im Raum der Möglichkeiten dürfen wir, wenn überhaupt, nur ganz langsam und jedenfalls nicht global tasten und werten. Sonst geht mit an Sicherheit grenzender Wahrscheinlichkeit im Wettlauf von Problemlösung und Problemerzeugung die Lebensfähigkeit des in so langer Geschichte entwickelten Gesamtsystems verloren. Die Bedingungen lebensfähigen Fortschritts habe ich deshalb oft schlagwortartig »Vielfalt und Gemächlichkeit« genannt.

Was aber die Krise eingeleitet und vorangetrieben hat, das schnelle Gezappel in unseren Hirnen – jenen phantastischen Erfolg der biologischen Evolution, also der materiellen Selbstorganisation, der uns zur Krone der Schöpfung machte –, das können und wollen wir nicht unterdrücken oder abstellen. Es geht nun vielmehr um die Selbstorganisation der Freiheit. Wir können und müssen eine Front im erweiterten Raum der Möglichkeiten finden, an der wir weiter mit dieser Geschwindigkeit tasten und tanzen dürfen und dabei dennoch, wegen der vielen neuen Dimensionen, nur ganz allmählich höhere Komplexität verwirklichen.

Es ist nicht eine geheimnisvolle Offenbarung an Eingeweihte, sondern die jedermann (sogar Wissenschaftlern und Technikern) zugängliche Logik, die uns zur »Selbstorganisation von Selbstbeschränkung« bei unserem Umgang mit der bisherigen Schöpfung zwingen wird. Der weitere Entwicklungsweg wird dann wie von selbst andere Dimensionen erschließen – und seien es auch zunächst nur sehr kleine Unterräume des »Himmels«, in denen die Gestalten der Mathematik, der Musik und anderer Künste, oder das Glück von Liebesspielen und Nächstenliebe verwirklichbar sind. Die Erfahrung – wie immer ein Wagnis – zeigt, daß hier ein Schimmer Gottes zu finden ist.

Warum kommt einem Materialisten nun doch wieder dieses Wort in den Sinn? Was mag er damit meinen? Soll es nur die »Ganzheitlichkeit«, die unermeßliche Komplexität des Ganzen, andeuten? Nein, es hat auch etwas mit dem eigenen Beitrag zum Tasten und Ringen unserer Gegenwart, an diesem zappelnden Ende der Geschichtslinie in neu erreichten Dimensionen, zu tun. Gott ist das, womit ich spreche, wenn ich mich vor dem Teufel schützen will. Das, was uns weiterführt durch unsere Freiheit.

Glauben Sie nur nicht, nun sollte Ihnen wieder »Opium fürs Volk« verkauft werden. Diese Rolle hat längst die Wissenschaft mit ihrem Heilsversprechen übernommen. Was der bekehrte Materialist predigen wird, das wird nicht einschläfern, sondern aufwecken. Gott hat Zeit. Und er muß nicht dauernd beim Namen genannt werden. Den Teufel aber muß man nennen, wo immer man ihn sieht – und man muß ihn mit der ihm eigenen Eile angreifen! Beim Ausstieg aus der rasend anwachsenden Instabilität ist *nicht* Gemächlichkeit geboten! Worum es zunächst geht, ist also schnelles Unterlassen alles dessen, was schon als schädlich erkennbar ist – und das bedeutet raschen, aber organisierten Abbau der falschen gesellschaftlichen Strukturen, die solches Fehlverhalten fördern oder erzwingen. Der Materialist wird deshalb zum Gesellschaftspolitiker werden und für viele der Dummheiten, die heute als Attribute von »Lebensstandard« gelten, eine »Minus-drei-Prozent-Strategie« anbieten. Bei fast allen unseren höchstgeschätzten Aktivitäten ist nämlich schon konkret sichtbar, daß sie bei ihrer Fortsetzung innerhalb der nächsten zwei Generationen in den Untergang führen müßten. Wollen wir gerade noch eine »nachhaltige«, also auf Dauer überlebensfähige Wirtschafts- und Lebensweise für unsere Nachkommen erreichen, so müssen wir also von nun an jährlich um drei Porzent vom jeweils noch übrigen »Standard« herunterklettern. (Bei einigen besonders verstiegenen Aktivitäten natürlich noch schneller.)

Die Denkfiguren, die Götzen, hinter denen der Teufel verborgen wird, erscheinen oft als angebliche logische Notwendigkeiten, ja als Heiligtümer. Eben haben sich wieder alle um das Allerheiligste der Eigentumsideologie geschart: *Wer etwas besitzt, der muß nächstes Jahr einige Prozent mehr besitzen.* Hier liegt einer der Eingreifpunkte zur Überwindung der Beschleunigungskrise, denn hierdurch wird die Abhängigkeit der Menschen vom »Kapital« organisiert. Eigentum an den Lebensgrundlagen anderer wirkt ähnlich wie Eigentum an den Menschen selbst. Wie die Sklaverei muß offenbar das geltende Geld- und Eigentumsrecht überwunden werden, damit Menschen wieder frei werden, ihre »Arbeitsplätze« von der falschen Front der Geld- und Materialvermehrung an die Front wahrer Wertschöpfung zu verlegen. Wer mit der »Relativität der Existenz« konfrontiert wurde, und dennoch wieder auf die Füße kam, dem dürfte es nicht schwerfallen, seinen Kinderglauben an allerlei Ideologien aufzugeben und endlich an der Befreiung der Marktwirtschaft vom Kapitalismus mitzuarbeiten. Die Aufklärung, die dem Materialisten in seinem Gefängnis ein Stück Himmel zeigte, wird Ideen in die gesellschaftliche Wirklichkeit einfallen und alles in neuem Licht erscheinen lassen. Es muß nicht alles aus Materie sein, was man anpacken kann ...

2

Bernd Guggenberger

Unterwegs im Nirgendwo. Von der Raum- zur Zeitordnung.

Autobahnpatriotismus

Nur wenn ich
es schnell durch
fahre
vermag ich
dieses Land
zu lieben [1]

Die alte Frage der Philosophie, virulent seit den frühesten Anfängen philosophischen Fragens überhaupt, die Frage nach der *Ordnung der Zeit* – was bedeutet sie für die menschliche Geschichte?

Sie bedeutet zunächst ganz einfach, daß wir uns das Haus der Geschichte erst in der Auseinandersetzung mit dieser Frage erbauen und zugänglich machen.

Erst in der Klärung des Zuordnungsverhaltens von Gegenwart, Vergangenheit und Zukunft machen wir uns zu geschichtlichen Wesen. »Unser Zeitbewußtsein übergreift die verschiedenen Zeiteinheiten und bringt sie in eine Ordnung des ›früher‹ oder ›später‹« (Christoph Wulf). Es läßt so Zeit, den Rohstoff der Geschichte, entstehen, erschafft Vergangenheit und Zukunft in der Gegenwart, vergegenwärtigt sie als Erneuerung und Erwartung. Und genau hiervon will ich handeln: von den sich ankündigenden fundamentalen Umschichtungen im Gefüge der Zeit, von der Neuverteilung der Gewichte im Verhältnis zwischen Gegenwart, Zukunft, Vergangenheit.

Ich bin vor kurzem auf eine ungeheure Zahl gestoßen,

die im Weichfeld der Jahrtausendwende wohl noch vielfach genannt und herumgereicht werden wird: Irgendwann im letzten Jahrzehnt dieses zweiten Jahrtausends soll nach Meinung einer Reihe von Kulturanthropologen der Tag kommen, an welchem zum ersten Mal die Zahl der aktuell lebenden Menschen größer sein wird als die Zahl all jener zusammengenommen, die je gelebt und gewirkt haben, seit es überhaupt Menschen gibt.[2]

Wir spüren es schon lange: daß die Toten verstummen; daß die neue Mehrheit der Quicklebendigen und Zukunftszugewandten die Macht antritt; daß wir, apokalypseblind und ohne jeden Rest jener einst menschheitsbegleitenden prometheischen Scham, uns nach vorn orientieren und nach oben, völlig losgelöst, herkunftsentlastet, ein hastiges Lebewohl noch auf den Lippen für die Minderheit der Toten.

Was bedeutet diese Zahl, die in menschengeschichtlicher Perspektive ein geradezu atemberaubendes Datum benennt? Was bedeutet ihr aktuelles Haussieren? Diese Zahl – sie bedeutet vor allem, daß auf diesem Planeten die Exponenten der einseitig zukunftszugewandten *neuen Mehrheit der Lebenden* den Ton angeben. In aller Vergangenheit hatte sich das auf Zukunft gerichtete Wollen der Gegenwart mit der Berufung auf Herkunft gewappnet. Die übergroße Mehrheit der Toten war die Instanz, vor der alles Gegenwärtige und Künftige sich auszuweisen hatte. Als orientierende Instanz ist die Herkunft für uns verblaßt.

Diese Zahl ist ohne alles Vorbild in der menschlichen Erfahrung. Das Maßlose dieser Zahl, das Hybride, ja Pathologische des von ihr umschriebenen Befundes werden wir erst gewahr, wenn wir ihre Bedeutung in ein Bild übersetzen: Nehmen wir an, die Kette menschlichen Lebens seit den Uranfängen vor 2–3 Millionen Jahren umfasse 100 000 einzelne Glieder, für jede Generation eines, welches jeweils, nach seiner Größe und seinem Gewicht, die Anzahl der in dieser Generation lebenden Individuen darstelle –; dann ist das letzte Kettenglied, welches die jetzt lebende Generation symbolisiert, nicht einfach nur das größte und gewichtigste aller Kettenglieder, nein, es ist größer und schwerer als alle hunderttausend Glieder der gesamten Menschheitskette davor zusammengenommen!

Die gänzlich unvorstellbare Explosion der Vermehrungsrate, das erdumspannende Wuchern und Wabern der menschlichen Spezies seit Beginn der industriellen Revolution sprengt auch das hier gewählte Bild der »Kette«. Wir haben uns, näher besehen, das gegenwärtige Leben in all seinen Erscheinungsformen als einen unermeßlich großen und schwer lastenden Ring vorzustellen, an dem die gesamte Herkunftsgeschichte als ein längerer, sich stark verjüngender Kettenfaden hängt.

Das Lebendige insgesamt hat eine eigene, durch nichts Gewesenes aufzuwiegende »Schwere« bekommen. Es ist nicht mehr bloß – was es stets war – das jeweilige Worumwillen des Gewesenen, es hat sich von diesem gleichsam abgekoppelt und zu etwas gänzlich Neuem, Eigenen, dem Vorbestehenden nicht mehr Verpflichteten ausgewachsen. Die kolossale Masse des Lebendigen verdrängt alle Vergangenheit, zermalmt den Erfahrungsschatz ihrer Bilder und Bedeutungen, pulverisiert das kollektive Gedächtnis ihrer Traditionen und Gebräuche. Sämtliche Energien sind auf die vita brevis der Jetztigen und die monomane Welt ihrer Kurzzeitbedürfnisse verpflichtet; das Leben selbst in seiner ganzen Fülle und Vielfalt wird in die Spanndienste des Lebendigen gezwungen.

Die *neue Mehrheit der Lebenden* – sie bedeutet also vor allem Lösung aus Dauer, Herkunft und herkömmlichen Verantwortungszusammenhängen. Vor allem das einst orientierende »genus humanum conservandum est« ist ihr als fraglos verpflichtender Programmsatz verblaßt. Dies erklärt vielleicht mehr als alles andere den Verlust der Welthaftigkeit unseres Daseins, der uns zu *erfahrungslosen Erwartern* (Odo Marquard) im Umgang mit der Zukunft macht, mit nichts als dem Prinzip Hoffnung im schmalen Handgepäck; dies erklärt die neue, vielfach noch irritierende Dominanz des Situativen, der Instantreize des Augenblicks, vielleicht auch die immer kürzeren geistigen Halbwertzeiten unserer Ideen und Interessen, unserer Meinungen und Moden, unserer Sensationen und Sehnsüchte.

Die Reize-Phalanx einer neuen Signalkultur rückt in die Leerstelle einst richtungsgebender Pflichten und Verpflichtungen aus Herkunft ein, Augensuggestionen und Wegwerfreize zum Einmalgebrauch, die uns unablässig mit ihrem Kauf-mich und Nimm-mich traktieren.

Wer könnte, wer möchte in diesem Reizbombardement sich verbrauchender Sensationen noch zum Augenblicke sagen: Verweile doch, Du bist so schön? Für uns, die unverbindliche, fernversorgte Amüsiergemeinschaft, der längst der Geisteszustand von Rummelplatzbesuchern zur dauerhaften Stimmungsnorm geworden ist – für uns gilt: Flieh' Augenblick, Du dauerst schon zu lang, verstell' mir bloß nicht die Aussicht auf Spannenderes!

Die allgemeinste der Ängste einer hochmobilen Gesellschaft ist wohl die Ballastangst, Frucht der zentralen Erfahrung aller Flüchtlinge: sich bloß nicht mit zuviel Ballast beschweren! Schon der eigene Körper ist Beschwernis genug, ist stets Anlaß eines aufwendigen Kampfes wider die Trägheit. Erst recht bietet der wirkliche Körper des wirklichen anderen zuviel an Widerstand, zuviel an geschwindigkeitshemmender Reibfläche. Zwingende Konsequenz des Dauerzwanges zum leichten Marschgepäck ist die Ersetzung des Liebhabers durch den Bildschirmliebhaber, wie ihn die französische Bildschirmtextvariante des Minitel mit ihren *messageries roses*, ihren Erotikbotschaften, möglich (und damit wohl auch nötig) macht. Längst existiert jenseits der wirklichen Stadt die flimmernde Bildschirmstadt mit Myriaden von Informationen, Botschaften und geheimen Zeichen, die aufleuchten und wieder verschwinden. Die erotische Bildschirmaffäre hinterläßt keine Spuren, ganz zu schweigen von unwillkommener Nachkommenschaft. Leichtigkeit ist ihr Trumpf: sie beschwert das Leben nicht nur nicht mit unerwünschten Schwangerschaften, sie hinterläßt überhaupt keine untilgbaren Rückstände und Hinweise auf den via Augen-Blick eingefangenen erotischen Augenblick. Mit Ausnahme eifersüchtiger Ehemänner (seltener: Ehefrauen) käme niemand auf die Idee, den technischen Liebesbilletts durch Aufzeichnung Gewicht und Dauer zu verleihen.

Sie sind, wie so vieles, mit dem wir uns »beschäftigen«, wie vieles, das unsere Phantasie erhitzt, Wegwerfreize des »augenblicklichen« Gebrauchs ohne Vorher und Nachher, ohne Geschichte und Verantwortung, ohne Anwesenheit und Körperschwere, im Aufblitzen wie im Verglühen gleichermaßen repräsentativ für eine in Lieblosigkeit leerlaufende Gesellschaft des Immateriellen.

Die Gesellschaft des Immateriellen ist die Gesellschaft des Augenblicklichen wie des Augen-Blicklichen. Was ist (und zählt), ist, was zu sehen ist, ohne daß es bleiben dürfte. Es gibt keine Lizenzen auf Bestand. Was möglich wird, wird es um den Preis eines Versprechens: den des rückstandslosen Verschwindens, der erinnerungslosen Unbeschwertheit; der Verwandlung aller Dinge und Ereignisse, aller Bedürfnisse und Gefühle in Phantome.

Wer glaubt, die überwältigenden Publikumserfolge der TV-Serien hätten etwas mit deren je spezifischen Inhalten zu tun, hat nicht begriffen: Es ist die Serie als Serie, es ist das Prinzip der seriellen Reihung selbst, welches in einer diskontinuierlichen, vielfach als gebrochen und unüberschaubar erfahrenen Realwelt den Erfolg verbürgt. In den Serien bleibt, was im Leben ständig wechselt – Personal und Ort der Handlung, die Charaktere und die Choreographie, ihre Konflikte und Rankünen. Nirgends wuchern die Verstehens-Illusionen dichter als im Seriendschungel: Wir begreifen nichts und glauben alles. Das Fenster, durch das wir die Welt erblicken, zeigt uns ein schlüssiges, immer schon gedeutetes Bild. Eine Zeit, die keinen erfüllten und erfüllenden Augenblick kennt, »kein Instans, nicht Epoche oder Rekreation, nicht einmal Zögern – eine Zeit, die auf der Kugel der Fortuna balanciert, ... verschlingt sich selbst« (M. Cacciari).

Eine Gesellschaft, die sich den Reizimpulsen der Werbung und Unterhaltung, der Medien und des Konsums auf allen Ebenen umstandslos öffnet, ist wohl notwendig eine Gesellschaft, die sich von ihren Herkunftspflichten lossagt. Die neue Mehrheit der Lebenden ist unfähig, sich als Erben zu sehen. Nur wer das eigene Verhalten in der Gegenwart nicht mehr an den Maßstäben der Vergangenheit bemißt, kann mit einer der unseren vergleichbaren Unbekümmertheit die Müllhalden der Zukunft auftürmen: Das weiße Plastikstäbchen, mit dem wir für knappe fünf Sekunden unseren Kantinenkaffee umrühren, wird rund 500 Jahre brauchen, um zu verrotten.

Simone de Beauvoir hat in ihrem Roman »Tous les hommes sont mortels« (1946) gezeigt, daß nur der Sterbliche die Fähigkeit besitzt, an der Welt der Menschen teilzunehmen. Soziale Teilhabe und Anteilnahme am Schicksal der anderen gedeihen nur unter Endlichkeitsbedingungen. Das »Memento mori«, das Handeln und Sichverhalten aus dem Wissen um die eigene Sterblichkeit, verbürgt nur die nie verstummende Stimme der Toten. Wer sonst traktierte die triumphierende Mehrheit der Lebendigen mit der penetranten Mahnung: Bedenke, daß Du sterblich bist!? Die Römer wußten wohl schon, warum sie, einzig zum Zweck dieser Mahnung, auf dem Streitwagen des triumphierenden Feldherrn einen soufflierenden Sklaven mitfahren ließen.

Solange wir diese Stimme als die Stimme des Gattungswesens vernehmen, welches wir sind, so lange bleibt uns die Erde als »zerbrechliches Heim« im Bewußtsein, die Welt in ihrer Endlichkeit und Störbarkeit als Gegenstand der Sorge. Wenn das Gattungswesen unserem Streben und Trachten nicht mehr souffliert, rückt das Temporäre, Vergängliche, bloß Vorübergehende der individuellen Existenz in die Leerstelle jener unverfügbaren Notwendigkeiten ein, welchen die Toten über die Abgründe der Zeit hinweg Statthalter und Verbündete waren.

Der Reiz alles Flüchtigen ist seine gesteigerte Gegenwart. Was nur vorübergeht: unversehens heraufkommt und ebenso schnell im Nichts wieder verschwindet, das ist, in den wenigen Augenblicken seiner Anwesenheit, auch ungeteilt gegenwärtig; es stimuliert die Aufmerksamkeit, bezieht alles in seiner Umgebung nur auf sich. Die Welt wird ihm zum eigens um es herum gebauten Kosmos. Alle Gegenwart lebt von der Flüchtigkeit und das Flüchtige lebt für den Moment der Gegenwart, der ihm nicht Zeitsegment ist, sondern das Ganze, *Zeit*.

Die neue Mehrheit der Lebenden handelt nicht mehr im Bewußtsein der eigenen Endlichkeit. Das läßt alles, was sie ergreift, so beliebig und unverbindlich erscheinen. Es ist die gewußte und festgehaltene Endlichkeit der Existenz, welche unseren Gesten und Handlungen in jedem Augenblick Gewicht verleiht und Bedeutung. Das Unendliche und Grenzenlose dagegen ist das Monströse, da ihm alles zur Willkür wird oder zur Gleichgültigkeit. Für die neue Mehrheit der Lebenden gilt, was Robert Musil schon für den Prozeß der Zivilisation benennt: »Jeder Fortschritt ist ein Gewinn im einzelnen und eine Trennung im ganzen – es ist das ein Zuwachs an Macht, der in einem fortschreitenden Zuwachs an Ohnmacht mündet und man kann nicht davon lassen (...) Der Mensch fühlt die Gefahr nahe, wo er das Schicksal jener Riesentierrassen der Vorzeit wiederholen wird, die an ihrer Größe zugrundegegangen sind; aber er kann nicht ablassen.«

Nicht allein die Häufigkeit der Erkrankung macht den Krebs zur paradigmatischen Art des Krankseins und Sterbens in unserer Epoche; es ist auch das Wie und Was des Krebsleidens, das uns ahnen läßt, es könne sich hier im Maßstab der singulären Existenz das Drama unserer Zivilisation ereignen. Vom Standpunkt der Zelle betrachtet, ist der Krebs ja ein Triumph ohnegleichen: die gelungene Programmierung der Zelle auf »Unsterblichkeit«, die endgültige Herstellung von Ordnung und Vollkommenheit, der geglückte Sieg über Zufall und Irrtum.

Vom Standpunkt des Gesamtorganismus ist er eine einzige Katastrophe: Der unkontrollierte Vermehrungserfolg der Zelle führt auf der Triumphstraße äußerster »Tüchtigkeit« geradewegs in den Untergang alles am Gesamtorganismus beteiligten Lebendigen – auch der Zelle selbst. Diese feiert den Höhepunkt ihres Sieges im Augenblick des eigenen Untergangs: Sieg und Selbstvernichtung fallen in eins. Welch ein Bild tödlicher Ironie: Der Untergang ist nicht etwa die Folge des Totalerfolgs, nein, der Höhepunkt des Erfolgs ist der Untergang. Die Vernichtung des Ganzen ist der Triumph des Teils, der sich vom herkunftsmäßigen Kontext abgekoppelt hat.

Nur wenig, was uns im Persönlichen schicksalhaft widerfährt, eignet sich besser als Gattungsmenetekel. Krebs ist der Einfallstriumph einer Zelle, der Triumph massenhafter Beliebigkeit, welcher die lebenserhaltende Balance zwischen der Vielfalt am Leben partizipierender Funktionen zerstört.

Alle Wucherungserfolge sollten die Alarmglocken schrillen lassen. Ganz gleich, ob von Fast-food-Ketten die Rede ist, vom Bevölkerungswachstum, von Übertötungskapazitäten in der Hochrüstung, vom »Siegeszug« der wissenschaftlichen Rationalität, von der Steigerung des Bruttosozialprodukts, von der »Entfesselung der Produktivkräfte«, von der »industriellen Massenfertigung« oder von der Auto-, Beton- und Kommunikationsgesellschaft: stets, wenn ein Teil seine Funktionen unkontrolliert auf Kosten aller anderen Teilfunktionen erweitert, steht die Lebensfähigkeit des Ganzen auf dem Spiel. Im Imperialismus des Partiellen liegt der Keim des »großen« Untergangs.

Droht uns im ungebremsten *Chauvinismus des Lebendigen* das Gladiatorenschicksal der sich zu Tode siegenden Kreatur? Die irrtumsfeindliche Großgesellschaft leidet längst an vielen Stellen unter Wucherungserfolgen der »Zuvielisation«. Unser Schicksal ähnelt dem der Seerose auf einem überdüngten Teich: Auch hier ist der Augenblick des Triumphes – wenn die Seerose die Teichoberfläche erschöpft – eins mit dem Moment des Untergangs. Das Lebendige des Teichbiotops stirbt und mit ihm die Seerose. Sie hatte in ihrem Vermehrungsrausch einfach »vergessen«, daß ihre Lebenschancen von den Lebenschancen alles anderen beteiligten Lebens nicht zu isolieren sind.

Wir können dem Vermehrungserfolg ins Übermaß nur huldigen, wenn wir den Untergang verdrängen, welcher er ist. Unser Jubelruf gleicht dem Frohlocken der Seerose, welche die noch verbliebenen Lücken im Todesteppich ihres Fortpflanzungserfolges schließt; unsere Blindheit für die wahre Qualität der meisten unserer zivilisatorischen Erfolge ist die Blindheit der Zelle, die stolz auf den berstend prallen Tumor weist.

Wenn Vergleiche immer »hinken«, so kann dies auch heißen, daß sie hinter der durch sie illuminierten Wirklichkeit notwendig zurückbleiben. Können wir indes hoffen, daß unser Vergleich suggestiv übertreibt? Viereinhalbtausend Jahre nach der Erbauung der Pyramiden, fast dreitausend Jahre nach Homer, siebenhundert Jahre nach der Errichtung der Kathedrale von Reims, fünfhundert Jahre nach den Gemälden Botticellis und den Stanzen Polizianos bezeichnen wir den Erfolg der Wissenschaft, der Technik, der Wirtschaft und der Politik eines Landes im Prinzip mit einer einzigen Zahl: der Ziffer für das Bruttosozialprodukt. Stehen wir mit unserem Hinterhofhorizont barbarischer Pleonexie an Enge, Borniertheit und Einseitigkeit wirklich den bewußtlos wuchernden Zell- und Seerosenkulturen so sehr nach?

Wenn die Toten verstummen, werden die Lebenden »maßlos«. Man kann diesen Zusammenhang gar nicht überpointieren: Alle Meßlatten, über die wir für das aktuelle Tun und Lassen verfügen, sind die Meßlatten vergangener Erfahrung. Ob ich hier und jetzt etwas tun darf oder nicht, kann ich nur an den Lehren des Gestern und Vorgestern bemessen. Ohne das, was Eltern und Vorfahren erfahren haben, bleibt mein Handeln orientierungslos. Das zum begründeten Entscheiden und orientierten Handeln unverzichtbare tertium comperationis kam stets unvermeidlich aus den Welten vor meiner Welt: Daß ich heute selbstgefundene Beeren und Pilze des Waldes nicht mehr unbedenklich essen kann, daß ich in Seen und Flüssen nicht mehr nach Belieben schwimmen und baden kann, wird zum sozialen Skandalon erst durch den Vergleich mit dem, was bis gestern noch galt. Eine *bodenlose Zukunft*, eine Zukunft ohne Herkunft gewöhnt uns ans Schreckliche und hindert uns, das Furchtbare zu fürchten.

Unser Weltbild driftet in eine beziehungslose Pluralität von Welt-Bildern auseinander, die eigentlich nur noch »Bereichsbilder« sind: solche der Arbeits- oder der Freizeitwelt, der No-future-Kids oder der Karriere-Yuppies, der Großstadt oder des flachen Landes, der grellbunten Werbewelt oder der düsteren Katastrophenwirklichkeit der Nachrichtenbilder aus aller Welt:

Längst sind die Bilder der Welt, die die Werbung liefert, jenen, die sich unter Bedingungen der Nachdenklichkeit und der kundigen Besorgnis formen, gänzlich unvereinbar.

Der Mensch an der Schwelle zum neuen Jahrtausend – das ist vor allem das aus seiner Dimension gefallene Wesen, welches längst jenseits von Anschaulichkeit und Begreifen siedelt.

Auf der unermeßlichen Stufenleiter der Dimensionen zwischen den Quarks im Kleinsten und den Galaxien im Entferntesten können wir uns mit unserem Sinnesensemble nur auf wenigen Mittelsprossen hinauf- und hinunterbewegen. Tagaktive Primaten mit großer Sehrinde, Augentiere, die wir noch immer sind, haben wir im Ergründen des Kleinsten wie des Entferntesten längst die eigene, durch Augenmaß bestimmte Dimension verlassen. Uns ist eine Welt jenseits des optisch Sichtbaren erwachsen, mit Gewißheiten, Gesetzlichkeiten und Gefahren, die unser Auge nie erblickt, mit Wirkungen, Tatsachen und Folgewirkungen aus Tiefen und Weiten einer Dimension, bei der die Hand im schicksalsträchtigen Akt des »Begreifens« ihre Rolle längst verspielt hat: Das Aids-Virus paßt dreimillionenmal auf den Querschnitt eines

Haares; und jede Fünfundzwanzigstel-Sekunde erzeugen 300 000 Bits ein neues Fernsehbild.

Der Mensch an der Schwelle zum 3. Jahrtausend ist nicht nur das räumlich – durch Teleskop und Mikroskop, durch Satellitenfernsehen und Interkontinentalraketen – aus seiner Dimension gefallene Wesen. Er ist durch die beispiellose Steigerung der Veränderungsgeschwindigkeit der kulturellen Evolution auch in der Zeit heimatlos geworden. Die Ungleichzeitigkeit zwischen dem evolutionären Spätling Mensch und der umgebenden Natur bedroht nachgerade beide: die Natur und damit auch den Menschen. Die Natur ist der in wenigen Jahrtausenden gewachsenen menschlichen Zerstörungsmacht so schutzlos preisgegeben wie ein Stamm von Steinzeitjägern den Feuergarben des automatischen Maschinengewehrs. Die Zerstörungskräfte des Menschen und die Abwehrkraft der Natur gehören unterschiedlichen Zeitdimensionen an. Eine zum Ende hin phantastisch beschleunigte Menschengeschichte steht gegen die schneckengleiche »slow-motion« der erdgeschichtlichen Entwicklung. Wir zerstören um ein Vielfaches schneller, als Natur »nachwachsen« kann. Wenn Gänsesäger, Birkhuhn und Schwarzstirnwürger ausgestorben sind, und Zippammer, Wasserralle und Heidelerche ihnen folgen, dann wären für die Natur Jahrtausende vonnöten, einen »Ausgleich« zu schaffen.

Die neuen Ungleichzeitigkeiten zwischen der hochselektiven Aufbauarbeit der Natur und der indifferenzierten Naturzerstörung des Menschen, welche der Übergang von der biologischen zur kulturellen Evolution eröffnet hat, nehmen längst Ausmaße der Bedrohung an, die weit über die Gattungsdimension hinaus auf die Möglichkeit des Lebens selbst zielen.

Der Mensch an der Jahrtausendschwelle also – das aus seiner Dimension gefallene Wesen! Vielleicht ist das gültigste Bild der Welt, das wir heute zu zeichnen vermögen, das Bild der Welt als Explosionszeichnung. Jenes Bild also, mit dem der Techniker oder Technikvermittler, von einem zentralen Strahlpunkt aus, etwa das Armaturenbrett, die Kamera oder den Elektrorasierer in die Übersichtlichkeit ihrer Bestandteile und Einzelfunktionen »explodieren« läßt. Was beim Armaturenbrett, der Kamera oder dem Rasierapparat aber noch zum Verständnis der Funktionsweise des Ganzen beitragen mag, besiegelt im Falle der Welt nur die definitive Unerkennbarkeit des Ganzen, sein endgültiges Verschwinden: Die Welt löst sich in immer winzigere Bestandteile auf. Wir sind in der Welterkenntnis buchstäblich im »subatomaren« Bereich angelangt. Die Welt gibt es nicht mehr. Die Welt ist tot, es leben die Teile! (– Oder wenigstens einige Details eines Teils!) Die Welt sprengt sich vor unseren Augen, in immer neuen Schüben einer immer größeren Deutlichkeit ihrer Einzelheiten, nach allen Seiten auseinander.

Das Bild der technisch-konstruktiven Explosionszeichnung bedarf allerdings der Ergänzung: Die *Explosionszeichnung* der Welt ist, im Unterschied zu der des Armaturenbretts, nicht statisch; es gibt nicht nur die Hauptexplosion im Strahlpunkt, es gibt auch, wie bei einem aufwendigen Feuerwerk, unzählige und immer dichter aufeinanderfolgende Nach- und Nebenexplosionen innerhalb der »großen« Explosion.

Das Elend des Ganzen ist aber auch die Chance der Teile. Die Freisetzung des Partiellen, die Erlösung der Teile aus der Knechtschaft des Ganzen – dies ist (auch) ein Emanzipationsvorgang, mit allen Möglichkeiten, aber auch allen Risiken eines solchen »Entfesselungsprogramms«. Es läßt neue Wichtigkeiten unterhalb des Ganzen entstehen, es kreiert den »Vorrang des zeitlich Befristeten« (Niklas Luhmann), räumt dem Zufall, der Spontaneität neue Chancen ein, schafft die Grundlage für neue, transtotale Verbindlichkeiten in sozialen und regionalen Nächstwelträumen, kurzum sie eröffnet jene Chancen *offensiver Pluralität* (W. Welsch), welche die Postmoderne so beherzt ergreift und welche ihr nicht selten Kritik und Häme einträgt.

Die Fassade polyglotter Unverbindlichkeit, das *postmoderne Design* der Welt, in der wir uns zurechtfinden müssen, ist zugleich das flimmernde Bühnenbild hinter den Inszenierungsstrategien des Alltags.

Die Wirklichkeit verflüchtigt sich auch deshalb, weil sie »objektiv« für uns ihre Eindeutigkeit verliert. »Postmoderne« Denker haben hieraus unterschiedliche Folgerungen gezogen: Derrida fordert die »Dekonstruktion« der Sinn-, Erkenntnis- und Deutungsstrukturen; Lyotard plädiert für die Vielfalt der Diskurse; Portoghesi postuliert Paradigmenkonkurrenz, Jencks bestimmt das Wesen der postmodernen Architektur in der »Mehrfachkodierung«; Klotz will das Paradekriterium der Moderne, die Funktion, postmodern nach der Seite der Fiktion hin erweitern. Alle diese Formeln haben eins gemeinsam: Sie verabschieden die Eindeutigkeit des raum-zeitlichen Kontinuums. Es gibt keine Deutungsklammer mehr für das Ganze. Aus der Not verlorener Einheits- und Eindeutigkeitsgewißheit wird die Tugend offensiver Pluralität.

Einen bislang viel zuwenig beleuchteten Zusammenhang eröffnet der Blick auf die großen theoretischen Basisinnovationen dieses Jahrhunderts in den Naturwissenschaften und der Wissenschaftstheorie – auf die Relativitätstheorie Einsteins, die Unschärferelation Heisenbergs, den Unvollständigkeitssatz Gödels, aber auch auf aktuelle Ansätze wie die Fraktale-Theorie Mandelbrots, die Theorie der dissipativen Strukturen bei Prigogine oder die neuesten Erkenntnisse von Hakens synergetischer Chaosforschung. Bei aller sonstigen Unterschiedlichkeit ist diesen Basistheorien der wissenschaftlichen Moderne gemeinsam, daß sich in ihnen die Wirklichkeit als scharf konturierte, eindeutige Struktur auflöst und sich damit auch die Vorstellung einer homogenen, einheitlich strukturierten Welt verflüchtigt.

Haben wir gewonnen oder verloren? Der signifikanteste und weitreichendste Unterschied zwischen der vormodernen Welt und dem Heute ist die Beschleunigung. Sie ist gleichsam der Kern aller unserer sonstigen Erfahrungen und Befindlichkeiten. Wenn alles schneller geschieht, wenn wir immer größere Räume in immer kürzeren Zeiteinheiten überwinden, wenn die Distanzen schrumpfen, wenn immer mehr Informationen, Bilder, Reize in immer kürzeren Intervallen auf uns einwirken, bedeutet dies ja vor allem: unsere Reizökonomie gerät außer Rand und Band. Die Innovationsrate, sprich: die Neuerungen: Töne, Bilder, Gerüche, Landschaften, Menschen, Meinungen, Gebäude, Gegenstände, ja Gefühle, welche pro Zeiteinheit auf uns einwirken, wachsen ins Unermeßliche an; sie sind geistig und emotional nicht mehr abzuarbeiten und lassen uns daher kalt; wir lassen sie schon nach flüchtigster Berührung wieder fallen und eilen weiter.

Unter der Ägide der hypereffizienten Nanosekundenkultur haben sich die aufmerksamkeitsheischenden Ereignisse pro Zeiteinheit um ein Vielfaches vervielfacht – und zugleich um ein noch vielfacheres Vielfaches an Verbindlichkeit eingebüßt. Wer schneller fährt, hat mehr »input« an durcheilter Landschaft und entgegenkommenden oder überholten Fahrzeugen – aber gerade keine Verbindlichkeit und Dauer auf der Basis wahrgenommener Unterschiede. Die Reizüberflutung als Folge vervielfachter Geschwindigkeit raubt uns die intensive Zeitpräsenz: wir sind ortlos, immer im Transport, Zeitreisende, die es, ihren demonstrativen Optimismus dementierend, in der eigenen Gegenwart nicht hält.

Jahrtausendelang haben Pferd und Segel unser Gefühl für Distanzen bestimmt. Interkontinentalflüge und weltumspannende Kommunikationsmedien haben in gerade einem Halbjahrhundert die Erde schrumpfen, die Entfernungen schwinden lassen; Erdschrumpfung und Entfernungsschwund haben das Ungleichzeitige gleichzeitig werden lassen und das Heterogene abstandslos nebeneinandergestellt.

Die Flüchtigkeit der Zeit, die bizarre Vielgestalt der Reize, die für den Zeitreisenden entlang des Weges aufblitzen, eine kurze Zeitspanne wichtig sind und schnell vergehen, erlauben keine affektive Besiedelung der Zeiträume unseres Lebens. Was wir erleben an Schrägem und Schrillem, an Schnellem und Grellem – es bleibt emotional für uns weitgehend unerheblich. Leid und Trauer, Liebe und Glück, Verzweiflung und Schmerz – die intensive Präsenz unserer Gefühle –, sie erst läßt die Zeit stillstehen, schafft Momente der Zeitlosigkeit, die endlos dauern, ehe sie schließlich doch vergehen »wie ein schöner oder schrecklicher Rausch«. Die Zeit-Krankheit der rasenden Zeit und der überbordenden Reize ist zu einem gewissen Grad eine »emotionale Mangelerscheinung« (Ariane Barth). Die Welt wird zu groß, es geschieht zuviel gleichzeitig, die Bilder und Szenen, welche unsere Aufmerksamkeit absorbieren, wechseln zu schnell, als daß das einzelne Ereignis, die einzelne Nachricht, ihre Gültigkeit in Form der Herstellung von Betroffenheit zu bewahren vermöchte. Und so verschwindet das Bild der Welt hinter den ungezählten Bildern der Welt.

Seit wir die entlastenden Grenzen der Wahrnehmung aufgesprengt haben, tragen wir die unerträglichen Lasten der Beliebigkeit, des Alles und Jederzeit. Mit einer solchen

Welt kann man nicht mehr »fertig werden«. Sie bringt einen unablässig auf Trab, hält einen beharrlich in Atem – und sei's nur, daß sie uns nötigt, immer dort zu sein, wo am schrillsten gelacht wird. Schon Huizinga verwies auf jene »weitgehende Contamination von Spiel und Ernst«, die längst auch die öffentlich-politische Sphäre affiziert hat. Sie begegnet uns beispielsweise auch in aktuellen Formen des öffentlichen Geschichtsgebrauchs im Rahmen des Historikerstreits, die mehr von den Instinkten des Spiels, ja des Hasards angeleitet scheinen als von denen einer würdigen Besorgnis. Daß der Großversuch in Sachen moralischer Geschichtsentsorgung gerade heute, einem Halbjahrhundert nach Beendigung des 2. Weltkrieges, gestartet wird, darf nur den verwundern, der die spezifischen Entlastungs- und Entpflichtungsbedürfnisse der neuen Mehrheit der Lebenden nicht in Rechnung stellt.

Auch wo es wirklich nichts zu lachen gibt, treffen wir auf eine Atmosphäre des Unernstes, des Verspielten, des unabsichtlich und absichtsvoll Komischen. Zerstreuung und Unterhaltung, Sensation und Nervenkitzel sind allem beigemischt und erfreuen sich längst größerer Verbreitung als Beharrlichkeit, Hingabe und Verpflichtung. Jeder ist dabei und doch ist keiner wirklich beteiligt. Je mehr uns begegnet, um so weniger berührt uns. Analog zu ihrer Extensität verliert die Wirklichkeit gleichsam an spezifischem Gewicht – und wir versuchen es ihr gleichzutun in Sachen spezifischer Gewichtsverminderung. Das selbstverordnete »easy-going«, mit dem wir uns in ihr bewegen, vermag jedoch nur auf Zeit uns über die wahrhaft »unerträgliche Leichtigkeit des Seins« (Milan Kundera) hinwegzutäuschen.

Wir spüren alle, daß wir reizökonomisch über unsere Verhältnisse leben – daß wir psychologisch längst nicht mehr Schritt halten mit den selbstinszenierten Welt- und

Umweltveränderungen, die sich vor allem als Beschleunigungs- und Vervielfachungseffekte darstellen.

Die universale Betroffenheit, das *Ende aller Sicherheit*, der Verlust jeder Rückzugsmöglichkeit, das Scheitern aller auf Selbstgenügsamkeit gerichteten Bestrebungen – dies sind zentrale Erfahrungen und Einsichten, welche die Menschheit im Zeitalter der gattungsweiten Selbstvernichtungsfähigkeit prägen und charakterisieren. Wenn wir den signifikanten Bewußtseinsschub dieser zweiten Jahrhunderthälfte zu kennzeichnen haben, so ist an erster Stelle wohl zu nennen das Entstehen eines *planetarischen Bewußtseins*.

Das atomare Zäsurbewußtsein, das in der Friedensbewegung und verwandten Gruppierungen zu Hause ist, ist am ehesten vergleichbar dem Bewußtsein der Bewohner der spätmittelalterlichen Stadt, welchen ihre Stadtmauer angesichts weittragender Feuerwaffen keinen Schutz mehr bot, und die sich Sicherheit fortan nur noch vom größeren Territorialverband erhoffen konnten.

Daß in den politischen Legitimitätskonzepten der Stunde zu immer abstrakteren Denkfiguren Zuflucht genommen wird (»Menschheit«, »Natur«), daß wir unsere sicherheitspolitische Existenz jenseits von Stadtmauer und territorialem Grenzverlauf gleichsam in der Unbehaustheit weltgemeinschaftlicher Antizipation fristen, ist eine unmittelbare Folge der fehlgeschlagenen Beherrschung des Raumes. Die alten Erfahrungen von Innen und Außen, von Zentrum und Peripherie sind entwertet. Die Abstraktion verkündet das Ende der alten Raumbeziehung. Die Auflösung der alten Raumordnung und die Verwischung der traditionellen Raumverhältnisse, denen wir einst Sicherheit und Selbstgewißheit dankten, zwingt geradezu zum Übergang in die »vierte Dimension des Raumes«, die Zeit.

Die wohl allgemeinste Bewegung der Epoche, an der ausnahmslos alle in der einen oder anderen Weise teilhaben, ist der Wechsel von der Raum- zur Zeitgenossenschaft: Die neue Mehrheit der Lebenden kennt nur noch Zeitgenossen. Eine ihrer zentralen Erfahrungen ist die des erschöpflichen Raumes. Die Satellitenvermessung hat auch dem letzten Quadratmeter Erdoberfläche seine Geheimnisse entrissen. Erdschrumpfung und Entfernungsschwund reihen das einst Disparate dicht an dicht in »todbringendem Verstehen« (Todorow), in dem kein unerforschter Restraum mehr sich öffnet. Die alles zermalmende Identifikationsleistung sprengt die prämoderne Raumbeziehung, die durch Anwesenheit, durch Augenschein und den »Horizont des Unerschöpflichen« gekennzeichnet war.

Dialog und Teilhabe sind nicht mehr raumgebunden. Der französische Präsidentenberater und frischernannte Präsident der »Europäischen Bank für Wiederaufbau und Entwicklung« Jacques Attali nennt die Konsumgüter der Zukunft kurz und treffend *objects nomades* – nomadische Gegenstände, Geräte, die man am Körper trägt, gleich, wo man sich bewegt. Zu den traditionellen »Geräten« wie Waffen, Kleidung, Schmuck und Uhr treten Walkman, tragbares Telefon, Kreditkarte und neuerdings Fax, Laptop und Herzschrittmacher. Eine Gemeinsamkeit der sich abzeichnenden »Revolution« der neuen Technologien scheint zu sein, daß sie, ganz allgemein gesprochen, die Ortsbindung aufheben und Teilhabe ohne Anwesenheit ermöglichen.

Nicht daß die Akteure den Ort gemeinsam haben, ist entscheidend, sondern daß sie an der nämlichen Zeit partizipieren. Raumerschöpfung und Raumobsoleszenz machen uns, ob wir wollen oder nicht, allesamt zu »Kindern der Zeit«. Im entgrenzten, d. h. im »verlorenen

Raum« regieren, fast schon konkurrenzlos, die Zeitgrenzen der neuen Zeitordnung: nicht ob einer Pole ist, Schweizer oder Kanadier schließt ihn ein oder aus, sondern beispielsweise, ob er seine prägenden Eindrücke vor oder nach der Perestroika erhalten hat.

Überall transmutieren die alten Raum- in die neuen Zeitordnungen. Was vielfach als »Zusammenbruch des Ostblocks« beschrieben wurde, ist nur das prominenteste Beispiel der Aufhebung einst unerbittlich ein- oder ausschließender Raumgrenzen, ist ein Stück *Vergleichzeitigung* im ortlosen Nirgendwo des Jetzt, kurz: ist der irreversible Schritt vom Raumgenossen zum Zeitgenossen.

»Soviel Anfang war nie« – noch nie klang das Hölderlin-Wort, für sein Jahrhundert gesprochen, plausibler als heute. Allenthalben wird gestartet und aufgebrochen, jetzt sogar in West und Ost gleichzeitig, obgleich nie weniger wußten, wohin. Allenthalben »ereignet (sich), was keine Zukunft hat« (Ludwig Fels), weil keine Vergangenheit mehr. Inszenierungen sind Begleiterscheinungen des Niedergangs. Wider Not und Mangel, die man nicht sehen soll, installiert man farbenprächtige Kulissen; und eine »bodenlose« Realität, eine Wirklichkeit, der die soziologische Unterbauung der eigenen Herkunft wegbröselt, verpflanzt man routiniert auf den »Kunstboden« der Bühne, auch wenn es da bekanntlich eine Menge Falltüren gibt. Hauptsache: busy! Hauptsache: in Bewegung! Wer rastet, der rostet! Und Spuren des eigenen Alterns wären nun wirklich das Letzte, was eine unaufhörlich mit der Aufführung der eigenen Jugendlichkeit befaßte Gesellschaft sich zugeben dürfte!

Schon lange nicht mehr ist hierzulande so inbrünstig die Zukunft beschworen worden: »Zurück in die Zukunft« klingt längst nicht nur für eingefleischte Cineasten plausibel. Es könnte geradezu der Wahlspruch dieser Dekade sein, in der ja nun auch noch die Geschichte selbst zum Jahrtausendwendeendspurt ansetzt.

Sprache bringt zur Sprache, was Sache ist. Auch die inflationierende Zukunftssemantik der Stunde ist wohl eher Indiz chronisch chronologischer Verlegenheit: herkunftsentlastet, gegenwartsflüchtig und zukunftsängstlich gleichermaßen, üben wir uns in rhetorischer Not- und Unsicherheitsbewältigung; Zeitreisende, die es, ihren demonstrativen Optimismus dementierend, in der eigenen Zeit nicht mehr hält.

Die Toten – das ist erfahrenes Leben, ist gelebte Erfahrung. Das Leben, das nicht mehr gründet und mündet in den Tiefenschichten abgestorbenen und gleichwohl nachwirkenden Lebens, wird bodenlos. Es kann nur noch himmelwärts wachsen; einem Fesselballon gleich, seiner Halterung befreit, emporsteigen, kaum steuerbar, unbekannten »Zielen« zu.

Die Riesendome unserer großtechnischen Hervorbringungen stehen ohne Widerlager auf unterhöhltem, leergeschürftem Grund, mühsam auf Zeit noch in sich selbst gehalten, Wunderwerke hinfälligster Präzision; die asphalt-, eisen- oder betongewordene Schwere der ihnen zugehörigen Strukturen verhindert, daß wir ihrer Vergänglichkeit und Zerbrechlichkeit innewerden, kurz, daß wir sie als das sehen, was sie sind. entschiedenster Einspruch des rastlos Lebendigen wider die bis zur schieren Unwandelbarkeit beständige Natur.

Die neue Mehrheit der Lebenden hat das Wesentliche vergessen: daß nicht das Leben, daß der Tod das Wesentliche ist; das Beständigere, das Widersetzlichere. Das Leben flieht, der Tod hält stand. Leben ist die Ausnahme von der Regel des Todes. Im Kult des Lebens behandeln wir das Exzeptionelle als den Normalfall. Die neue Mehrheit der Lebenden wird selbst zur größten Gefahr für das Leben:

Das Leben, das sich dem Tod und den Toten so beharrlich verweigert, kann sich auch dem Leben nicht verpflichten.

Das nur Lebendige ist jenes flache, kontinuitätslose Leben auf Zeit; Leben, das sich weigert, sich in den Dienst des Lebens zu stellen. Wer immer heute die trendnotorische »Parteinahme für das Leben« intoniert, muß sich kritisch befragen lassen, ob er in seinem Engagement die Belange des Lebens nicht mit dem Solipsismus des Lebendigen verwechselt. Es gibt viele Formen, sich den Pflichten des Lebens zu versagen. Der *Kult des Lebendigen* ist gewiß die am meisten verbreitete. Er steht in enger Verbindung zum »Chauvinismus der Art« (de Jouvenel) und zur Fetischisierung der Jugendlichkeit. Beide zusammen lassen uns die Bedingungen des Lebens nach Raum und nach Zeit verfehlen. Der »speziesistische« Blick auf die Welt achtet die Rechte der mitlebenden Kreatur gering; und die Fixierung auf Jugendlichkeit die Rechte der Nachgeborenen. Der Mensch nimmt sich das Recht gegenüber der natürlichen Mitwelt, alles zu dürfen, und »der Mensch« – das ist die gerade lebende, aktive Generation.

Wahrscheinlich ist es den Menschen immer schon schwergefallen, ihr aktuelles Tun und Lassen mit den allgemeineren Bedingungen des Lebens zu versöhnen. Anders fiele es schwer zu erklären, weshalb gerade jene Kulturen, denen dieses Versöhnungswerk in so überzeugender Weise gelang, fast immer die Magie für die Zwecke der Naturschonung wie die der sozialen Kontinuierung in der Generationenfolge instrumentalisierten. Das magische Universum des »feng shui«, von dem die chinesischen Geomantiker sich leiten ließen, befähigte sie, die Behausungen der Toten mit den Wohnsitzen der Lebenden in Einklang zu bringen; der Standort von Brücken und Gebäuden und der Verlauf von Wegen und Straßen richtete sich nach den Gesetzmäßigkeiten dieser Orientierung. Sie verhinderte, daß die menschengewirkte Umwelt die natürliche Topographie von Hügel und Wald, von Fluß und Wolkenzug zu überwältigen und zu überwuchern vermochte. Wenn die Geomantik, die der chinesischen Landschaftsgestaltung und Stadtanlage, dem Pagodendach und den Tempelbauten der Ming-Dynastie in Nordpeking zugrundelag, bloßer »Aberglaube« war, dann war sie Aberglaube im Dienste der Schönheit, der Natur und der Menschen.

Vor allem die Einbeziehung der Toten in den Tätigkeitskreis des Lebens hat den Menschen zum Kulturwesen geadelt, ihn über Nahrungstrieb und Profitgier hinausgeführt. Die Anwesenheit der Toten bezeugt das Streben nach zeitübergreifender Ordnung und Harmonie; der Solipsismus des Lebendigen dagegen die Dominanz kurzfristiger Stoffwechselbedürfnisse und individueller Verwertungsinteressen.

Die Friedhofsverwaltungen einiger amerikanischer Großstädte sind bereits dazu übergegangen, die Regelruhezeiten ihrer Toten drastisch abzusenken, z. T. bereits unter die Zehnjahresgrenze. Wer das nördliche China bereist, dem wird immer wieder begegnen, daß er im Weichfeld winziger Dörfer und Flecken mit wenigen Dutzend Einwohnern auf ausgedehnte Gräberfelder mit Hunderten, ja Tausenden von Grabsteinen stößt, die ihn gemahnen, daß die besondere Gestalt des Lebens die kurzzeitige Ausnahme von der »Regel« des Todes ist, und – was bis vor kurzem auch im großen noch galt: daß die Toten als die Gewesenen die überwältigende Mehrheit stellen, die Lebenden dagegen eine Minderheit auf Zeit und Abruf, unterwegs zu ihrer eigentlichen Heimat – der unzerstörbaren Heimstatt der Toten. »Das Leben«, sagt Seneca, »ist uns mit der Bedingung des Todes geschenkt; es ist der Weg zu diesem Ziel.«

Die Toten verstummen, genauer: sie hören auf, als »die Verstummten«, die sie immer waren, zu uns zu sprechen. Sie versiegen als eine Quelle der Wahrheit, ohne die das Leben nicht blüht, und Gemeinschaft nicht gedeiht. Ohne sie ist nicht Ehrfurcht und nicht Furcht. Daß wir vor dem Unerfraglichen nicht mehr verstummen, heißt eben dies: daß die Toten nicht mehr zu uns sprechen. Erst der neuen Mehrheit der Lebenden sind die Toten tot. Erst sie hat aufgehört, auf die Stimme der Verstummten zu hören. Wie beredt diese Stimme einst sprach, dafür spricht das indische Wort für den Weisen: muni, das ursprünglich »der Verstummte« bedeutet. Der im Tod Verstummte, das war nicht einfach derjenige, der für immer definitiv stumm blieb; es war derjenige, der in der Sprache der Lebenden verstummte, um desto beredter und hörbarer in einer anderen Sprache zu sprechen: in der Sprache der Hingegangenen, weil sie die wichtigere Sprache war, die Sprache des Gültigen, Bleibenden, jenseits von Endlichkeit und Eitelkeit.

Vielleicht zeigt sich die Umwertung der Werte am deutlichsten in der modernen Lebenszugewandtheit der Kunst. Vielleicht ist dies gar die eigentliche Revolution der Kunst der Moderne: daß sie, mit radikaler Ausschließlichkeit, Kunst für die Lebenden ist. Die Toten sind uns keine Kunstwerke mehr wert. Die große Kunst der Vergangenheit, die ägyptische etwa, war überwiegend eine anonyme Kunst, die kein Publikum kannte. Ihre Werke wanderten von der Werkstatt des Künstlers direkt in die unterirdischen Grabkammern, in die Mastabas der Verstorbenen.

Der namenlose Künstler schuf für den namhaften Toten. Folgt man dem etymologischen Vorschlag des italienischen Geschichtsphilosophen Giovanni Battista Vico, so müssen wir den Menschen gar als »das seine Toten bestattende Lebewesen« verstehen: Er leitet »humanus« von

»inhumare«: beerdigen, bestatten ab. Unabhängig davon, wie überzeugend uns die Herleitung nach ihrer wortgeschichtlichen Seite erscheinen mag – die Vorstellung besticht, daß im »humanen« Umgang mit dem toten Artgenossen das Spezifikum in der Überwindung des prähumanen Status zu erblicken sein könnte.

Das Grabmal, ursprünglich nichts als ein über dem Leichnam zum Schutz vor Raubtieren aufgetürmter Steinhaufen, war wohl gleichursprünglich »metaphorisch« über sich hinausweisendes Zeichen. Die Steine, die sich nach kurzer Zeit schon, gemäß den Gesetzen der Schwerkraft, zur Pyramidenform archaischer Land-art ordneten, sind vermutlich als die ersten Schriftzeichen zu deuten. Das Grabmal ist wahrscheinlich eines der ältesten metaphorischen Zeichen, in welchem der Mensch beides zugleich erlernte: zu lesen und zu schreiben. Schreiben heißt der Erinnerung anvertrauen, Lesen sich erinnern. Wenn die jetzigen und die nachwachsenden Generationen im Zeichen der »Television total« tatsächlich um so vieles weniger litteral geprägt sein werden, wie man wohl befürchten muß, dann reiht sich auch diese Beobachtung ein in den soziologischen Groß-Befund kollektiven Gedächtnisverlustes. Werden wir, je unmerklicher um so unvermeidlicher, zu geschichtslosen Jetztzeit-Wesen, zu erinnerungslosen Nur-Erwartern?

Selbst die freigewählte Einsamkeit bleibt in Tat und Erinnerung auf andere Menschen bezogen – sonst ist sie keine Form menschlichen Existierens. Der Mensch ist kein Solitär. Er handelt stets in Gemeinschaft, mindestens aber in der Auseinandersetzung mit anderen. Doch ist er hierbei nicht nur auf die Mitlebenden verwiesen. Es gibt bleibende, in der Zeit überdauernde gemeinschaftliche Interessen, deren Zwecke nicht in den Werken einer Generation einzuholen sind. Hierin liegt wohl das Mysterium des

Sozialen ebenso begründet wie die unvergleichliche Dignität des wahrhaft Politischen. Es wäre frevelhaft, meinte der englische Staatsphilosoph Edmund Burke, den Staat wie eine »alltägliche Kaufmannssozietät«, wie einen bloßen »Gemeinhandel mit Pfeffer und Kaffee« zu betrachten, als bürgerlichen Privatkontrakt, den man jederzeit aufkündigen könne. Der Staat ist ihm nicht bloß »Gemeinschaft in Dingen, deren die grobe tierische Existenz des vergänglichen Teils unseres Wesens bedarf, er ist eine Gemeinschaft in allem, was schätzbar und gut und göttlich im Menschen ist. Da die Zwecke einer solchen Verbindung nicht in einer Generation zu erreichen sind, so wird daraus eine Gemeinschaft zwischen denen, welche leben, denen, welche gelebt haben, und denen, welche noch leben sollen.«

Wo wir keine innige Gemeinschaft mehr pflegen mit denen, die waren, reißt auch der Funkkontakt zu denen, die nachkommen. Sensibilität dafür und Bereitschaft, die Unversehrtheit ihrer Lebensbedingungen in die Entscheidungen des Tages mit einzubeziehen, nehmen Schaden. Wer in der Solidarität der »toten Mehrheit« handelte, sah die Welt mit anderen Augen, entspannter, gelassener, verfügte über einen längeren Atem und über eine ausgeprägtere Verantwortung für das Ganze in der Abfolge der Generationen. Jeder einzelne trug zur Ordnung im großen bei, von deren Gelingen sein eigenes individuelles Glück abhing. Das (post-)moderne Individuum ist vor allem anderen als Glücksritter in eigener Sache unterwegs. Je unentrinnbarer die großen sozialen Gebilde als kollektive Akteure mit den gewußten und ungewußten Folgewirkungen ihrer Entscheidungen tatsächlich in ferne und fernste Zukünfte vorausgreifen, um so mehr sieht sich jeder einzelne mit seinem Planen und Bedenken psychologisch auf den Anspruchsradius der eigenen Lebensspanne reduziert. Je mehr wir uns im großen irreversibel festlegen, um so beharrlicher inszenieren wir in Bewegungsreservaten unsere Scheinmobilität. Gerade die achtspurige Autobahn als asphaltgewordene Blockierung der Landschaft gestattet ja die historisch beispiellose automobile Individualmobilität unserer Tage. Je wandlungsunfähiger wir in die Versteinerungskatastrophe der großen Strukturen hineinwachsen, um so hingebungsvoller hegen wir die Nischenchance der kleinen Fluchten. Je irreversibler wir das Ökosystem mit endgültigen Folgelasten und unaufhebbaren Risiken überfrachten, um so offener trachten wir unser Privatleben von jeder Entscheidung fernzuhalten, die uns binden könnte. Es gibt eine Gemeinsamkeit dieser kleinen Fluchten und der großen Flucht nach vorn. Wir klammern uns an jene, weil wir ahnen, daß diese uns nicht gelingen wird.

Das, was gerade ist: die Hoffnungen und Sehnsüchte des Tages, die Handlungspräferenzen und Impulse der Stunde, bekommen ein Gewicht, welches ihnen unangemessen ist. Ohne das Korrektiv der nachwirkenden Vergangenheit können Verbindlichkeiten über die Grenzen der Generationen hinweg nicht gedeihen. Tschingis Aitmatow ist der Autor, in dessen Erzählungen immer wieder Spuren jener älteren Herkunftswelt aufscheinen, die Tote und Lebende noch zu unauflöslichen Gemeinschaften verbindet, stets bedroht allerdings schon von der gewalttätigen, zerstörerischen Unberechenbarkeit der »neuen Mehrheit der Lebenden«. Seine Botschaft ist ebenso schlicht wie eindringlich: »Die Menschen werden schlecht, wenn sie nicht an ihre Väter denken.« Denn »niemand wird sich seiner schlechten Taten schämen, wenn sich seine Kinder und Kindeskinder doch nicht an ihn erinnern. Und niemand wird gute Taten vollbringen, weil die Kinder ja doch nichts davon wissen werden.«

Weil ihr die Toten verstummen, handelt die neue Mehrheit der Lebenden nicht mehr in der Solidarität alles Sterblichen. Sie ist – wie der Unsterbliche inmitten der Sterblichen – ein gemeingefährliches Monstrum – rücksichtslos, im Sinne des Wortes: ohne den mäßigenden Blick zurück auf die eigene Herkunftswelt; ohne Wissen um Abkunft und daher auch ohne wirkliches Ziel; heimatlos, ortlos, immer unterwegs. Werden die Menschen dieser hochmobilen, amöbenhaft fluiden Gesellschaften sich den elementaren Kontinuitätsforderungen des übergeordneten Sozialverbandes unwiderruflich verschließen, oder gibt es Wege zurück zu Formung und Gestaltung, zu Verpflichtung und Verantwortung? Ist die Befürchtung so abwegig, daß in einer Gesellschaft ohne soziale Verdichtung, ohne eine Kultur der Liebe und Freundschaft, auch die psychologische Reproduktionsbereitschaft schwinden könnte, die Bereitschaft zur Tradierung von Wissen und Erfahrung genauso wie die Bereitschaft zur Bewahrung und zur Weitergabe von Leben?

Anmerkungen

1 B. G., in: Dieser Stein denkt jetzt an Wien. Gedichte. Eggingen 1988.

2 Möglicherweise, wahrscheinlich sogar, ist diese Zahl falsch. Mindestens muß man sie mit Kautelen versehen, damit sie andeutungsweise »richtig« werden kann. Man darf in die Grundgesamtheit der Gewesenen nicht einfach alle menschlichen Lebewesen einbegreifen, wie kurz und vorübergehend ihr Lebenslicht auch geflackert haben mag: also nicht auch jene vielen, die unmittelbar nach ihrer Geburt schon wieder von der Bühne des Lebens abtreten mußten. Man muß sie wohl begrenzen auf jene, die überhaupt die Chance hatten, zu leben, Leben weiterzugeben und damit in die Erinnerung anderer einzugehen.
Andererseits aber verbirgt sich in dieser Zahl eine unüberbietbare Deutungsmetapher. Um deren Heuristik ist es mir im folgenden zu

tun, nicht um die schwer, ja wohl unmöglich zu entscheidende wortwörtliche Richtigkeit der dieser Zahl zugrundeliegenden, in ihre Berechnung eingegangenen Annahmen, die ich hier jetzt auch gar nicht diskutieren will. Das Bild, um das wir im folgenden kreisen, ist also dies: Die Zahl der Menschen, die jetzt leben, ist bald erstmals größer als die zu vermutende Zahl aller Menschen zusammengenommen, die jemals, seit es überhaupt den Menschen gab, die Chance hatten, Spuren auf dieser Erde zu hinterlassen.

Georg Franck

Aufmerksamkeit, Zeit, Raum

Ein knapper Ausdruck für das Veränderungspotential der neuen Informationstechniken und Kommunikationsmedien

Die gängige Ausgangsfrage in der Technikfolgenschätzung ist die nach den Ressourcen, deren Verfügbarkeit und relative Knappheit der technische Wandel verändert. Stellt man die Frage an die digitalen Informationstechniken und Kommunikationsmedien, dann zeigt sich, daß die herkömmliche Betrachtung materieller Ressourcen zu kurz greift. Die digitalen Techniken verstärken nicht körperliche Kräfte und physische Energien, sie »bewaffnen« kognitive Fähigkeiten und psychische Kräfte mit maschinellen Verstärkern. Das heißt nicht, daß sie nur subjektive Befindlichkeiten manipulieren. Es müssen vielmehr Schlüsselressourcen und wirtschaftliche Engpaßfaktoren sein, die sie ersetzen. Ihr Einfluß steckt hinter dem Wandel der ganzen Lebensform. Gibt es einen kurzen Ausdruck für die Ressourcen, die die maschinelle Zurüstung der Aufmerksamkeit manipuliert?

Das Angebot der Automaten: Aufmerksamkeitsprothesen, Zeitersatz und virtualisierter Raum

Eine entscheidend – ja wenn nicht die entscheidend – wichtige Ressource in unserer Dienstleistungsgesellschaft ist die Energie geworden, die für geistige Arbeit nötig ist.

Schon einfache und mechanische geistige Arbeit kostet aufmerksame Energie. Das Aufbringen aufmerksamer Energie ist, wovon die Informationstechnik unmittelbar entlastet. Computer automatisieren das Rechnen, Lesen und Schreiben, das logische Vergleichen und Schließen, das Speichern, Filtern, Ordnen und Wiederaufsuchen von Information. Allerdings bleibt es nicht bei der Entlastung von ermüdender Routine und geistiger Knochenarbeit. Die Programmierung ist vorgestoßen in Bereiche wie den Gebrauch natürlicher Sprache, die Simulation optischer und akustischer Wahrnehmung, die Anlage und Pflege von Wissensbasen, die Führung konsistenter Gespräche. Den Stand der Kunst repräsentiert die so genannte künstliche Intelligenz.

Intelligenz ist nun ihrerseits eine auszeichnende Eigenschaft nicht nur, weil die Fähigkeit zu korrektem Rechnen, findiger Assoziation, triftigem Vergleich und schlüssigem Urteil bemessen ist. Sie ist es auch und besonders, weil aufmerksame Energie so knapp ist. Intelligent ist solches Verhalten, das den Wirkungsgrad dieser Energie optimiert. In diesem Sinn ist Intelligenz lernbar und mit Werkzeugen rüstbar. Die Werkzeuge aufmerksamer Energie bestehen aus Wissen. Deshalb wird aufmerksame Energie um so wertvoller – und ökonomisch teurer –, je besser sie ausgebildet und je umfassender das Wissen ist, zu dem sie Zugang hat. Die ersten bereits marktgängigen Produkte der künstlichen Intelligenz sind sog. Expertensysteme. Expertensysteme sind Informationssysteme, die Urteilsvermögen und Fachwissen verkörpern. Expertensysteme ersetzen qualifizierte, also schon sachverständige Aufmerksamkeit.

Sachverständige ist re-investierte Aufmerksamkeit: Ihr ökonomisches Maß ist außer der Zeit ihrer unmittelbaren Widmung die in ihre Ausbildung investierte Zeit einschließlich deren Verzinsung als »Humankapital«. Wenn es nicht schon klar wäre, dann würde diese Rechnung klarmachen, daß Zeit das wichtigste Maß für diese schwer zu messende Ressource ist. Aufmerksamkeit hat, gerade als Expertise, zwar auch eine intensive und eine intuitive Dimension. Selbst intensive Anspannung läßt sich aber zum Teil durch gute Ausbildung ersetzen; und gute Intuition hat eng mit einschlägiger Erfahrung zu tun. Intensive und intuitive Unterschiede haben – ausgenommen die herausragenden Spitzen – zeitliche Äquivalente.

Zeit ist allerdings mehr als nur ein Maß für knappe andere Ressourcen. Zeit ist selber knapp, unabhängig davon, was durch sie gemessen wird. Sie ist der Inbegriff einer knappen Ressource, darin vergleichbar nur noch dem Geld. Wenn aufmerksame Energie gespart wird, dann wird menschliche Zeit stets zusätzlich und unabhängig davon gespart. Zeit ist damit die zweite der wirtschaftlich unabdingbaren Ressourcen, die durch die Automation geistiger Arbeit freigesetzt wird.

Die Automatisierung geistiger Arbeit ersetzt menschlich gewidmete Zeit und Aufmerksamkeit. Die Informationstechnik automatisiert darüber hinaus aber auch die Übertragung erarbeiteter bzw. zu verarbeitender Information in der Zeit und im Raum. Informationstechnik ist zugleich Erinnerungs- und Kommunikationstechnik. Die Verarbeitung aktueller Information ist immer verbunden mit der Speicherung für spätere Verarbeitung und mit dem Wiederaufsuchen von früher Gespeichertem. Als elektrisch betriebene Maschinerie ist die Hardware zudem räumlich vernetzbar. Die Information ist innerhalb des Netzes ubiquitär. Alles, was an einem Punkt des Netzes verfügbar ist, ist an jedem Punkt verfügbar. Da sich die Verfügbarkeit auf alphanumerische so gut wie auf akustische und bildliche Information erstreckt, und da die

Netze nach Vernetzung untereinander rufen, hat die Vernetzung die Tendenz, von jedem Ort aus den Rest der Welt als telekommunikatives Surrogat verfügbar zu machen.

Die weltweite und immer dichter werdende Vernetzung digitaler Maschinerie hat den Effekt der Virtualisierung räumlicher Entfernung. Telekonferenzen, Televersandhandel und Heimarbeit am Computerterminal sind bereits eingeführte Verfahren der Einsparung persönlicher Wege und materiellen Transports. Sie bilden aber erst die sichtbare Spitze eines noch ungehobenen Eisbergs an Möglichkeiten der Fernübertragung und Fernpräsenz. Da die Überwindung räumlicher Entfernung nicht nur Zeit, sondern – man denke an den Raumverbrauch der Verkehrssysteme – selber Raum kostet, ist Raum die dritte der zum Leben unabdingbaren Ressourcen, deren Verfügbarkeit die neuen Techniken und Medien manipulieren.

Die Kennzeichen der Epoche: überforderte Aufmerksamkeit, keine Zeit, schrumpfender Raum

Aufmerksamkeit, Zeit und Raum sind konstitutive Letztbestandteile der subjektiven Erlebnissphäre. Raum und Zeit sind die Dimensionen, Aufmerksamkeit ist, wenn man so will, die Substanz menschlichen Erlebens. Zugleich – und das ist der springende Punkt – sind Raum, Zeit und Aufmerksamkeit bemessene Grundressourcen des Lebens. Wie bemessen unsere Aufmerksamkeit ist, ist leicht dadurch zu prüfen, daß man versucht, an zwei Vorgänge gleichzeitig zu denken, oder eine Buchseite mit der doppelten als der gewohnten Geschwindigkeit zu lesen. Unsere Zeit ist als Lebenszeit und vom Wechsel des Wachens und Schlafens her bemessen. Die Bemessenheit des Raums, in dem wir leben, hat in der Rede vom Raumschiff Erde zeitgemäßen Ausdruck gefunden.

Der Einfluß, den Techniken auf die Verfügbarkeit von Aufmerksamkeit, Zeit und Raum nehmen, ist ein umfassender Ausdruck für ihren Einfluß. Die technische Substitution einer Ressource hat nun aber, nach den Gesetzen der Ökonomie, um so größere Wirkung, je knapper die Ressource bereits ist. Die Wirkung der neuen Techniken und Medien wäre deshalb in einer Zeit am mächtigsten, die sich durch besondere Knappheit von Aufmerksamkeit, Zeit und Raum auszeichnet. Könnte es sein, daß die Verknappung dieser Ressourcen ein besonderes Kennzeichen der Epoche bzw. der Gesellschaft ist, die die digitalen Techniken hervorbrachte?

Knappheit unterscheidet vom Mangel, daß sie schon mit der Vielfalt der Verwendungs*möglichkeiten* der Sache zunimmt. Um zu sehen, daß die Möglichkeiten der Ver- bzw. Zuwendung von Aufmerksamkeit in der Epoche seit dem Aufkommen der Neuen Techniken sprunghaft zugenommen haben, genügt ein Blick auf die Schlagworte für die gesellschaftlichen Veränderungen seit dem 2. Weltkrieg. Diese Schlagworte sind: Ersatz von Hand- und Kopfarbeit, Tertiarisierung der Wirtschaft, Urbanisierung, Automobilisierung, Medien-, Freizeit- und schließlich Wohlstandsgesellschaft.

– Kopfarbeit ersetzt manuelle durch intellektuelle Geschicklichkeit, körperliche durch aufmerksame Energie.
– Tertiäre Dienstleistungen sind Waren in der Form gewidmeter Aufmerksamkeit.
– Städte sind nicht nur Ansammlungen von Menschen

und Bauten, sondern auch und vor allem Ballungen von Wahlmöglichkeiten.

- Die Automobilisierung erschließt Wahlmöglichkeiten des Ortswechsels in neuen Größenordnungen.
- Die Flut der Publikationen und der Programmangebote übersteigt die Aufmerksamkeit, die zur Wahrung des Überblicks nötig wäre, inzwischen um Größenordnungen.
- Freizeit ist ein anderer Ausdruck für freigestellte Wahlmöglichkeiten.
- Wohlstand bedeutet die permanente Qual der Wahl.

Müßte man die sozioökonomischen Veränderungen seit dem 2. Weltkrieg auf einen einzigen Nenner bringen, dann wäre es die Explosion des Optionsraums. Die Kehrseite dieser Explosion an Wahlmöglichkeiten ist die Verknappung der zu ihrer Wahrnehmung unabdingbaren Ressource: eben von Aufmerksamkeit. Bereits auf die Wahl zwischen den unüberschaubar gewordenen Verwendungsmöglichkeiten von Aufmerksamkeit wird inzwischen sehr viel Aufmerksamkeit verwendet. Schließlich ist es nur symptomatisch, daß Streß zur allgemein beklagten Zeitkrankheit wurde. Streß ist nichts anderes als die von zu vielen Seiten mit zu hohen Ansprüchen erzwungene Zuwendung von Aufmerksamkeit.

Wie als Energie, so verknappt sich Aufmerksamkeit mit dem Wachstum der Zuwendungsmöglichkeiten im zeitlichen Maß. Der zeitliche Ausdruck von Streß ist Hektik. Hektik ist die Folge, wenn von zu vielen Seiten zu hohe Ansprüche an die nun einmal nicht vermehrbare Zeit gestellt werden. Das Wachstum an attraktiven Verwendungsmöglichkeiten der Zeit ist nun aber wiederum nur ein anderer Ausdruck für das Wachsen des Optionsraums.

Zeit ist so vielfältig verwendbar, wie vielfältig die Möglichkeiten der Beschäftigung und der Muße sind. Die ganze industrielle Entwicklung ging dahin, Arbeitszeit zu sparen und die Verwendungsmöglichkeiten der Freizeit zu steigern. Folge waren die wachsende Produktivität der Arbeitszeit und der wachsende Optionsraum des Konsums. Ausdruck für die sprunghafte Verknappung der Arbeitszeit seit Ende des 2. Weltkriegs ist das historisch beispiellose Steigen ihres Preises, nämlich der (in Stundensätze umgerechneten) Einkommen. Ausdruck der Verknappung der Freizeit ist die zunehmende Rastlosigkeit, in die die Freizeitgesellschaft gerade infolge der verkürzten Arbeitszeit verfiel.

Die Verknappung der Zeit ist relativ zu derjenigen des Raums. Wie Zeit, so ist auch Raum nicht vermehrbar. Die Expansion des Raumverbrauchs ist aber immer noch das probateste Mittel gegen die Zeitverknappung. So gut wie alle Produktions- und Transportvorgänge lassen sich durch Zugabe von Raum und Geräumigkeit beschleunigen. Flachbauweisen in Produktion und Lagerhaltung, breitere Straßen und größere Flughäfen, dichtere Straßennetze und zusätzliche Luftkorridore – die Liste ließe sich beliebig fortsetzen – sparen knappe Zeit.

Zeitliche und räumliche Knappheit sind relativ. Sie sind es auch im Konsum. Je knapper die Zeit, um so raumlastiger wird der private Verbrauch. Je höher die Einkommen, um so größer die Nachfrage nach Mobilität und um so stärker die Präferenz für schnelle Verkehrsmittel. Je höher die Einkommen, um so stärker – und zwar überproportional stärker – steigt die Nachfrage nach Wohn- und privatem Freiraum. Die rasende Zunahme der Mobilität, der manische Tourismus, die ausufernden Städte, die zersiedelte Landschaft, die Zweit- und Drittwohnung im Grünen – sie alle sind reguläre Folgen der angespannten Zeitökonomie.

Der Raumverbrauch hat nicht nur ein geometrisches bzw. geodätisches Maß. Stets gerät die Umwelt mit unter Druck. Der beschleunigte Verkehr kostet sowohl größere Korridore als auch höhere Umweltlasten. Die Zersiedlung kostet nicht nur Landschaft als Anbau- und Erholungsfläche, sondern auch als Biotop und Summe ökologischer Nischen. Die Intensivierung der Raumnutzung ist stets mit gesteigertem Energieverbrauch und aufgeblähten Materialbilanzen verbunden.

Die industrielle Entwicklung, Urbanisierung, motorisierter Verkehr und der schließliche Wohlstand waren mit einer historisch beispiellosen Verknappung sowohl der Zeit als auch des Raums verbunden. Die Verknappung des Raums bezieht sich gleichermaßen auf das geometrische wie auf das ökologische Maß. Äußeres Zeichen für die neue Dimension, die diese Verknappung seit dem Aufkommen der neuen Techniken angenommen hat, ist das historische Zusammenfallen dieses Aufkommens mit der aufkommenden Debatte um die Übervölkerung der Erde und um die ökologische Plünderung des Planeten.

Macht und Selbstverstärkung des Veränderungspotentials

Wie die Substitution bzw. Schonung von Aufmerksamkeit, Zeit und Raum ein umfassender Ausdruck für das Veränderungspotential der digitalen Techniken ist, so ist die Verknappung dieser Grundressourcen ein Grundzug der gesellschaftlichen Veränderungen seit ihrem Aufkommen. Es mag hier offenbleiben, ob diese Koinzidenz ein historischer Zufall war oder tieferliegende Gründe hatte. Entscheidend für die künftige Entwicklung ist, daß hier zwei Entwicklungslinien ineinandergreifen, deren nicht nur jede für sich bahnbrechende Kraft hat, sondern die zusammen die Macht haben, sich wechselseitig zu verstärken.

Bedenkt man, von welch fundamentaler Bedeutung Raum, Zeit und Aufmerksamkeit für das individuelle Erleben und gesellschaftliche Zusammenleben sind, dann erhellt, daß ihre säkulare Verknappung nicht ohne tiefschürfende Veränderungen des Lebensgefühls und der ganzen Lebensform bleiben konnte. Bedenkt man ferner, daß die Verfügbarkeit dieser Ressourcen ein anderer Ausdruck für das Haben von Wahlmöglichkeiten und für die Dimensionalität der subjektiven Erlebniswelt ist, dann kann nicht verwundern, daß Techniken, die diese Grundressourcen ersetzen bzw. schonen, eine Schlüsselrolle zufällt.

Maßgeblich für diese Schlüsselrolle ist aber noch ein anderer Faktor. Die Techniken sind an der Entwicklung, die nach ihrem Einsatz ruft, selbst nicht mehr unbeteiligt. Die Verknappung der Ressourcen und ihre Substitution greifen ineinander. Wohl nimmt die Substitution von der Verknappung ihren Ausgang, sie wirkt dieser Knappheit aber keineswegs nur entspannend entgegen. Die Substitution wirkt – scheinbar paradox – auf die Verknappung verstärkend zurück. Bei Zeit und Aufmerksamkeit erhöht die Substitution die mögliche Selektivität, im Raum streckt sie die Reichweite möglicher Zuwendung. Mit dem Wachstum der Verwendungsmöglichkeiten verknappen sich die zu ihrer Wahrnehmung nötigen Ressourcen abermals, was den Druck auf ihre Substitution nochmals verstärkt. Ein sich selbst nährender Sog kommt ins Drehen.

Als Mit-Ursache der Verknappung haben die Techniken die Potenz, die Entwicklung, die nach ihrem Einsatz ruft, von sich aus zu forcieren. Je weiter diese Entwicklung fortschreitet, um so unabkömmlicher wird ihre Rolle.

Durch ihr eigenes Mittun wächst ihnen ein Sperriegel-Effekt zu: Ihre Rolle läßt sich nur noch ausdehnen, nicht mehr – es sei denn unter katastrophalem Druck – zurücknehmen.

Ist denn schon etwas wie ein Fluchtpunkt dieser Entwicklung zu erahnen? Gewinnt die künftige Gestalt der Erlebnissphäre und die neue Form des Lebens schon erkennbare Umrisse?

Es wäre vermessen, im Angesicht der hochgeschaukelten Entwicklungsdynamik langfristige Prognosen zu wagen. Angelegt ist aber eine gewisse Logik der Entwicklung. Wenn Zeit, Raum und Aufmerksamkeit zu Engpaßfaktoren werden, dann hat das Konsequenzen. So läßt sich in Umrissen die künftige Gestalt der Erlebnissphäre erahnen, wenn man darauf achtet, daß Zeit und Raum nicht nur knappe Ressourcen, sondern eben auch Dimensionen des Erlebens sind. Ein neuer Zug in der Lebensform tritt hervor, wenn man bedenkt, daß Aufmerksamkeit nicht nur als aktiv aufzubringende Energie, sondern auch als passiv zu empfangende Zuwendung ein knappes und begehrtes Gut ist. Das Stichwort für den Wandel der dimensionalen Gestalt ist die Annäherung der subjektiven Erlebnissphäre an die relativistische Raumzeit, dasjenige für den Bedeutungswandel der Aufmerksamkeit die Ausbildung einer Ökonomie der Faszination.

Künstliche Raumzeit

Die Verbindung von Aufmerksamkeit, Zeit und Raum besagt, daß die Zeit und der Raum subjektiv im Ausgangspunkt der aufmerksamen Zuwendung zentriert sind. Aufmerksame Wesen leben im Hier und Jetzt: Sie leben in einer räumlich zentrierten – perspektivischen – Dingwelt und einer zeitlich zentrierten – Vergangenheit und Zukunft trennenden – Gegenwart. Jedes aufmerksame Wesen ist das Zentrum der Welt, die es im Rahmen seiner verfügbaren Aufmerksamkeit und bemessenen Zeit und in der dimensionalen Form seines Anschauungsvermögens wahrnimmt und vorstellt. Weil Aufmerksamkeit, Zeit und Raum zugleich Formen und Ressourcen menschlichen Erlebens sind, verändert ihre Verknappung zugleich die Selektivität, Grundgeschwindigkeit und Perspektivik des Erlebens.

Die Neuen Techniken verändern allerdings nicht nur die Knappheit dieser Grundressourcen. Sie entkoppeln auch den Ausgangspunkt und das Ziel der aufmerksamen Zuwendung im Raum und in der Zeit. Die Virtualisierung räumlicher Entfernung bedeutet, daß die Wahrnehmung frei wird, im Raum zu springen. Sie gleicht die äußere Wahrnehmung der inneren Vorstellung an. Doch bleibt es nicht bei der Virtualisierung räumlicher Entfernung. Was für die Übertragung im Raum gilt, gilt auch für die Übertragung in der Zeit. Endete die Analogtechnik – mit Fotografie, Film und Tonband – bei der Speicherung von Information, so automatisiert die Digitaltechnik nun auch das Aufsuchen, Wiedererkennen und Zurückholen der gespeicherten Gehalte. Wie die Information durch Vernetzung räumlich ubiquitär wird, wird sie durch automatisches Speichern und Rückholen zeitlich ubiquitär. Der Effekt ist nicht minder revolutionär. Er bedeutet den Übergang von der Gedächtnis- zur Erinnerungstechnik. Ja, er bedeutet eine Verwischung des Unterschieds räumlicher und zeitlicher Distanz. Für die Dinge, deren Präsenz durch die Maschinerie vermittelt ist, macht es keinen Unterschied, ob sie simultan übertragen sind oder aus der Konserve kommen.

Das Veränderungspotential dieses dimensionalen Effekts dürfte schwer zu überschätzen sein. Er birgt die Möglichkeit eines geradezu explosionsartigen quantitativen Wachstums an Zuwendungsmöglichkeiten; er birgt sogar die einer qualitativen Transformation der subjektiven Erlebniswelt. Er hat die Potenz, deren räumlich-zeitliche Gestalt in Richtung der relativistischen Raumzeit zu transformieren.

In der Zeit als relativistisch vierter Dimension sind die sukzessiven Zustände der Welt wie in einer weiteren räumlichen Dimension aufgereiht und in dem Sinne ununterschieden »da«, als der Unterschied zwischen Zukunft, Gegenwart und Vergangenheit nicht existiert. Zeitliche Unterschiede sind für die Physik solche zwischen Meßpunkten, also zwischen Koordinaten. Als Unterschiede zwischen Koordinaten können räumliche und zeitliche Entfernung (im relativistischen Sinne) permutativ behandelt werden. Eben diese Austauschbarkeit trifft nun auch auf die Dinge zu, deren Präsenz durch die Maschinerie vermittelt ist. Ein Unterschied im Datum zwischen dem präsentierten Geschehen und der geschehenden Präsentation zeigt keine prinzipiell andere Art der Entfernung als die zwischen unterschiedlichen räumlichen Koordinaten. Gewiß ist die technische Angleichung nur virtuell. Schon heute wird über Bildschirme aber mehr an Realität bezogen als aus unvermittelter Anschauung.

Von der Jagd nach Aufmerksamkeit zur Ökonomie der Faszination

Über Bildschirme wird nicht nur Information vom Sender an die Empfänger geliefert; über das Medium bezieht auch der Sender Aufmerksamkeit von den Empfängern.

Dieser Bezug von Aufmerksamkeit ist für den Sender der Witz am Medium. Aufmerksamkeit ist nämlich ein knappes Gut nicht nur als aktiv aufgebrachte Energie. Sie ist es auch als passiv empfangene Zuwendung. Sie ist es zwar völlig unabhängig vom Medium. Menschen brauchen die Zuwendung von ihresgleichen; die Eitelkeit kennt nichts Schöneres, als wenn alle schauen. Die neuen Medien sind nun aber deshalb ein ganz entscheidender Faktor im Geschäft der Attraktion, weil man über sie sehr viel mehr Aufmerksamkeit beziehen kann als über die Straße oder aus dem Saal.

Die neuen Medien haben es möglich gemacht, Aufmerksamkeit gezielt, mit kalkulierbarem Aufwand und Ertrag, in Massen anzuziehen. Die als Meinungspflege, PR, Werbung und Programmgestaltung organisierte Jagd nach Aufmerksamkeit hat sich unter ihrer technischen Voraussetzung zur bedeutenden Industrie entwickelt. Aber auch auf der subjektiven Seite scheint das Einkommen an aufmerksamer Zuwendung an Bedeutung gewonnen zu haben. Es hat den Anschein, daß ein hohes Einkommen an Aufmerksamkeit dabei ist, dem hohen Geldeinkommen den Rang abzulaufen. Prominenz, das hohe Ziel einer wachsenden Mehrheit, ist der Status des Einkommensmillionärs an bezogener Aufmerksamkeit.

Der Kult um die Prominenz trifft sich mit dem unablässigen Wachstum der gezielt veröffentlichten Seiten der subjektiven Erlebniswelten. Die gezielt veröffentlichten Seiten sind allesamt durch die Konkurrenz um Attraktion hindurchgegangen und haben im professionellen Kampf um die Aufmerksamkeit Gestalt angenommen. Ergebnis ist ein gezielt hergestellter Magnetismus an Attraktivität auf den veröffentlichten Seiten. Dieser Magnetismus einer ständig angereizten, meist untergründigen, aber doch spürbaren Blickfängerei ist es, der den publizierten Seiten ihre eigenartig selbständige – als Darstellung eigenreale – Wirklichkeit verleiht. Es ist die Effektivität dieses gezielt hergestellten Faszinosums, die die Aufmerksamkeit an den Schirmen hält. Sie schafft es, daß das sichtbar scheinhafte Bild sozial verbindlich und individuell prägnanter erlebt wird als das Original.

Was es uns schwermacht, die realitätsverändernde Kraft in dieser Ökonomie der Faszination zu erkennen, ist unsere eingefleischte Neigung, die haptisch feste, im Sinn allgemeiner Zugänglichkeit öffentliche Welt für die eigentliche Wirklichkeit anzusehen, die Welt der übertragenen Bilder und publizierten Ansichten hingegen als phantomatische Scheinwelt. Wir neigen zu übersehen, daß auch die äußeren Dinge für uns erst wirklich werden, indem sie Gegenstände unserer aufmerksamen Zuwendung werden – und daß wir als aufmerksame Wesen uns nur dem zuwenden, worauf wir, willkürlich oder unwillkürlich, achten. Acht geben wir auf das, was unsere Aufmerksamkeit bei sich hält. Deren Zuwendung kann als Konzentration wohl willentlich, sie kann als Attraktion aber auch unwillkürlich gesteuert und sie kann als Faszination in willenlosen Bann geschlagen sein. Im Schmerz schließlich unterliegt die Zuwendung dem nackten Zwang. Nichts ist wirklicher als das Faszinierende und das Schmerzende.

Die Wirklichkeit des aufmerksamen Seins relativiert den Unterschied zwischen unvermitteltem Original und technischer Replik. Achtet man auf die eigene phänomenale Wirklichkeit, dann zeigt sich auch, daß Mängel in der Simulation durch Raffinierung der Attraktion wettzumachen sind. Ja es zeigt sich, daß die eindeutige Priorität der öffentlichen vor den veröffentlichten Ansichten der Wirklichkeit nur so lange besteht, wie Unterschiede in der Wiedergabe sekundär gegenüber dem primären Unterschied zwischen Bild und Abgebildetem – und wie die Grade der Attraktivität unwesentlich gegenüber der grundsätzlichen Dichotomie von willkürlich und unwillkürlich – sind. Die Reproduktion wird aber konkurrenzfähig, wenn Wiedergabequalität und Attraktivität gezielt und mit kalkulierbarem Aufwand manipulierbare Parameter werden. Die Simulation kann die Wirklichkeit sogar ausstechen, wenn die Darstellungstechnik eine höhere Ladung mit Attraktivität erlaubt.

Je ausgeklügelter die Attraktivität, um so weniger fällt der bloß virtuelle Charakter der Repräsentation ins Gewicht. Je weniger der bloß virtuelle Charakter ins Gewicht fällt, um so unwichtiger wird die zeitliche und räumliche Distanz zwischen dem repräsentierten Geschehen und dem Geschehen der Repräsentation. Die Relativität qua Attraktivität ist komplementär zu derjenigen qua Virtualisierung zeitlicher und räumlicher Distanz. Auch hier greifen zwei Entwicklungslinien ineinander, deren jede für sich bahnbrechende Kraft hat, und die zusammen auch noch die Macht haben, sich wechselseitig zu verstärken.

3

Paul Virilio
Der echtwahre Augenblick

1.

Die Malerei vermag uns nicht zu täuschen, denn sie verfügt nicht über den wahren Farbton des Lichts, schrieb Friedrich Schlegel im vorigen Jahrhundert.

Was sollen wir heute über die Täuschung durch das *live* gesendete Fernsehbild sagen, wenn nicht, daß es dank der Lichtgeschwindigkeit der optischen Wellen diesen *wahren Farbton* besitzt? Diesen wahren Farbton, der nichts anderes ist als die reale oder *Echtzeit* der Fernsehübertragungen, welche die Realität der beobachteten Szenen erhellt.

Wo die pikturale Darstellung nicht beanspruchen konnte, das unmittelbare Licht zu ersetzen, da jede Figur sich in die »verschobene Zeit« einschrieb, besitzt die televisuelle Präsentation dank der Techniken der Direktübertragung dieses Licht der Unmittelbarkeit, dieses sofortige Wahrscheinlich-Wirken, das weder die Malerei noch die Fotografie noch auch das Kino besaßen; daher das Auftauchen eines letzten *Horizontes der Sichtbarkeit*, sobald die optische Dichte der menschlichen Umwelt verringert wird.

Bisher ließ uns das ferngesehene Ereignis, auch wenn es tatsächlich *stattfand*, gleichwohl noch seine letzte Grenze erkennen, die der *absoluten* Geschwindigkeit des Lichts.

Von nun an jedoch setzt der Mensch nicht nur die *relative* Geschwindigkeit des Tiers oder der Maschine ins Werk, sondern er macht sich auch die Geschwindigkeit der Wellen des elektromagnetischen Feldes zunutze, ohne zu bemerken, daß er damit an eine unüberwindliche

Mauer stößt: nicht mehr an die Schall- oder Hitzemauer, die ja laufend von den Über- und Hyperschallvehikeln durchbrochen wird, sondern an die des Lichts, diese letzte Grenze einer energetischen Intensität, die auf immer das menschliche Handeln und Wahrnehmen beschränkt.

Tatsächlich vergessen wir zu oft, daß ein Ereignis, auch wenn es *hier und jetzt* stattfindet, zugleich immer auch *im Licht* einer positiven Beschleunigung oder negativen Verlangsamung stattfindet. So ist zum Beispiel die zufällige Begegnung zweier Passanten auf dem Trottoir, die sich ansprechen, nicht von derselben unerwarteten Art wie der Gruß zweier in ruhigem Tempo aneinander vorbeifahrenden Automobilisten auf der Straße vor dem Trottoir.

Stellen wir uns nun aber vor, man beschleunigt die beiden hier und jetzt aneinander vorbeifahrenden Autos beträchtlich, so würde die Begegnung, der Gruß von Fahrer zu Fahrer mangels ausreichender Wahrnehmungsdauer ganz einfach nicht stattfinden, wobei die relative Unsichtbarkeit der beiden durchaus anwesenden Fahrer nicht das Ergebnis einer phantomatischen Abwesenheit der Körper wäre, sondern allein einer Abwesenheit der zu ihrer gegenseitigen Wahrnehmung nötigen Zeitdauer. Das Ereignis der Begegnung der zwei Fußgänger auf dem Trottoir oder der zwei Autofahrer auf der Straße hat somit zwar hier und jetzt stattgefunden, aber ebenso *im Licht* oder, wie man oft sagt, *im Tempo (en vitesse)* einer relativen Geschwindigkeit, relativ zu den Bewegungen der verschiedenen Verkehrsteilnehmer.

Wenn jedoch die beiden Gesprächspartner dank der fortgeschrittenen Interaktionstechnologien (in Echtzeit) miteinander kommunizieren, ist es die absolute Geschwindigkeit der Wellen, die ihre Begegnung, ihr *vis-à-vis* oder *face-à-face* erleichtern wird, und zwar unabhängig von den räumlichen und zeitlichen Entfernungen, die sie tatsächlich trennen.

Das Ereignis findet dann nicht mehr an einem bestimmten *Ort* statt, oder genauer, es *findet zweimal statt*, der topische Aspekt tritt hinter den teletopischen Aspekt zurück, die Einheit der Zeit und des Ortes verdoppelt sich zwischen Aussendung und Empfang der Signale, hier und dort *gleichzeitig*, durch die Prozesse der elektromagnetischen Interaktivität.

Das Problem des *televisuellen Horizonts* der flüchtigen Begegnung bleibt freilich ungelöst: denn faktisch, wenn die Trans-Apparenz der Erscheinungen der zeitgleichpräsenten Gesprächspartner auch vergleichbar ist mit, wenn nicht analog zu derjenigen der oben zitierten Fußgänger oder Autofahrer, so differiert doch das Terminal, der Endpunkt ihrer wechselseitigen Wahrnehmung: Der Horizont der Passanten, die aneinander vorbeigehen, ist *das Ende der Straße*, und der der langsam aneinander vorbeifahrenden Autofahrer ist *die Perspektive der Avenue* (der Fluchtpunkt des städtischen Horizonts begrenzt die Zone ihrer effektiven Begegnung).

Im Falle der zeitgleich, aber räumlich weit voneinander entfernt vor dem Bildschirm sitzenden Fernsehzuschauer ist dagegen der Horizont nicht der Bildhintergrund, sondern die seitliche Begrenzung des Bildes, der *Rahmen des Bildschirms*, die Einrahmung der Sendung und vor allem die Zeitdauer, die dem Gespräch der beiden Gesprächspartner eingeräumt wird, bevor die Bildschirmröhre wieder erlischt und verstummt.

Der *televisuelle Horizont* ist somit allein derjenige der *Gegenwart* der Sendung und des Empfangs (in Echtzeit) des televisuell übertragenen Gesprächs, ein kleines Stück Gegenwart *(instant présent)*, genau definiert durch die Einrahmung des Gesichtsfeldes der beiden Fernsehzuschauer, vor allem jedoch durch die Frist, die ihrem face-à-face-Dialog zugeteilt worden ist.

2.

Die Gegenwart isoliert zu definieren heißt, sie zu töten, schrieb einst Paul Klee ... Ist es nicht ebendieses Verbrechen, das die Techniker der Telekommunikation heute begehen, wenn sie die Gegenwart von ihrem »hier und jetzt« loslösen zugunsten eines *austauschbaren Woanders*, das nicht mehr das unserer konkreten Präsenz auf der Welt ist, sondern nur noch das einer diskreten und intermittierenden Telepräsenz? Die reale oder Echtzeit der Telekommunikationen stellt sich ja nicht, wie oft behauptet wird, nur in einen Gegensatz zur Vergangenheit, zur *verschobenen Zeit*, sondern auch zur Gegenwart, zu ihrer Aktualität selbst, als optische Vertauschung des Realen und des Figurierten, das auf den physisch hier und jetzt anwesenden Beobachter verweist, bloße Fortdauer einer Illusion, in welcher der Körper des Zeugen zum einzigen Element der Stabilität in einer virtualisierten Umgebung wird.

Auf die *Fokussierung* der Blicke des Filmzuschauers als des Augenzeugen der optischen *kleinen Illusion*, die nur aus dem Beharren des Bildes auf der Netzhaut resultiert, folgt daher jene *Polarisierung* des Körpers des Fernsehzuschauers als des Augenzeugen der elektro-optischen *großen Illusion* einer In-Wellen-Setzung der Realität der gesamten Welt, in welcher das Auf-der-Stelle-Beharren des Körpers des Augenzeugen dasjenige des okularen Systems vollendet. *Trägheit des eigenen Körpers*, scheinbares Ergebnis dieser verallgemeinerten Ankunft der (optischen oder akustischen) Informationen, in der alles konvergiert und sich konzentriert im Aufmerksam-Sein auf den *punktförmigen Informationsfluß (trajet sans délai)* der Bilder und Töne, wobei der Bildschirm plötzlich ein letzter *Horizont der Sichtbarkeit* wird, Horizont der beschleunigten Partikel, der den geographischen Horizont der Ausdehnung, in dem sich der Körper des Fernsehzuschauers noch bewegt, ersetzt ...

Scheinbarer Horizont oder *tiefer Horizont*? Die Frage nach der optischen Dichte der realen Umgebung wiederholt heute für den Bewohner dieses enggewordenen Planeten diejenige nach der direkten und gebräuchlichen Transparenz der Materialien, wobei sie ihr jedoch das Rätsel jener indirekten Trans-Apparenz hinzufügt, die sich aus den Möglichkeiten der *aktiven* Optik dieses *indirekten Lichtes* ergibt, das nun die menschliche Umwelt zu erleuchten kommt, so wie das *direkte Licht* der Sonne oder der Fee Elektrizität sie erleuchteten und zu betrachten erlaubten dank der Eigenschaften der *passiven* Optik der verschiedenen korrigierenden Materialien wie der Luft, des Wassers oder des Glases unserer Brillen.

Wie jeder weiß, gibt es *keine erkennbare Geschwindigkeit ohne einen Horizont, ein Terminal.* Wäre somit der Rahmen des Fernsehbildschirms ein wirklicher Horizont für uns geworden, ein viereckiger Horizont? Jenes Viereck, das nichts anderes ist als ein Kubus, der sich in den zwei Dimensionen des reduzierenden und fragmentierten Bildes der televisiven Sequenz verbirgt? Die Frage bleibt insgesamt offen.

Man hat es bemerkt, der Einbruch eines *indirekten Horizonts* als Frucht der Erscheinung eines *dritten Intervalls* vom Genre *Licht* (mit Vorzeichen Null) neben den traditionellen Intervallen des *Raumes* (Vorzeichen negativ) und der Zeit (Vorzeichen positiv) führt zur unerwarteten Erfindung einer letzten *Perspektive,* in der die Tiefe der realen

(Echt-)Zeit den Sieg über die Tiefe des realen Raumes der Territorien davonträgt. Von nun an beleuchtet das indirekte Licht der Signale taghell die Welt der Sinneserfahrung, indem es *die optische Dichte* unseres Planeten momentan auf Null reduziert.

Zu den raum-zeitlichen Deformationen der Entfernungen und der Dauer, die sich aus der Schnelligkeit des Verkehrs und der physischen Fortbewegung der Personen ergeben, kommt nun noch die *Unterbrechung dieser augenblicklich aus der Ferne übertragenen Erscheinungen* … Interaktionstechniken, die ein unbemerktes Ereignis begünstigen, *diese plötzliche Kybernetisierung des geophysischen Raumes, seines atmosphärischen Volumens*, und nicht mehr nur, wie es schon seit der Erfindung der ersten Automaten der Fall war, des gegenständlichen Volumens oder dessen der robotisierten Maschine; Installierung einer Kontrolle der geophysischen Umgebung, in welcher das *Auf-Sicht-Ansteuern* der augenblicklichen Annäherung an einen Ort das *Steuern* der sich noch dorthin bewegenden Fahrzeuge verdrängen würde … eine Teleskopierung des Nahen und Fernen, in der die Ausdehnung der Welt plötzlich winzig wird, mikroskopisch winzig *(infra-mince)* dank der Möglichkeiten zur *optischen Aufblähung* der Erscheinungen, die den Menschen umgeben.

3.

Wahrhaftig, ein Künstler ist der echte Beobachter: er errät die Bedeutung und versteht sich darauf, in der flüchtigen und einmaligen Mischung der Phänomene das Wichtige zu erspüren und festzuhalten, schrieb Novalis.

Schöner kann man, glaube ich, die Energie der Beobachtung nicht beschreiben, eine Energie in Bildern oder genauer: *in Informationen.*

Denn wenn die Geschwindigkeit auch nicht eigentlich ein Phänomen ist, sondern die Relation *zwischen* den Phänomenen (die Relativität selbst), wenn die Geschwindigkeit also *zum Sehen, zum Konzipieren* dient und nicht nur dazu, sich leichter fortzubewegen, dann beschreibt der deutsche Dichter perfekt die *kinematische Optik* jenes Blikkes, der sich aufmacht, das Wesentliche in der flüchtigen Bewegung der Phänomene zu erfassen. Das ist es übrigens, was die Informatiker heute *Bildkapazität* nennen.

Ähnlich wie die Mikroprozessoren der Phantasie zur Synthese, ist das menschliche Auge ein mächtiges Instrument zur Analyse der Strukturen des Sichtbaren, fähig, sehr schnell (in zwanzig Millisekunden) die optische Dichte der Ereignisse zu durchdringen, so daß es heute notwendig erscheint, den beiden gewohnten Typen von Energie, der *potentiellen Energie* (an Vermögen) und der *kinetischen Energie* (an Handlung) einen dritten und letzten Typus hinzuzufügen: die *kinematische Energie* (an Information), ohne die, wie mir scheint, der relativistische Charakter unserer Beobachtung verschwinden würde, um den Beobachter neuerlich vom Beobachteten zu trennen, wie es einst in der Ära vor Galilei der Fall war.

Aber lassen wir diesen unnützen historischen Rückblick, um auf die Techniken der Echtzeit-Übertragung zurückzukommen. Soweit gelangt, daß sie Elementarteilchen, elektro-optische Bilder und elektro-akustische Töne mit der Grenzgeschwindigkeit des Lichtes diffundieren können, desgleichen telemetrische Signale, die nicht nur die Tele-Vision und Tele-Audition, sondern auch die *Tele-Aktion* erlauben, machen sich die von ihren jeweiligen Regierungen unterstützten Laboratorien nun daran, beim Fernsehbild auch noch die *Auflösung selbst* zu verbessern, um diese indirekte Transparenz zu beschleunigen und die optische Vergrößerung der natürlichen Umwelt noch zu steigern.

Erinnern wir uns, der Blick des Menschen *zerschneidet* zugleich den Raum und die Zeit, die okulare Objektivität vollbringt also eine relativistische Großtat, wobei sich die Grenzen des Gesichtsfeldes und der Sequenzen-Abfolge noch verdoppeln durch das zeitliche Ausstanzen der Rhythmik des Bildes. Der *Akt des unterscheidenden Blickes* ist also nicht nur ein leeres Wort, sonst wäre die Relativität des Sichtbaren selbst nur eine perspektivische Halluzination!

Die Suche nach einer *hochauflösenden Television* ebenso wie die nach einer *hochgetreuen (HiFi-)Teleaudition* partizipiert somit an der wissenschaftlich kontroversen Frage der *beobachteten Energie*. Tatsächlich kann man, seit die zeitgenössischen Physiker uns davon überzeugt haben, daß *der Beobachter nicht von der beobachteten Sache zu trennen ist*, sich legitimerweise fragen, wie es dann mit der objektiven Wahrscheinlichkeit jener beobachteten Energie stehen mag, die im Bereich der experimentellen Wissenschaften jeder Messung zugrundeliegt ... *Beobachtete Energie* oder *Energie der Beobachtung*? Die Frage bleibt offen, was uns jedoch nicht hindert, heute, mit den Forschungen über die Hochauflösung, ein direkt (oder *live*) gesendetes Fernsehbild zu erstellen, dessen Imperfektionen mit bloßem Auge nicht zu erkennen sein werden, da die Auflösung des elektronischen Bildes der des menschlichen Okularsystems überlegen sein wird, und zwar soweit, daß *das Bild realer erscheint als die Sache, deren bloßes Bild es doch ist*! Ein wahrhaft verblüffendes Phänomen, möglich geworden unter anderem durch eine Beschleunigung von 25 auf 50 Bilder pro Sekunde – wobei, erinnern wir uns, die subliminale Grenze der menschlichen Wahrnehmung bei 60 Bildern pro Sekunde liegt.

So taucht nun am Ende dieses Jahrhunderts die *optische Aufblähung* unserer natürlichen Umwelt als letzte Grenze auf, letzter Horizont der technologischen Aktivität des Menschen. Und wenn man bedenkt, daß die Verbesserung der Genauigkeit der *tele-aktuellen* Beobachtung heute analog zu dem ist, was gestern die Eroberung der Territorien oder die Expansion des Reiches war, so ist der in letzter Zeit populär gewordene Begriff Glasnost alles andere als unschuldig!

Kurz nach den Ereignissen in Osteuropa, im letzten Dezember, rief in Straßburg ein Vertreter eines der EG benachbarten Länder aus: »*Wenn man die Grenzen abschafft, muß man auch die Entfernungen abschaffen*, sonst werden wir bald große Probleme in den Randzonen haben!« Meines Erachtens müßte der Satz umgekehrt werden, um zu verstehen, worum es derzeit politisch geht. Tatsächlich muß man, wenn man die Entfernungen abschafft – und das ist mit der jüngsten Entwicklung der Telekommunikation geschehen –, auch die Grenzen abschaffen, nicht nur die *politischen* der Nationalstaaten zugunsten föderaler oder konföderaler Zusammenschlüsse, sondern auch die *ästhetischen* »Grenzen« der uns umgebenden Dinge zugunsten einer letzten zeitlichen Schranke, jener der Beschleunigung der *optischen Austauschbarkeit (commutation optique)* der Erscheinungen einer Welt, die integral tele-präsent ist, vierundzwanzig Stunden pro Tag und sieben Tage pro Woche.

Die bisher noch intermittierende Verdünnung der optischen Dichte des Horizonts der Sichtbarkeit eines den Interaktionstechnologien *übermäßig ausgesetzten* Planeten beschleunigen, wie seit der Revolution des Verkehrswesens die zeitlichen Distanzen der physischen Fortbewegungen verkürzt worden sind, mit anderen Worten, die Leuchtkraft jener zweiten Sonne noch mehr steigern, die jeden Winkel unserer Territorien erhellt, so wie die Wettersatelliten bereits ihr Klima zu erforschen erlaubten ...

Ende der äußeren Welt, jenes Mundus der unmittelbaren Erscheinungen, der noch eine räumliche Fortbewegung erforderlich machte, die Ausgestaltung eines Raum-Intervalls und eines gewissen Zeitraums, dieser »negativen« und »positiven« Intervalle, die auf einzigartige Weise entwertet worden sind durch das Intervall der absoluten Geschwindigkeit des Lichts, das Null-Intervall der für die Fernsehsendung verantwortlichen Wellen, die nicht nur den philosophischen Begriff der »gegenwärtigen Zeit« in Frage stellen, sondern vor allem den des *echtzeitlichen* oder *realen Augenblicks*.

Für viele von uns verleihen die Gefahr und die Nähe des Todes jedem Augenblick des Lebens mehr Intensität und Tiefe ... Müßte man dann nicht umgekehrt prophezeien, daß jene neuen elektromagnetischen Technologien, indem sie dem Augenblick mehr *Tiefe* geben, uns zugrunde richten und buchstäblich umbringen, da der sogenannte echtzeitliche oder reale Augenblick des Fernsehens immer nur der des plötzlichen Verschwindens unseres *unmittelbaren Bewußtseins* ist und da ein unaufhörliches Vertiefen der Intensität des gegenwärtigen Augenblicks nicht anders möglich ist als auf Kosten jener *Intuition des Augenblicks*, die Gaston Bachelard so teuer war?

Bei den Tele-Technologien des Video-Signals handelt es sich in der Tat nicht mehr um eine »kleine Illusion« wie jene, die 1895 die Zuschauer des Films der Brüder Lumière, »Einfahrt des Zuges in den Bahnhof von La Ciotat«, so erschreckte, sondern um eine emanzipierende »große Illusion«, nämlich die der Präsenz hier und jetzt der Extremitäten der Welt. Telepräsenz, die ebensowenig beruhigend ist, wie einst die der Lokomotive, die auf die Zuschauer der ersten Filmvorführung losfuhr.

Wo die relative Geschwindigkeit der Aufnahmen, aus denen die Fotosequenz bestand, nur die *scheinbare Bewegung des Films* der Brüder Lumière hervorrief, gibt nun die absolute Geschwindigkeit der Videosequenz die *scheinbare Nähe der Antipoden* zu sehen, mit einem Gang bis an die Grenze der Sichtbarkeit, da auf das rein mechanische Défilé der Sequenzen von 17 oder 24 Bildern pro Sekunde das der elektronischen Spur des Videobildes mit 30 bis 50 Bildern pro Sekunde folgt ... Ein *Töten der unmittelbaren Gegenwart* ist daher nur möglich unter der ausdrücklichen Bedingung, daß dem Fernsehzuschauer auch die *Mobilität im Raum* genommen wird zugunsten des zweifelhaften Gewinns einer reinen und bloßen *Mobilität auf der Stelle*, da Isolierung der Gegenwart oder Präsenz vor allem heißt, den »Patienten« zu isolieren, ihn endgültig aus der aktiven Welt der sinnlichen Erfahrung des ihn umgebenden Raumes herauszulösen zugunsten eines simplen Zurück-zum-Bild *(retour-image)*, mit anderen Worten, eines Zurück zur Trägheit des eigenen Körpers, zu jenem interaktiven *corps-à-corps*, wie man heute sagt.

Statt einer Konklusion sei noch bemerkt, daß es nicht, wie Marshall McLuhan hoffte, ein globales Dorf gibt, sondern einen *Trägheitspol*, der die gegenwärtige Welt in jedem ihrer Bewohner gerinnen läßt. Rückkehr zum Nullpunkt eines Anfangs der Besiedelung, die nicht mehr so sehr die Ausdehnung der Erde betrifft, die Urbanisierung des realen Raumes unseres Planeten, sondern die Urbanisierung der realen Zeit, ihrer bloßen Erscheinungen und des zeitweiligen Verschwindens der Gesprächspartner, die wir sind.

Aus dem Französischen von Felix Mager

Rudolf zur Lippe

Jenseits der Eskalation

Andeutungen für eine Wiederentdeckung von Zeit als Kategorie der Logik

Eigentlich geht es darum, daß zu verschiedenen Zeitpunkten das gleiche nicht dasselbe ist, weil dasselbe in einem immer veränderten Zusammenhang andere Bedeutungen einnimmt, andere Öffnungen zuläßt und andere verschließt. In einer Komposition hören wir das anfängliche Thema, wenn es nach den folgenden Durchführungen und Klängen aufs neue sich vernehmen läßt, mit ganz anderen Ohren. Die Tonfolge ist eine andere geworden; wir sind, lauschend dem Ganzen, andere geworden.

Und es geht darum, Geschichte ernst zu nehmen. Dieselben Worte – ein Vorschlag zu gemeinsamer Arbeit, eine kritische Beobachtung, eine Anerkennung oder eine Ablehnung – bedeuten etwas grundlegend anderes, je nachdem sie zwischen Unbekannten, vertrauten Zeitgenossen oder für einander erprobten Freunden laut werden. Die Länge einer interessanten und intensiven gemeinsamen Geschichte hat ein Gewebe von ebenso vielen Wechselbeziehungen hinterlassen, wie Situationen miteinander erfahren worden sind. Diese Beispiele stammen zwar aus dem lebensgeschichtlichen Erleben, darum gehören sie aber nicht, oder nicht nur, in den Untersuchungsbereich der Psychologie. Dies sind nur einige Momente, die wir alle kennen und gelten lassen, unter vielen gleichartigen, die ich, wie diese selbst, zur Konstitutionslogik insgesamt zähle. Strukturen sind nicht plötzlich da, sondern bilden sich, das heißt, sie sind genau das, was eine Geschichte bis jetzt hervorgebracht hat, und sie bedingen Möglichkeiten und Grenzen von Fortsetzung und Veränderung genau so, wie diese Geschichte sie hervorgebracht hat. In den Strukturen lagern sich entsprechend auch Rhythmen und Brechungen ab, die den Fortgang dieser Geschichte geprägt haben. Um auch dafür ein Beispiel aus dem individuellen Erleben zu geben, sei daran erinnert, wie stark unsere Erwartungen von unseren Erfahrungen geprägt sind. Aus einer Geschichte der Verläßlichkeit erwächst mehr Geduld und zuversichtliche Ruhe als aus Ketten von Enttäuschungen.

Die folgenden Notizen führen allerdings über solche Einsichten, wie sehr diese auch noch auf eine gehörige Aufnahme in den Formen der Logik warten, hinaus. Zeitgestalten können nicht nur zu tieferem Verständnis beitragen. Ihrer bewußt, können wir auch anders an die Gestaltung von Wegen und Gängen herantreten, die noch vor uns liegen.

In der ersten Überlegung spielen mechanische Begriffe wie Perspektive und System und Unterbrechung eine beherrschende Rolle. Sie sind der Konstitutionslogik als solcher fremd und werden aufgegriffen, weil hier ein Modell der Überleitung von mechanischer Extrapolation in gemeinsame Geschichte gegeben wird, das eng an die herrschenden Formen des Deutens und Handelns anschließt. Am Ende kommt eine konkrete Utopie zu Wort, die entschiedener ein Gegenbild gibt, aber ihrerseits auf das zurückbezogen werden muß, was zu einseitig *die Realität* genannt wird.

1. Ein theoretisches Interaktionsmodell

Von drei Seiten kommen die Aufforderungen zusammen. Der Hintergrund der Frage allgemein wird ohnehin immer drängender. Eine Auseinandersetzung über die Zeit in der Physik mit Klaus Müller bei einer Tagung in Loccum und die Auffassung des Gestaltkreises von Viktor von Weizsäcker bei Carl Friedrich von Weizsäcker bildeten den Anlaß, mit ihm das Gespräch in dieser Richtung zu suchen. Schließlich löst die Bitte von Jörn Behrmann, mich mit seiner Betrachtung zur *Zivilisierung des Konflikts* auseinanderzusetzen, die folgenden Überlegungen aus, denn es geht da um die Einbeziehung von Zeit in ein Modell *verschränkter Perspektiven* von Gegnern.[1]

Dieses Modell soll internationaler Kooperation dienen, indem es die sozialpsychologische Dimension von Vorurteilsstrukturen nicht nur sichtbar macht, sondern als ein Miteinander darstellt, das durch die gegenseitige Einstellung auf die Erwartungen der Gegenseite zu einem gemeinsamen Wandel führt. Er will ein Interdependenzmodell, etwa nach Albert von Müller, so interpretieren, daß dabei Zeitkomponenten der *wechselseitigen Wahrnehmung* berücksichtigt werden, wie das George Mead zur Zeit des Ersten Weltkrieges bereits vorgeschlagen hatte. Ein solches Modell soll offensichtlich das von Hermann Kahn ablösen, um dessen Prinzip einer notwendigen *Eskalation* nachdrücklich in Frage zu stellen. Drei Zeitkonzeptionen, zwei der Kontrahenten und als dritte der gemeinsamen Vorurteilsstruktur, werden nach Behrmann zu diesem Zwecke eingeführt.

Die alte Behauptung war, die gegenseitigen Bedrohungen zweier Gegner müßten sich unaufhaltsam gegenseitig steigern. Das hat zweifellos etwas damit zu tun, daß hier eine Logik angewandt wird, die Zeit in einem qualitativen

Sinne nicht berücksichtigt. Dieses geschieht in der erkenntnistheoretischen Logik dann nicht, wenn die kausalen Schritte eines Schlusses – oder einer Kette von Schlüssen – rein formallogisch gedacht werden, d. h. nur ihrer logischen Struktur nach auseinander abgeleitet. Dann entfaltet sich der Schluß nicht in Form einer wirklichen, Zeiträume einnehmenden Geschichte, sondern ist, so wie er am Schluß sich darstellt, bereits in den ersten Setzungen vorhanden, und zwar nicht nur in nuce.

Die Argumentationen in der Praxis der Ära des kalten Krieges sahen vermutlich tatsächlich ganz ähnlich aus. Die Sowjetregierung und die Regierung der Vereinigten Staaten sagten, die Amerikaner beziehungsweise die Russen sind absolut böse; ersatzweise könnte es auch geheißen haben, wir wollen über die andere Seite die absolute Vormacht. Dies war ein absolutes Ziel, das in keiner Weise von dem Verhalten der Gegenseite abhängig gemacht wurde. Beide Parteien bewegten sich auf einlinearen Einbahnstraßen. Insofern mag die Systematisierung im Eskalationsprinzip von Kahn zutreffend gewesen sein. Die Voraussetzung war, daß eigene Sicherheit nur durch eigene, einseitige Übermacht möglich ist. In dieser Logik erschien irgendeine Abrüstung erst möglich durch den Nachweis bereits erreichter Friedensgarantien.

Eine neue Entwicklung wurde bezeichnet durch den umgekehrten Satz. So sagte etwa Carl Friedrich von Weizsäcker bei einem Gespräch mit der Regierung der DDR in Ost-Berlin: Abrüstungsschritte müßten nach und nach zunehmend zu einer Beziehung des Friedens miteinander führen. Dabei wurden Abrüstungsmaßnahmen in den Dienst einer Politik des Vertrauens gestellt, einer Vertrauensbildung auf das Ziel von Frieden hin. Dem entspricht Behrmanns Einführung von Durchbrechungen der einfachen *Perspektivität* der einen und der anderen Seite. Sie ist notwendig, wenn es zu einer Wahrnehmung und Reflexion des eigenen wie des fremden Ablaufs kommen soll. »Für Mead bedeutete jede wechselseitige Wahrnehmung den Beginn einer neuen Zeitkonfiguration« (Behrmann). Das Neue an ihr ist, daß hier zunächst überhaupt Zeit eine eigene Bedeutung einnehmen darf. Konfiguration scheint mir aber noch ein zu anspruchsvoller Begriff in diesem Stadium zu sein. Wie auch ein graphisches Schema, so zeigt der Ausdruck von *sich kreuzenden Perspektiven*, daß nach wie vor zwei in sich als voneinander unabhängig weitergeführte Perspektivsysteme an gewissen Schnittpunkten überhaupt in ein Verhältnis zueinander geraten. Dies ist zweifellos ein entscheidender Fortschritt gegenüber dem Modell des kalten Krieges, in dem Konkurrenz, bzw. Bedrohung die einzige Art von Beziehung aufeinander darstellten. Dieser Fortschritt läßt sich auch in Begriffen der Zeit verstehen; es entstehen nämlich Zeiten des Einhaltens, in denen die Perspektiven des einen von dem anderen wahrgenommen und auf dessen System abgebildet werden kann.

Ich sehe eine Parallele zu einem Beispiel von Carl Friedrich von Weizsäcker, der einen Autofahrer schildert, während ihm ein anderer Wagen auf seiner Seite der Autobahn regelwidrig entgegenkommt. Er wird den entgegenkommenden Wagen wahrnehmen, als solchen beurteilen, ihm auszuweichen entscheiden und danach handeln. Mir scheint dabei wesentlich zu sein, daß in allen vier Schritten die historische Regelung der Situation eine entscheidende Rolle spielt. Der Ereignisraum Verkehrsweg ist im höchsten Maße euklidisiert. Das Ereignis Auto im Gegenverkehr ist nach technischen Funktionen und verkehrstechnischen Regelungen definiert. Geistesgegenwart und geschickte Ausweichmanöver weisen auf einen immer noch vorhandenen Rest an Offenheit der Definitionen hin. Dennoch werden Wahrnehmung, Urteil, Entscheidung und Handlung im höchsten Maße mit einem vorab geltenden abstrakten Regelsystem definiert sein. In dem Beispiel wird bewußt von nur einem Fahrer gesprochen. Zeit ist also nur notwendig, um die eigene Perspektive im Verhältnis zu einer unvorhergesehenen Veränderung der Bedingungen verändern zu können.

Eine neue Zeitkonfiguration wechselseitiger Wahrnehmung muß aber, wenn sie wirklich ernst genommen wird, eine viel höhere Qualität der Veränderung erreichen. Es müssen dann grundsätzlich alle Momente, durch die beide Perspektivsysteme bis zu diesem Augenblick definiert waren, zur Disposition stehen. Inhalte, Instrumente und Wege beider Seiten müssen in wechselseitiger Abhängigkeit voneinander immer neu bestimmt werden können, und zwar durchaus so proleptisch, daß der eine sich bereits vorwegnehmend auf die zu erwartenden Veränderungen des anderen in dem sie auslösenden Schritt einstellt. Dies ist dann aber mehr als eine *gemeinsame Vorurteilsstruktur*. Solches Vorgehen ist sinnvoll nur möglich, wenn es aus einer Reihe von Schritten, d. h. einer Geschichte und deren gemeinsamer Beobachtung und Veränderung, d. h. aus *einer gemeinsamen* Geschichte hervorgeht.

Damit wird konstitutionslogisch eine neue eigene Qualität substantieller Gemeinsamkeiten erreicht. Mir scheint nun, daß die Absicht, Vertrauen und Frieden zu bilden, genau auf dies im Grunde genommen zielen muß. Das entwertet freilich ihr vorausgehende Schritte von paralleler Wahrnehmung der anderen Seite nicht, sondern gebietet nur, sie so bescheiden einzustufen, daß ein Modell dabei nicht stehenbleiben sollte. Ich habe überhaupt den Eindruck, dem ich aber noch nicht näher nachgehen kann, daß die beiden Modelle sich nicht ganz unähnlich verhalten zueinander wie das Modell einer parallelen Komplimentarität zu dem einer zirkulären bei Nils Bohr.[2]

Wir haben bereits von einer Konstitutionslogik gesprochen. Diese beinhaltet selbstverständlich, daß, wie Behrmann sagt, *eine neue Distanzierungsphase* nach jedem Schritt notwendig wird. Diese allein ermöglicht eine Reflexion auf die gemachten Schritte beider Seiten und das, was nun an neuen Möglichkeiten entstanden ist. Ausschlaggebend scheint mir übrigens zu sein, daß eine solche Phase ihrerseits wieder Zeit braucht, und zwar gerade im Hinblick darauf, daß die beiden Kontrahenten nun feststellen, daß der andere ihnen diese Zeit läßt oder aber sie gemeinsam in der Lage sind, sie sich im Einverständnis miteinander zu nehmen. Solche Schritte verändern nun ihrerseits konstitutionslogisch das, was in der modernen Interaktionstheorie Intentionalität der beiden Seiten und ihre Perspektiven genannt wird.

Ich weise auf dieses Moment deshalb besonders nachdrücklich hin, weil in dem Modell der positive Fortgang vor allen Dingen der Verschränkung von *Projektionen* überantwortet wird. Projektionen sind aber ein nicht ganz unproblematisches Stichwort: Beide Seiten nehmen die Projektion der anderen zur Kenntnis. Dieses kann zur gegenseitigen Anerkennung der Projektionen führen. Damit ist aber nur erreicht, daß beide erstens dem anderen ihre Anerkennung versichern und zweitens die Projektionen relativiert werden nach dem Modell von der Rollendistanz durch Rollentausch. Durch die Verschränkung der Perspektiven wird die Gefahr quantitativ vermindert, aber nicht qualitativ in Verständnis umgewandelt. Die Anerkennung bleibt immer noch formal; und Gemeinsames als neue Entwicklung müßte substantiell entfaltet werden. In diesem Rahmen werden Motive der Geschichte und Wünsche, Hoffnungen, Befürchtungen, Ängste der Menschen vorab einem Regelrahmen eingeordnet, Strategien untergeordnet, als *deren emotionale und motivationale* Ergänzung. Das ist noch friedlich gewendeter Hermann Kahn. Das Problem wie die Vorzüge sind typisch für den sogenannten symbolischen Interaktionismus. Rollentausch kann Freiraum schaffen, in dem wir Rollen als fremd, aufgenötigt erkennen. Solche Kritik braucht praktisch Zeit; logisch ist sie immer möglich. Dagegen müssen sich nun eigene Zeit und Räume unseres Lebens in der Zeit ereignen, bis wir Eigenes erfahren und den fremden Rollen entgegensetzen können. Also es ist nützlich als analytisches Instrument gegenüber Bestehendem. Aber allein würde es die Ausblicke ins Panorama aller neuen geschichtlichen Möglichkeiten sowie vieler alter neben den Zentralperspektiven der beiden Kontrahenten und ihrer zwei oder wenigen Fluchtpunkte verhindern.

Auch das Schachspiel, das hier als Vergleich angeführt wird, entwickelt sich nach Regeln, die vor dem Prozeß, und zwar als Regeln konkurrierender Strategien, festgelegt sind. So muß das am Schluß geforderte Engagement für die Gemeinsamkeit *neben* die Durchsetzung der jeweils eigenen Perspektive und die Übernahme der Perspektive der anderen Seite treten. Das ist zweifellos nun der Wendepunkt. Nur ist das Gewünschte hier dadurch erschwert, daß es durch die übertriebene Anerkennung erstens der konkurrierenden Strategien als solcher und zweitens des Konkurrenzrahmens einer *Gemeinsamkeit* gewissermaßen in dem euklidischen Raum stattfinden muß, der mit dem Schachspiel gegeben ist und in dessen Leere eine neue Gemeinsamkeit allen Problemen eines dezisionistischen good wills ausgesetzt sein wird. Die erste Andeutung dagegen einer konstitutionslogischen Ergänzung dieses Gedankenganges um die Dimension der Geschichte

Albrecht Dürer: *Unterweisung in der Perspektive*. Zeichner der liegenden Frau.

macht greifbar, auf wieviel mitwachsende Substanz im Prozeß dieser gegenseitigen Reflexionen eigentlich schon müßte zurückgegriffen werden können, wenn man an diesen Punkt gelangt ist. Das gibt übrigens auch schon zu verstehen, was mit einer qualitativen Einführung von Zeit in die Logik gemeint sein könnte.

Die graphische Erläuterung des vorgestellten Kontrahentenmodells stellt gewissermaßen den Dürerschen Quadratnetztisch dar, nur daß hierbei auf beiden Seiten ein Zeichner an seinem Augenpunkt dem in der Mitte aufgestellten gemeinsamen Schirm gegenübersitzt. Bei Dürer projiziert ein Subjekt seine Perspektive auf ein Objekt. Wie im Katalog zu meiner Ausstellung *Geometrisierung des Menschen* ausgeführt, stellt das Verfahren Objekt und Subjekt, vor und hinter dem Schirm, der zum Anpeilen benutzt wird, fest. Eine Begegnung wird so in Wahrheit unmöglich in dem Maße, wie das Verfahren eine Rekonstruktion fördert. Es ist sicher reizvoll, nun eine Zeichnung für das Gegenmodell entwickeln zu wollen. Aber das wäre falsch. Statt doch wieder Räumlich-Zeitliches in nur

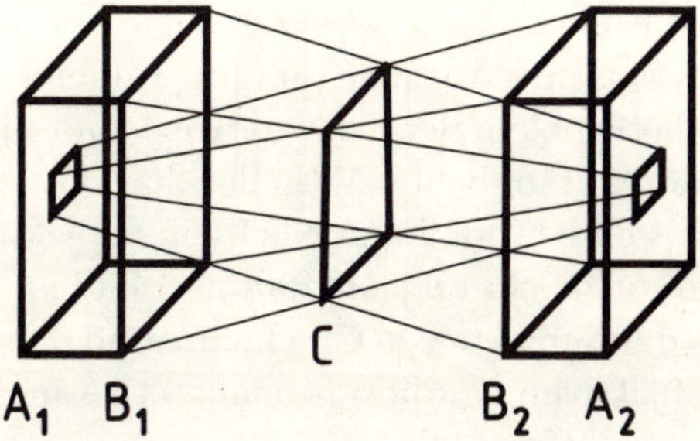

Strukturmodell zur Perspektivität von Jörn Behrmann
A1 Motivationale Ebene des Kontrahenten 1
B1 Wahrnehmungsebene des Kontrahenten 1
A2 Motivationale Ebene des Kontrahenten 2
B2 Wahrnehmungsebene des Kontrahenten 2
C: Projektionsebene, auf der sich die Prozeßgestalt einer gemeinsamen Vorurteilsstruktur abzeichnet. Die Aufsicht auf den Zusammenhang beider Perspektiven erscheint wie ein Neckerscher Würfel, wodurch sichtbar gemacht werden soll, daß auch die Außensicht der Perspektivität nicht notwendig einen objektiven Standpunkt vermittelt.

zwei Dimensionen zu projizieren, müßte ein *Tanz* versucht werden von mindestens zwei, wenn nicht mehr Menschen. Es geht um nichts Geringeres als um die Überwindung dessen, was z. B. mit der Einführung eines *wissenschaftlichen Fechtens* während der Renaissance in unser Bewegungsdenken und -verhalten eingeführt worden ist. Durch alle bis heute durchlaufenen Stufen des neuen rationalen Bewußtseins hindurch wäre die Freiheit beider einander Begegnenden zueinander als die Freiheit zu allen Momenten und Entwicklungsmöglichkeiten der gemeinsamen Situation wiederzugewinnen.[3]

Sogenannte Objektivität als verfestigte soll in diesem Modell, das ist seine Aufgabe, gerade aufgelöst werden, weil sie als das Problem der Eskalation erkannt worden ist. Neben seinen anfänglichen Vorteilen hat das von Behrmann dargestellte Modell den Nachteil, Subjektivität nur negativ, also als Nicht-Objektivität, abzubilden, statt den Momenten der Subjekte von Geschichte und den Momenten ihrer objektiven conditio humana et cosmologica eigene Räume zu öffnen, die jene angestrebte, not-wendige Gemeinsamkeit bereits enthalten. Um sie fruchtbar werden zu lassen, ist eine existential-hermeneutische Wendung des ganzen Gedankenexperiments erforderlich: durch die Regeln der wissenschaftlichen Rekonstruktion zum Leben zurück. Erst da würden Räume einer Zeit der Menschen, der Völker, der Welt wiedergewonnen. Das Modell enthält zwar schon Zeit, aber doch euklidisch deformierte, immer noch eine Art count-down-Zeit.

2. *Ein historisch-leibliches Modell*

Dieses System beschwört die Gefahr herauf, daß beiden Seiten ihre eine durch die andere gewichtete Perspektive als die Realität gilt. Damit wird ein moderiertes Wahnsystem soweit anerkannt, daß sein Abstand zu anderen Möglichkeiten, die Welt anzuschauen und danach zu handeln, versäumt wird. Dann werden die derzeit herrschenden Spielregeln nie als Strategie mit sehr speziellen Annahmen und Intuitionen durchschaut, zumal diese auf beiden Seiten im Fall der Supermächte sehr ähnlichen Prinzipien folgen dürften. Sie bleiben dann immer Kontrahenten, die sich vielleicht auf eine gewisse *Partnerschaft* einigen. Die volle Gegenwart erarbeiten, heißt alle denk-

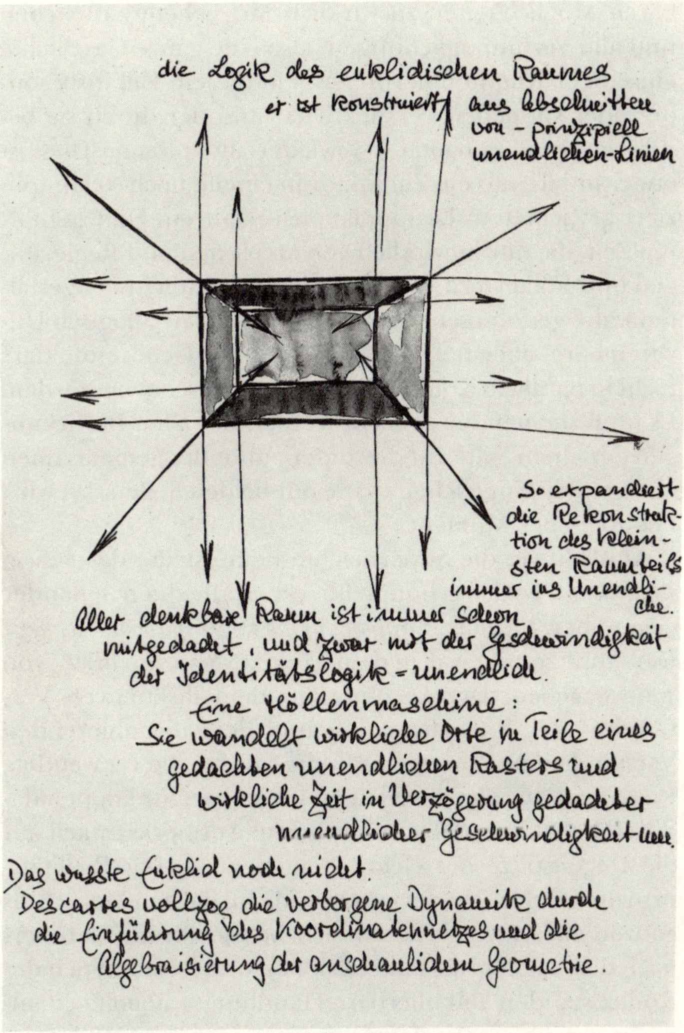

Rudolf zur Lippe: *Die Logik des euklidischen Raumes*

baren Möglichkeiten zu wirklich Möglichem zu machen und alle Verunmöglichungen, also eine ganze Geschichte einseitiger Konditionierungen – in diesem Fall insbesondere der speziellen Perspektivität und der durch sie bedingten Intentionalität! –, wieder aufzulösen. Dies ist etwas anderes als ein Zeitfaktor in einem, noch so kompliziert gewichteten, Extrapolationsverfahren. Hier geht es um Zeit, die nur in wirklich von Menschen und Regierungen und Völkern zu vollziehenden Schritten in Zeitgestalten wahr-genommen werden kann. Das kausallogisch Unvereinbare, aber notwendig zueinander Gehörende darf nicht in parallele Komplementarität abgeschoben werden. Es muß zueinander gedacht werden mit allen Bewirkungen der einen Seite auf die andere und: des gemeinsamen Ganges der Ungleichgewichte auf beiden Seiten. Da wird Zeit logisches Moment.

Ähnlich wie die Supermächte heute stellte das *wissenschaftliche Fechten* schon früh die Individuen einander gegenüber. *Die Konzentration auf die Degenspitze des Gegners.* Der Ansatzpunkt war in dem Traktat »*Scienza d'arme*« von 1591 gegeben. Der Fechter, der dem diskursiven Verständnis der Kampfsituation und dem disponierenden Verstande den Primat einräumte, mußte die notwendige Koordination mit dem System der Körperfunktionen dadurch herstellen, daß er seine ganze Aufmerksamkeit auf die Degenspitze des Gegners ausrichtete. Das Realitätsprinzip wurde nicht darin verwirklicht, daß ein Mensch als ganzer auf einen anderen sich bezog. Streng definiert nach den katalogisierten Positionen und Ausfalltypen des Kodex standen kalkulierbare Handlungsschemata einander gegenüber. Die Degenspitze war der anschauliche Parameter, der abzulesen erlaubte, mit welchem Typ von Kombination aus Aktion und Reaktion man es gerade zu tun hatte. Insofern wies das Verhalten Ähnlichkeiten mit einem naturwissenschaftlichen Experiment auf; einzelne Elemente dieser Kampfsituation wurden systematisch gegeneinander isoliert und mechanisch synthetisiert, längst bevor Physik und Chemie zu einer gewissen Reinheit dieses Verfahrens gelangten.

Die Spirale, etwa in der Form einer Schraube, wurde uns entsprechend dargestellt als eine raumsparend aufgerollte schiefe Ebene. Lebensbewegungen rekonstruieren sich nicht derart, indem sie erst an eine schiefe Ebene denken. Sie bringen diese außerordentlich komplexe Leistung des Übersetzens von einer Richtung in eine andere aus einer anderen Logik hervor – die dann, in die abstrakte Leistung unseres Gehirns projiziert, die eben geschilderte Denkform erst erzeugt. Die Logik der Gestaltungsbewegungen ist dabei bestimmt von der Zeit. Zeit ist dann offensichtlich nicht eine abstrakte, gar transzendentale Kategorie. Vielmehr ist Zeit das Aufeinanderfolgen von Schritten. Ein erster Schritt der Zellverformung antwortet auf den Zug, indem sie ein wenig sich in der Länge dehnt – in der Richtung, die damit erst zur *Länge* wird –, ein wenig auch den Zug in eine Drehung abfängt. Die nächsten Schritte beantworten den weiteren Zug dann in dem neuen selbstgesetzten Kontext der begonnenen Drehbewegung. Die Spirale ist also das Ergebnis eines dynamischen Kontextes, der eine von außen geforderte Bewegung mit einer von innen antwortenden Bewegung – nämlich der Verzögerung der Wirkungen – vereinigt. Dies ist ein Kontext und nicht ein Kompromiß, so daß eine eigene spezifische Form entsteht, die ihrerseits Quelle einer eigenen spezifischen Funktion wird. Dabei steigert das Verzögern die Intensität der Differenzierung, die sich im Widerspiel der Kräfte besonders entschieden gestaltet.[4]

3. Ein psycho-logisch-geistiges Gegenmodell

Mit einem entsprechenden neuen Gleichgewicht auf eine veränderte Situation zu reagieren, ist ziemlich genau das, was V. v. Weizsäcker einen *biologischen Akt* nennt, zumal er auch das Modell am aufrechten Gang entwickelt – der Zusammenfassung aller Gleichgewichtsmomente für die spezifisch menschliche Konstitution. Weizsäcker betont grundlegend zwei Momente: *das Zusammentreffen von äußeren Kräften und Selbstbewegung*; dabei ist der Aufbau der Bewegungen nicht nur von den Innervationen, sondern auch von den Erfolgen der Innervationen abhängig – das heißt von den Reaktionen der äußeren Kräfte auf die Reaktionen der Selbstbewegung.

Das ist auch der Sinn geschichtlichen Denkens. Aus dem Zurückgehen in die frühen Schritte gewinnen wir die Kraft und die Ausrichtung in die Zukunft hinein. Antizipation muß sich, in *progressiver Regression*, ihrer Vorgeschichte versichern.

So ist die Geschichte der Kunst die des Aufbrechens. In den Brüchen aber schimmert Vorgeschichte hervor als Vor-bild eines zu gehenden Weges. Vor und Zurück sind ineinander. Sie heben die lineare Zeit auf die in die Folge der Bewegung durch das gleichzeitig Anwesende, wie die Marie zur Frau Holle durch den Schacht des Brunnens geht und im Himmel ankommt.

Die logische Bestimmung des zweiäugigen Sehens bei Bateson löst sich erst ein mit einer anschauenden Erfahrung, wie sie Hugo Kükelhaus uns vorschlägt. Zunächst erinnert er an den Begriff der Doppelbeschreibung und ihres konstruktiven Unterschieds in dem Vorgang selbst, in dem unsere Wahrnehmungen als existentielle Beziehungen zur Mitwelt *Gestalt* (Weizsäcker) annehmen: das Sehen von Gegenständen gelingt dadurch, daß das Auge sie nicht anstarrt, sondern sie bezieht auf das, was sie nicht sind, was drumherum und um das Drumherum ist; bei einem Stern, den ich sehen möchte, bis zu den Tiefen des Sternenhimmels ... So wird das zweiäugige Sehen zugleich zu einem biologischen Akt, einer *Lösung der Gegensätze*. Die Gegensätze stellen sich in einem Experiment von Kükelhaus dar als ein schwarzer und ein weißer Fleck. Diese nehmen auf einem grauen Hintergrund je den Platz der beiden Fotografien in einem stereoskopischen Gehäuse ein, die sich zu einem tiefenscharfen Bild ergänzen würden. Die Erwartung, was man nun sehen werde auf der identitätslogischen Ebene der Gegensätze, geht auf eine Überdeckung, einen Kompromiß, einen mittleren Wert, und der ist Grau. »Es erscheint keineswegs Grau. Das kann es nicht. Denn es findet keine Überdeckung der beiden getrennten Felder statt. Es erscheint ihre Aufhebung. Nicht ihre Vermischung. Im Raumhaften der stereoskopischen Erscheinungen ist das Auseinander der Flächenbilder dadurch zu einer Einheit geworden, daß jedes selbständig geblieben ist und auf der Grundlage der eigenen Selbständigkeit mit dem Nachbarn am Zustandekommen ihrer beider Einheit wirkt. So kommt es ... daß man bemerkt, wie die Augen in schnellem Wechsel hin und her huschen. Das Ergebnis davon ist sogar in seiner Entstehung verfolgbar: es ist Glanz.« Dies »hat uns durch die Ur-Erfahrung, wonach Gegensätze nicht ausgelöscht, sondern aufgehoben werden, zurückgebracht zu den Mustern der Keimgeschichte. In ihr geht kein Schritt vonstatten, und keine Phase folgt der anderen, es sei denn in dieser Gesetzlichkeit. Nun geht es darum, die so eingetretene Rückbindung weiterzubilden. Wodurch? Durch Aufmerksamkeit. Aufmerksamkeit ist Tat.«[5]

Bateson übernimmt die Unterscheidung von Horst Mittelstaedt, nach der ein vergleichbares Hin und Her wie das der Augen zwischen Schwarz und Weiß einmal als Feedback, ein andermal als Kalibrieren bezeichnet wird. In unserem Experiment kann Glanz nur und muß er dadurch entstehen, daß die Bewegungen der Augen, die Teilwahrnehmungen als Einheit zur Wahrnehmung werden. Das wird dann Feedback genannt. Auch eine Kalibrierung kann, zumindest, in dem Vorgang eine Rolle spielen, in dem Glanz, Silber entsteht aus Weiß vor schwarzem Untergrund und aus Schwarz durch weißen Vordergrund. – Goethe hat sich in seiner Farbenlehre für das Schwarz als Untergrund entschieden, vor dem Licht im Milchigen sich Blau reflektiert, während vor dem hellen Untergrund Gelb entsteht. – Nicht immer sieht man das Silber sofort entstehen. Schwarz und Weiß dekken sich manchmal nur teilweise. Dann sieht man wieder mehr das eine oder ganz das andere. Manchmal sieht man durchaus auch beide Flecken nebeneinander. Man muß, mit anderen Worten, schrittweise die rechte Einstellung finden, in der die Augen wirklich im tiefenscharfen, im dreidimensionalen Sehen zusammenspielen. Die erste Art von Zusammenspiel, das Feedback, entwickelt die Rückbezüglichkeit der Teilwahrnehmungen auf das Ganze in einem einzigen, unteilbaren Vorgang. Die zweite Art von Zusammenspiel wird in einer Schrittfolge je wahrnehmbarer Akte vollzogen – Kalibrierung spielt sich ein.

Dann wird Schritt für Schritt versucht, den Kontext herzustellen. Die Lernschritte sind als solche offensichtlich und ausdrücklich, ja, bewußt einer auf die vorigen bezogen. Im sogenannten Feedback stellt sich das Beziehungsgefüge des Kontextes innerhalb eines Aktes her. In dem Fall unseres Beispiels ist das auf Grund einer bereits entwickelten Kalibrierung der Fall. Denn dieser Begriff schließt zwar bewußte Lernschritte nicht aus, meint aber jene Erfahrenheit, die uns wie von selbst durch die Beziehungen des Kontextes führt. Der *geübte Blick* paßt sich ohne bewußte Kontrolle den Bewegungsformen des Meeres oder den Schichten und Verwerfungen der Felsen an, folgt unaufgefordert der Flugbahn des Albatros, die er mitzuvollziehen vermag wie die Beine einen Tanzrhythmus, den wir bis zur Bewußtlosigkeit geübt haben.

Solche Wahrnehmung ist eben Begegnung mit der Mitwelt. Sie kann niemals als Feststellung von Tatsachen vollzogen werden, sondern nur in dem Gestus des sich in den anderen Versetzens. Dies hat Alfred Prinz Auersperg, aufbauend auf dem Gestaltungsbegriff von Victor von Weizsäcker, mit seinem Modell der *Prolepsis* auf überraschende Weise deutlich gemacht. Wahrnehmung kann schon deshalb in vielen Fällen nicht einfach *feststellen*, weil sie im zeitlichen wie logischen Sinne vorgreift. Sein Beispiel ist die Katze. Sie ist nicht darum in der Lage, eine Maus zu fangen, weil sie feststellt, wo die Maus jetzt sitzt. Vielmehr vermag sie vorwegzunehmen, wo die Maus mit ihrer nächsten Bewegung sein wird, und springt dorthin.

Wir lernen, derartige Verbindungen als den Ausdruck vielfältig und komplex die Wesen miteinander verbindender Geschichtsschritte zu begreifen. Nur in sich ebenso komplexe Wesen können derartige Schritte von wechselseitig sich bedingenden Entwicklungsgeschichten in sich als Organ aufbewahren. Nur als Niederschlag derart komplexer Schritte von Wechselbeziehungen mit äußeren Momenten der Mitwelt können derart komplexe Organe sich ausbilden und als innere Rückbezüglichkeiten funktionieren. Darum legt Bateson besonderen Wert auf ein theoretisches Verständnis dieser Rückbezüglichkeiten in *lebenden Systemen*. Er beschreibt sie als Verbindungen zweier einander bedingender stochastischer Systeme im Zusammenspiel zwischen einer Art und ihren Individuen über eine Folge von Generationen hinweg.

Zu Übergängen organisieren sich die Vorgänge aller Dimensionen, die wir von der Tiefe des Biologischen bis in das Hervortreten von geschichtlichem Ausdruck betrachtet haben. Die Vorgänge sind immer Entfaltung von Zusammenhängen in zeitlich und polar sich gliedernden Schritten. Was Schritt für Schritt den jeweiligen Zusammenhang bildet, verdankt die Beziehungen zu den anderen Momenten, denen folgend so die Schritte nur möglich sind, dem Umstand, daß der Zusammenhang während seiner Bildung auch schon vorweggenommen werden kann. Das Modell des aufrechten Ganges erlaubt besonders anschaulich, dies vorzustellen. Es gibt nicht bestimmte Phasen, in denen endlich alles zum Übergang kommt. Die Übergänge sind in jedem Augenblick mit angelegt. Wenn überhaupt einmal, werden sie oft nur durch lange oder besondere Vorbereitungen eigens spürbar oder bewußt. Sie können aber ebensogut ganz unerwartet erlebt werden, vorwegnehmend oder im nachhinein.

Übergänge dieser Art sind die Anwesenheit der Geschichte, die zu einem bestimmten Zusammenhang geführt hat in dem Leben dieses Organismus, dieser sich gleichgewichtig bewegenden Gemeinschaft in der Natur – heute sich selbst regulierende Systeme genannt –, dieser menschlichen Wesen. Der Begriff von Übergängen hat deshalb etwas Verwirrendes; er bezeichnet zwei verschiedene Vorgänge. Der eine Vorgang ist die Geschichte der Anwesenheit von gemeinsamer Entstehungsgeschichte. Der andere Vorgang ist, im Gegensatz zu dem unausgesetzt sich fortsetzenden ersten, augenblicklich. Was immer, ohne eigenen Ausdruck zu finden, anwesend ist, wird in einzelnen Augenblicken auch ohne die Vermittlungen wahrgenommen, in denen es sonst aufzugehen scheint.

Wenn nun Menschen oder gar Völker ihre unterschiedlichen Ansichten von der gemeinsamen historischen Situation in vergleichbarer Weise verbinden könnten, so würde sich ein gemeinsames übergreifendes Bewußtsein langsam bilden, das auf bescheidene Weise unter historischen Bedingungen divergierender Interessen etwas von Teilhard de Chardins Noosphäre vorwegnehmen könnte. Das bedeutet, daß einer auch mit den Augen des anderen blicken würde. Im Austausch der Ansichten würden die einstigen Kontrahenten, bei allem entgegengesetzten Eigeninteresse, auch eine Menschheit konstitutieren, die aus dem zweiäugigen Sehen ihrer Organe erwüchse. Soweit sind wir nicht. Aber ohne ein Bewußtsein von solchem Horizont könnten schon die nächstliegenden Schritte Entscheidendes versäumen.

Anmerkungen

1 Vgl. den Beitrag von Jörn Behrmann in diesem Band, sowie dessen Skizze »Strukturmodell zur Perspektivität«, S. 111.

2 Vgl. Carl Friedrich von Weizsäcker: Zum Weltbild der Physik (1976).

3 Vgl. Rudolf zur Lippe: Naturbeherrschung am Menschen (1974), Bd. 2.

4 Vgl. Rudolf zur Lippe: Sinnenbewußtsein (1987). Auf diesen Band greift auch der folgende Abschnitt zurück.

5 Hugo Kükelhaus, zit. in: Rudolf zur Lippe: Sinnenbewußtsein, S. 139f.

Jörn Behrmann

Zeit und interkulturelle Wechselwirkung

Beim Eintritt in einen Raum, dessen Wände verspiegelt sind, so daß die einander gegenüberliegenden Seiten sich ins scheinbar Endlose projizieren, überkommt uns Beklommenheit. Beim Eintritt in einen solchen Raum treten wir zugleich ein in eine eigentümliche Zeitlichkeit des Wechselspiels von sich überschneidenden Projektionen, dessen »Jetztheit«, dessen scheinbare »Zeitaufgehobenheit«, dessen sich gerade ereignende Gegenwärtigkeit so faszinierend erscheint, daß sie uns über die Beklommenheit hinweghilft. Sie erinnert an die Zeitlichkeit holographischer Gebilde. Im Bereich interkultureller Beziehungen erleben wir ähnliches. Dieser Bereich wird ebenfalls beherrscht von der Entwicklung der Strukturen sich überschneidender Projektionen. Auch er macht uns beklommen. Wir wollen diesem Gefühl nicht nachgeben. Sondern wir wollen uns Fragen hinsichtlich der eigentümlichen Zeitlichkeit stellen und sie im Rahmen dieses Aufsatzes zu beantworten suchen. Außerdem wollen wir uns von der Komplexität dieses Wechselspiels nicht schrecken lassen, sondern uns mutig daran machen, sie zu verstehen sowie das Ergebnis unserer Untersuchungen in mehreren Gedankenschritten darzustellen.

Im folgenden werden wir uns darauf beschränken, gemeinsame Überlegungen für den Entwurf eines Kalküls zu der Frage anzustellen, welche Zeitordnungen in interkulturellen Interaktionen gelten, ob es jeweils intrakulturelle »Eigenzeiten« der Antagonisten sind, oder ob es eine spezielle bzw. allgemein geltende Zeitordnung für interkulturelle Ereignisse und Prozesse ist.[1] Für den Kalkül werden wir das interkulturelle Geschehen auf den Fall eines internationalen Konfliktes, also auf ein zeitpolitisches Moment reduzieren. Diesen Kalkül wollen wir im Zusammenhang sehen mit der Rezeption neuerer Zeitbegriffe und mit zwei Typen der Interpretation interkultureller Wechselwirkungsprozesse: erstens, der Übertragung und Gegenübertragung bei allgemeiner interkultureller Kommunikation. Und zweitens der wechselseitigen Katalyse von kulturellen Selbstfindungsvorgängen bei speziell kognitiven und instrumentellen interkulturellen Austauschprozessen. Der Kalkül berücksichtigt außerdem die strukturelle Komplexität der Verschränkung von Selbst- und Fremdbildern intersubjektiver und interkultureller Phänomene. Die Interpretation der Beziehungen zwischen dem »Ich« und dem »Anderen« versucht sich der Herausforderungen von Lévinas zu stellen, die »Seinsvergessenheit« für die sich ereignende Zeit der Begegnung zwischen beiden revidieren zu können. Zeitmoralische Kompetenzen, die Fähigkeiten, mit intersubjektiven Zeiten umgehen zu können, werden als eine notwendige Bedingung der Entwicklung des Ichs angesehen. Intersubjektive Phänomene werden aber nur erläutert, um auf Ähnlichkeiten mit interkulturellen Phänomenen hinzuweisen, nicht um Gleichheit der Phänomene zu behaupten. Die Welt der Tatsachen und die Welt der Erscheinungen ist ein und dieselbe. Auch Bilder von Tatsachen sind Tatsachen. Aber dort, wo Menschen sich unter der Beschränkung der Differenz von Selbst- und Fremdbildern intersubjektiv miteinander austauschen, vermischen sich Gefühle der Attraktion und Repulsion mit den Bildern der Tatsachen, so daß sich die Bilder der Tatsachen wechselseitig ineinander projizieren, emotionalisieren und reziprok dynamisieren. Diese Verschränkung bildet strukturelle Komplexität. Wo Menschen sich miteinander austauschen, findet dieser Austausch nicht selten unter Bedingungen strategischer Perzeption[2], d.i. unter Bedingungen rigider egozentrischer Einstellungen oder denen sublimer Repression statt, also unter Bedingungen offener oder verdeckter Machtverhältnisse mit den Folgen der wechselseitig projektiven Stereotypisierung, der Entmündigung oder der Entwürdigung.

Solche offenen oder insbesondere verdeckte Machtverhältnisse erzeugen Mißtrauen, reale bzw. putative Bedrohungsperzeptionen und Einschüchterungen, die Menschen verstummen oder sonst unfähig werden lassen, rechtzeitig zu handeln. Sie führen zu Rückzugs- und Apathieverhalten und lösen Selbstbehauptungsbemühungen aus. Ein Beispiel soll das illustrieren. Es heißt, wovon man nicht reden könne, darüber solle man schweigen. Es heißt auch, was gesagt werden könne, könne klar gesagt werden. Beides ist sicher richtig für eine Beziehungsstruktur, die von Vertrauen getragen wird. Aber diese an sich richtigen Sätze lassen sich in eine strategische Perzeption integrieren und dadurch einem intentionalen Muster unterwerfen. Wofern das Schweigen nämlich nicht in der Bemühung um Klarheit, Wahrheit und Anerkennung, sondern in der Unterordnung in offene oder verdeckte Machtverhältnisse seinen Grund hat, mit den Folgen der wechselseitigen Stereotypisierung, der Einschüchterung, der Entmündigung und der Entwürdigung, mag auch unklare Rede und Empörung zuweilen gerechtfertigt erscheinen. Es erscheint besser, unklar zu reden und womöglich zur Unzeit zu stammeln oder zu lallen, als sich unter dem Vorwand, man könne sich nicht klar genug äußern, zum Schweigen bringen zu lassen. Schon der Sextaner wird eingeschüchtert, den Sprachspielregeln zu entsprechen: »Si tacuisses, philosophus mansisses.« Es kann also unter den Bedingungen strategischer Perzeption der Satz Geltung haben: Worüber man nicht schweigen kann, darüber soll man reden.

Was heißt nun hier zur Unzeit? Was wäre rechtzeitig? Welche Funktion hat die zeitliche Dimension in einem derartigen intersubjektiven oder analog dazu in einem interkulturellen Zusammenhang? Einen Anhaltspunkt haben wir alle. Wir können uns an intersubjektive Zeiterlebnisse, an das Zusammenspiel der eigenen Rhythmen mit den Rhythmen der anderen erinnern. Und wir wissen, daß diese Erlebnisse verschieden sind, auch verschieden erinnert werden, und, daß sehr unterschiedliche wechselseitige Projektionen entstehen. Wir wollen nicht vorschnell generalisieren. Dennoch weist uns dies auf eine allgemeine Erscheinung hin: Die zeitlichen Phänomene der Erwartung, der Beharrung, des Nacheinander und des Zugleich sowie das Verhältnis der Faktizität der Vergangenheit zum bloßen Wahrscheinlichkeitsstatus der Zukunft, projizieren im intersubjektiven Spiel wechselseitiger Perzeptionen auf die Tatsachen Perspektiven der Herkunft und der Zukunft, solche der Linearität und der Zyklizität, sowie Perspektiven schwacher wie starker Zeitlichkeit. Ein angemessen differenzierendes Verständnis dieser Projektionen setzt nicht nur den Willen zur Vernunft und den Willen zur Verständigung voraus, sondern eine spezifische, den Rahmen egozentrischer Einstellungen sprengende Kompetenz, mit den Schlüsselintervallen intersubjektiver Zeit umzugehen, in denen Verständigung in einem »Jetzt« zu einem Ereignis werden kann. Bevor wir den Kalkül entwerfen, wollen wir uns das Problem veranschaulichen. Wie nichts anderes hat sich die Kunst des Dramas als geeignet erwiesen, uns die strukturelle Komplexität dieser intersubjektiven, zu Turbulenz tendierenden Zusammenhänge der Perspektivenübernahme, der wechselseitigen Stereotypisierung sowie das zuweilen einen tragischen Ausgang nehmende Zusammenspiel von Wertorientierung, Machtausübung, Projektion des Bösen, von Täuschung, Selbsttäuschung und deren Entlarvung vor Augen zu führen. Rollen sind im Drama nichts anderes als die Bündelung von Perzeptionen über die Welt und die Bündelung von Perzeptionen von Perzeptionen über die Welt. Perzeptionen können genuin, strategisch oder normativ sein. Genuine Perzeptionen bilden die Welt ab, wie sie ist. Strategische Perzeptionen entwerfen ein Design eines Programms oder ein stereotypes Persönlichkeitsbild eines Partners, um einerseits das Programm zu verändern, andererseits den Lebenswillen der Partnerpersönlichkeit so weit zu erschüttern, ihre Einstellungen so weit zu ändern und ihr Selbstwertgefühl so weit zum Erlöschen zu bringen, daß sie in den eigenen Lebensentwurf integriert werden kann. Normative Perzeptionen sind Wertorientierungen. Wenn Perzeptionen über die Welt und Perzeptionen von Perzeptionen über die Welt sich verschränken, geraten sie in strukturell komplexe Konflikte. Strategische Perzeptionen setzen sich durch oder werden außer Kraft gesetzt.

Für die Bemühung um die Transparenz oder die Entwirrung dieser Perzeptionsknäuel bietet das Theater den idealen Raum. Viele Theaterstücke ließen sich in diesem Zusammenhang anführen. Wir beschränken uns auf eines, ein verhältnismäßig unbekanntes: Luigi Pirandello hatte in seinem Bühnenstück »So ist es wie es Ihnen scheint« eine scharfsichtige Beschreibung solcher Entwirrung gegeben. Zudem hat er auf die Folgen der Inkompetenz hingewiesen, mit intersubjektiver Zeit umzugehen, und damit einmal mehr gezeigt, daß das Theater, wenn einige Grundgegebenheiten vorliegen, zum Ort der Wahrheit wird. Ähnliches, wie das, was für die intersubjektive Dimension gilt, läßt sich, cum grano salis, auch in der interkulturellen Dimension feststellen. Auch in antagonistischen Beziehungen von Kulturen, auch wo Kulturen sich miteinander austauschen, finden derartige Verschränkungen statt. Hier vermischen sich, unter der Beschränkung der Differenz von Selbst- und Fremdbildern, Gefühle der Attraktion und Repulsion mit den Bildern der Tatsachen, so daß sich die Bilder der Tatsachen emotionalisieren und reziprok dynamisieren. Auch hier handelt es sich in der Realität meist um offene oder verdeckte Machtverhältnisse, mit den Folgen der wechselseitigen Stereotypisierung, der Einschüchterung, Entmündigung und Entwürdigung, der realen oder putativen Bedrohungsvorstellung. Auch in diesem Zusammenhang erhält die zeitliche Dimension besondere Bedeutung. Zwar scheinen kulturvermittelte, für die intrakulturelle Dimension entworfene Zeitkonzeptionen nicht immer hinreichende Voraussetzungen für die angemessene Handlungsfähigkeit in der interkulturellen Sphäre zu bieten, auch dann nicht, wenn sie einen universalen Anspruch geltend machen. Dennoch stehen keine anderen zur Verfügung. Wir bemühen uns, dazu beizutragen, interkulturelle, den Rahmen egozentrischer Einstellungen sprengende Funktionen an intrakulturellen Zeitordnungen zu identifizieren. Dies führt uns auf zwei weitere Gedanken. Erstens: Kulturen finden ihre Identität aneinander. Ohne die jeweils andere Kultur, an der sie ihr Selbstbild entwickelt, entdeckt eine Kultur nicht das ihr eigene Wesen. Sie braucht mindestens eine andere interaktionsfähige Kultur, die sich sowohl ihres eigenen Bewußtseins sicher als auch ihrer Andersheit bewußt ist, um wie in einem Spiegel erkennen zu können, was sie für andere ist. Nicht nur im Kulturvergleich und dem Vergleich der »Eigenzeiten«, sondern in der interkulturellen Wechselwirkung und ihren spezifischen Zeiträumen finden sich die für die Entdeckung und Erhaltung kultureller Identitäten notwendigen Erfahrungen. Zweitens: Kulturen haben außerdem füreinander Komplementfunktion. Eine Kultur, zu deren Hauptmerkmalen wissenschaftliche Rationalität und intensiver Wandel moderner Technologien gehört, bedarf einer Kultur, in der emotionale Werte und emotionale Kommunikationsformen betont werden, um einen notwendigen Ausgleich zu finden. Eine Kultur, zu deren Hauptmerkmalen eine monotheistische Religion gehört, steht in einem natürlichen Antagonismus zu einer anderen Kultur mit einer monotheistischen Religion. In der spannungsreichen Beziehung zwischen diesen Kulturen kommen die Komplementfunktionen zum Ausdruck. Auch hier gilt: nicht nur im Kulturvergleich und dem Vergleich der »Eigenzeiten«, sondern auch in den Spiegelungen der interkulturellen Wechselwirkung und ihren spezifischen Zeiträumen finden sich die für die Entdeckung und Erhaltung kultureller Identitäten notwendigen Erfahrungen. Für interkulturelle Wechselwirkung gelten wie für intersubjektive Wechselwirkung Regeln der Rechtzeitigkeit: Interkulturelle Phänomene der Erwartung, der Beharrung, des Nacheinander und des Zugleich sowie das Verhältnis der Faktizität der Vergangenheit zum bloßen Wahrscheinlichkeitsstatus der Zukunft prägen das Wechselverhältnis. Sie provozieren auf die individuellen und kollektiven Erscheinungen der eigenen und der anderen Kultur projektive Herkunfts- und Zukunftsperspektiven, deren angemessenes Verständnis nicht nur den Willen zur Vernunft und den Willen zur Verständigung, sondern eine spezifische Kompetenz voraussetzen, mit interkultureller Zeit umzugehen. Nachdem wir uns im nächsten Schritt über Kantische Gedanken zum Verhältnis von Zeit und Wechselwirkung vergewissert haben, wollen wir Überlegungen zu der Frage anstellen, ob und auf welche Weise das Phänomen der Übertragung bzw. Gegenübertragung sowie das Phänomen der Inkongruenz von Selbst- und Fremdbildern für diesen Zusammenhang eine Bedeutung haben könnten.

Wir werden versuchen, der These Plausibilität zu verschaffen, daß mit Hilfe dieser beiden Phänomene Kriterien für eine Kompetenz angegeben werden können, mit interkultureller Zeit umzugehen.

In einer Vorüberlegung wollen wir uns an die Kantischen Formulierungen hinsichtlich des Verhältnisses von Zeit und Wechselwirkung erinnern. Die Welt der Erscheinungen und die Welt der Tatsachen, so wie Kant sie entwirft, kann nur im Rahmen von Zeit und Raum wahrgenommen werden. Die zeitliche Bedingtheit der Wahrnehmung setzt voraus, daß Zeit der Wahrnehmung vorgängig ist. »Alle Substanzen, so fern sie im Raume als zugleich wahrgenommen werden können, sind in durchgängiger Wechselwirkung. Dinge sind zugleich, sofern sie in ein und derselben Zeit existieren. Aber außer ihrem bloßen Dasein ist noch etwas, wodurch antagonistische Substanzen sich wechselseitig ihre Stelle in der Zeit bestimmen und als zugleich existierend vorgestellt werden können. Es bestimmt nur dasjenige dem anderen seine Stelle in der Zeit, was die Ursache von ihm und seinen Bestimmungen ist. Also muß jede Substanz die Kausalität gewisser Bestimmungen in der anderen in sich enthalten, d. h., sie müssen in dynamischer Gemeinschaft stehen, wenn das Zugleichsein in irgendeiner möglichen Erfahrung erkannt werden soll.« Soweit Kant. Die dynamische Gemeinschaft spricht aber nicht dagegen, daß die Zeitordnung, in der jeweils wahrgenommen wird, kulturvermittelt ist. Dort, wo Menschen sich individuell oder kollektiv miteinander austauschen, dort vermischen sich auch kulturvermittelte Gefühle der Attraktion und Repulsion mit den Bildern der Tatsachen, so daß sich die Bilder der Tatsachen emotionalisieren, reziprok dynamisieren, so daß sie die Zeit als subjektive Bedingung und wirkliche Form unserer Anschauung beeinflussen, die unsere Wahrnehmung bestimmt. Vor allem geht das den Entwurf der Zeiträume an, in denen wir denken. Wenn wir strikt das Zugleich von dem Nacheinander unterscheiden wollen, so wird sich kulturrelativ entscheiden, für welchen Zeitraum eine Periode definiert ist, wie lange also die Zeit jeweils als ereignishaft »erstreckte« Gegenwart bzw. als Zugleich in einem Raume versammelt gilt, und wo das Nacheinander beginnt. Diese Entscheidung hängt zunehmend von der wechselseitig projektiven Stereotypisierung ab. In einer Epoche, in der forciert durch elektronische Medien zunehmend Substanzen in einem Zeitraum, d. h. in einem Raum als zugleich wahrgenommen werden, erhalten die Phänomene wechselseitiger Wahrnehmung und damit die Phänomene wechselseitig projektiver Stereotypisierung dadurch eine verstärkte Geltung, daß nicht zugleich mit dem sich intensivierenden globalen, kulturelle »Eigenzeiten« außer Kraft setzenden technologischen Wandel und der sich verstärkenden technischen Innovationskraft egozentrische Einstellungen aufgegeben werden. Greifen wir zu einem Beispiel aus der Zeit der Geschichte. Die Geschichte sucht die Chiffren der diachronen Identitäten zu entziffern, die der eigenen und die der anderen. Um den kulturvermittelt fiktiven Charakter der Zeiträume des Zugleich zu kennzeichnen, der zur Stereotypisierung und so zur Definition der Geschichte anderer führen kann, wollen wir den Vorgang einer Periodisierung betrachten, wie er in der Geschichtswissenschaft Anwendung findet. In ihm wird ein Prozeß, der sich in der Vergangenheit abgespielt hat – und der jetzt im Rahmen geschichtlicher Analyse deutbar wird –, mit einer bestimmten, an egozentrischen Einstellungen orientierten, wiederholbaren, aber fiktiv »eigen«zeitlichen Vorstellung, sozusagen einem »Zeittraum«, verknüpft. Diese zeitliche Vorstellung dient dem Zweck, den Vorgang besser zu verstehen, d. h. ihn in Vorwissen über die Bedingungen der Möglichkeit ihres Eintritts einzuordnen. Die Geschichte bemüht sich dabei um fiktive Konsistenz. Sie definiert sich Periodisierungen, die diese Konsistenz versprechen. Sie fragt nicht nur danach, wie es gewesen ist, sondern auch danach, wie das *Jetzt* möglich geworden ist. Dabei lassen sich fiktive und normative Elemente, etwa der Vermutung, wie es gewesen sein könnte, oder des Wunsches, wie es gewesen sein sollte, nicht unterdrücken.

Dies gilt besonders für die Geschichte anderer. Häufig wurde die Geschichte von egozentrisch orientierten Siegern geschrieben, häufig war sie die Geschichte von wechselseitigen Stereotypisierungen und trug alle Anzeichen des Selbstbetrugs der Macht. Häufig war freilich der Zweck der Periodisierung ein rein wissenschaftlicher, getragen von dem Wunsch, nichts als die Wahrheit zu erkennen, z. B. auch von der Frage, ab wann sich in einem Wechselwirkungszusammenhang eine Destabilisierung verstärkt, ab wann ein Wechselwirkungszusammenhang seine relative Stabilität verliert, sozusagen ins Trudeln gerät. Dies gilt auch für die historische Methode. Die Frage nach der Bedeutung der Zeit für die historische Methodenlehre hat sich der Geschichtswissenschaft dabei immer deutlich gestellt. Von Martin Heideggers »Analyse des Zeitbegriffs in der Geschichtswissenschaft«, in der Heidegger ausdrücklich Zeitbegriffe der nachklassischen Physik – die für jeweilige Theorien eine neue zeitliche Ordnung definieren –, für die Geschichtswissenschaft aufzuarbeiten sucht, bis hin zu Reinhart Kosellecks Wiederaufnahme der Phrasierung der *Gleichzeitigkeit des Ungleichzeitigen* bzw. der Phrasierung der *Vergangenen Zukunft*, und Hans Blumenbergs Gegenüberstellung von *Lebenszeit und Weltzeit*, hat sich ein breites methodisches Spektrum der Aufarbeitung von Interdependenzen und wechselseitiger Wahrnehmung von Natur-, Geistes- und Sozialwissenschaften geformt.

Nach dem Beispiel Periodisierung der Zeit in der Geschichtswissenschaft drängt sich der Gedanke auf, daß es auch die Geschichte der Zeitkonzeptionen gibt. Die Erfindung der Geschichte der Natur mit dem Konzept geologischer und evolutionärer Entwicklungsschritte als wesentliche Marksteine in der Geschichte der Zeit sowie die Erfindung der Konzeption einer stufenartigen Entwicklungslogik mit einerseits der Geschichte der Zeit als operatives und reflexives Medium und andererseits der Geschichte der Zeit als temporalem Selbstzwangsmuster der Gesellschaft macht deutlich, daß eine Theorie, die eine Entwicklungslogik dieser Stufenfolge für die Kompetenz, mit interkultureller Zeit umzugehen, plausibel nachzeichnen könnte, ein für die Entwicklung interkultureller Beziehungen förderlicher Schritt sein würde.

Für die intrakulturelle Entwicklungslogik der Kompetenz mit Zeit umzugehen, die Herausbildung einer Zeitmoral, hat genau dies Günter Dux unter Zuhilfenahme der Verbindung der Piagetschen mit der Kohlbergschen Entwicklungslogik versucht. Dabei hat sich gezeigt, daß, wie das Zusammenspiel zwischen kognitiven und moralischen Kompetenzentwicklungen eine plausible Rekonstruktion der »Ich«entwicklung ermöglicht, auch die Stufenfolge des zeitmoralischen Lernens als notwendige Bedingung der Identitätsbildung betrachtet werden kann. Für die intersubjektive Zeitlichkeit hingegen hat dies

Hans Joas unter Zuhilfenahme des Theorems des symbolischen Interaktionismus des Philosophen und Sozialpsychologen George H. Mead entwickelt, das den Gedanken betont, daß in der Gegenwärtigkeit der Sozialität die jeweilige Offenheit der Zukunft sich neu ereignet. Uns erscheint die Verbindung von Piagets und Kohlbergs Entwicklungslogik und der Zeittheorie des Meadschen Symbolischen Interaktionismus eine Voraussetzung für das Verstehen der interkulturellen Zeit zu sein. Die Berücksichtigung der so gefaßten interkulturellen Dimension, in der »eigen«zeitliche Ordnungen und Periodisierungen verschiedener Kulturen aufeinander bezogen und koordiniert würden, könnte das methodische Spektrum der interkulturell orientierten Geisteswissenschaften erweitern. Sie würde einerseits ihren kulturwissenschaftlichen Aspekt stärker zur Geltung bringen. Andererseits könnte sie das Reflexionsniveau politischer Planung erhöhen, indem es kulturspezifische Rechtzeitigkeiten und damit Eskalationsrisiken von Konflikten und Verständigungspotentiale auffindbar macht.

Diese Form der Berücksichtigung der interkulturellen Dimension wirft dabei allerlei Probleme auf. Dazu gehören Fragen wie: Setzt die Logik einer historischen Aussage konkrete Zeitbestimmungen voraus? oder: Läßt sich der Prozeß interkultureller Wechselwirkung mit einem Zeitbegriff erfassen, der sich auf temporale Reflex- und Reaktionsmuster des nervösen Apparates zurückführen läßt, die bei Menschen aller Kulturen gleich sind, oder: Läßt sich ein Prozeß interkultureller Wechselwirkung in spezifischen temporalen Konfigurationen begreifen, oder: Läßt sich ein Prozeß interkultureller Wechselwirkung mit Kategorien der Instabilität analog zu der des thermodynamischen Gleichgewichts charakterisieren? Wir werden auf die Fragen im folgenden eingehen und uns dabei vor starken Vereinfachungen nicht scheuen, um zu zeigen, daß die Diskussion über Zeitkonzeptionen in den Naturwissenschaften so geführt wird, daß eine Anwendung der hier verwendeten Zeitbegriffe für das Verständnis interkultureller Wechselwirkungen plausibel erscheint. Zur historischen Methode gehört die historische Aussage. Wir haben den Vorgang der Periodisierung betrachtet, um den kulturvermittelt fiktiven Charakter der Zeiträume des Zugleich zu kennzeichnen. Eine historische Aussage blieb so an spezifische Zeitlichkeit gebunden. Diese Bindung klärt C. F. v. Weizsäcker. Die kulturvermittelte »eigen«zeitliche Periodisierung wird auch gekennzeichnet durch den Gedanken, daß in einem prädikativen Ausdruck eine temporale Bedingung des Eintritts einer Folge enthalten sein kann. Wenn für ein interkulturelles Phänomen zwei Aussagen gemacht werden, von denen wenigstens eine eine temporale Bedingung enthält, läßt sich für uns ein weiterer Schritt zur interkulturellen Temporalisierung festlegen. Dieser Schritt liegt darin, daß epistemologisch erkennbar gemacht werden kann, auf welche Weise z. B. interkulturelle Verständigungsphänomene zeitlich bedingt sind.

Auf diese Einsicht können wir aufbauen, wenn wir für den Antagonismus der interkulturellen Temporalität ein Kalkül entwerfen. Eine zusätzliche Hilfe, der Fragestellung anthropologisch und kulturvergleichend nachzugehen, trägt Ernst Pöppel bei. Pöppel untersucht den zeitlichen Zusammenhang des Sprechens und Hörens. Dabei fällt ihm auf, daß von einem Sprecher, wie es auch in der Rezitation von Dichtung der Fall ist, nach drei Sekunden eine Pause gemacht wird. Genauere Untersuchungen ergeben, daß die Zeit, die das Ohr zur Verarbeitung des Reizes braucht, auf Grund seiner nervenphysiologischen Struktur bei allen Menschen gleich ist und damit jeder

Kommunikation eine Beschränkung der Verständigung vorgegeben ist. Dies ist eine Aussage, mit der im intersubjektiven Bereich der Schluß gezogen werden muß, daß außerhalb dieses Zeitraums Verständigung nicht möglich sein kann. Für den interkulturellen Bereich wird damit jedoch nur ausgesagt, daß die individuellen Teilnehmer am interkulturellen Dialog durch Schlüsselintervalle beschränkt sind. Das temporale Muster interkultureller Wechselwirkung ist damit noch nicht hinreichend erklärt.

Eine weitere Hilfe, die Fragestellung zu differenzieren, findet sich bei Dietrich Dörner. Dörner entwirft Verlaufsmuster, »Zeitgestalten«, die zeitliche Komponenten in der Weise ordnen, daß die Komplexität eines in Turbulenz geratenen Prozesses reduziert werden kann. Mit der Einsicht in die Möglichkeit, »Zeitgestalten«, interkulturelle sich über die Differenz von Selbst- und Fremdbildern induzierende Wechselwirkungen zu entwerfen und sich an ihnen orientieren zu können, ohne »eigenzeitliche« Muster aufgeben zu müssen, erweitert sich das Instrumentarium, Zeit zu koordinieren und interkulturelle Interaktion erfolgreich zu organisieren.

Eine weitere zusätzliche Hilfe findet sich in den Gedanken Manfred Eigens über »Phasensprünge« und zum Verhältnis von Zeitlichkeit und Gleichgewicht. Der Ausdruck Phase (griechisch phasis: Erscheinungsform) wird in der Physik zur Darstellung eines zeitlich oder räumlich abgegrenzten Zustandes verwandt. Insofern als der physikalische Zustand eines materiellen Systems sich mit Hilfe eines Ordnungsparameters beschreiben läßt, bedeutet Phasensprung generell die unstetige Veränderung des Ordnungsparameters und damit den Bruch einer Symmetrie.

Eigen unterscheidet starke und schwache Zeitlichkeit. In starker Zeitlichkeit herrschen Turbulenzen. Starke Zeitlichkeit ist ein Sonderfall eines nicht im Gleichgewicht befindlichen Universums. Hingegen erleben wir schwache Zeitlichkeit ständig durch das Streben zum Gleichgewicht. Schwache Zeitlichkeit verschwindet mit der Herstellung von Gleichgewicht. Starke Zeitlichkeit prägt das Wesen von Lebenserscheinungen. Deren Wesen äußert sich in einer Abfolge von Phasensprüngen, z. B.

- beim Ursprung des Lebens, in der selektiven Selbstorganisation des molekularen Reproduktionsapparates, sowie in der Ausbildung und Fixierung eines genetischen Codes und einer Übersetzungsmaschinerie;
- in der Phylogenie, in einer baumartigen Auffächerung der Arten;
- in der Ontogenie, in den Mechanismen der Zelldifferenzierung und Determination;
- auf der Ebene der Organismen, vor allem in der Regelung des Stoffwechsels;
- im Bewußtsein des Menschen, in der Fähigkeit des Zentralnervensystems zur selektiven Informationsverarbeitung.

Eigen vermutet, daß sich der Begriff des Phasensprungs auf Erscheinungen mit struktureller Komplexität übertragen läßt, die das Materielle transzendieren. Wir vermuten, daß die strukturelle Komplexität interkultureller Wechselwirkung darauf deutet, daß auch hier starke Zeitlichkeit die zeitlichen Komponenten in der Weise ordnet, daß die Komplexität eines in Turbulenz geratenen Prozesses reduziert werden kann. Mit der Vermutung der Möglichkeit, interkulturelle, sich über die Differenz von Selbst- und Fremdbildern induzierte Wechselwirkungen als »Phasensprünge« zu interpretieren, und sich an ihnen orientieren zu können, ohne »eigenzeitliche« Muster aufgeben zu müssen, erweitert sich wiederum das Instrumentarium, Zeit zu koordinieren und interkulturelle Interaktion erfolgreich zu organisieren.

Die vier hier angegebenen Gestaltungen interkultureller Zeiträume bleiben im Rahmen der Vorstellungen Kants, nach dem Wechselwirkungen im Zeitraume des Zugleich stattfinden und sich alle Substanzen, sofern sie im Raum als zugleich wahrgenommen werden können, in durchgängiger Wechselwirkung befinden.

Interkulturelle Wechselwirkung

Den Entwurf des Kalküls wollen wir also im Zusammenhang sehen mit der Rezeption neuerer Zeitbegriffe und außerdem im Zusammenhang mit zwei Typen interkultureller Wechselwirkungsprozesse: erstens der Übertragung und Gegenübertragung bei allgemeiner interkultureller Kommunikation und zweitens bei speziell kognitiven und instrumentellen interkulturellen Austauschprozessen.

Die Darstellung der Wechselwirkungsdynamik an dem emotionalen Zentralgeschehen der Übertragung und der Gegenübertragung konfrontiert uns mit Phänomenen, wie sie Mead in seinem Theorem des Symbolischen Interaktionismus zu verstehen versucht. Der intersubjektive Vorgang, eine »jetztige« Situation auf der Erfahrungsgrundlage früherer Erlebnisse zu erleben und durch die Brille der Vergangenheit zu verzerren, findet auch zwischen Kulturen statt. Er wird in der interkulturellen Wechselwirkungsdynamik noch angereichert, indem er eine »Kette« vielfältiger Aktionen und Reaktionen auslöst. Die jeweils andere Kultur wird zum zentralen Projektionsträger früherer, oft verdrängter Wünsche, Erfahrungen und Ängste. Abwehrdeutungen machen dabei einerseits verschüttete Erlebnisse eigener Reflexion wieder zugänglich. Andererseits entziehen sie sie ihr, indem sie die eigenen Einstellungen oder deren Komplemente in den Antagonisten spiegeln und dadurch psychische Energien freisetzen. Die strukturelle Komplexität findet so ihren Ausdruck in einem starken emotionalen Austausch zwischen den Kulturen. Dies zeigt sich auch an der wechselseitigen Übernahme von Symbolsystemen und Ritualen, z. B. haben die europäischen Gesellschaften im kulturellen Wechselspiel voneinander so viele Symbole und Rituale übernommen und einander so viele gegeben, daß für einen Außenstehenden die europäische Kultur etwas Gleichartiges hat, etwas, das dem unverwechselbar europäischen Standard entspricht.

Hingegen übernehmen Afrikaner von Europäern westliche Rationalität einschließlich der linearen Zeitstruktur. Und Europäer geben, und das wollen wir deutlicher ansehen, häufig ihre Identifikation mit der Seele Afrikas zu erkennen. Ihre Musik, ihre Malerei, ihre Literatur und vor allem ihre modernen Tänze enthalten Zeugnisse dieser mythenerzeugenden Sehnsucht. Den Afrikanern wird etwa im Othello oder im Salammbo, in den Rembrandtschen Sklaven oder im Grünewaldschen Moritz eine Unterströmung attribuiert im Oceanos der europäischen Seele. Dabei handelt es sich in den Augen der Europäer nicht nur um die Polarisierung von Wilden und Zivilisierten. Afrikaner repräsentieren so sehr Anteile der unterdrückten und verdrängten Emotionalität der Europäer, daß eine Afrikaprojektion zuweilen durchaus als der mögliche Kristallisationskern eines europäischen Selbst erscheint. Dabei erscheint wesentlich, daß ein Kernstück in der Entstehung der europäischen Kultur, die Antike, in Griechenland, vor allem aber in Kreta entstand, sozusagen auf halbem Weg zwischen Europa und Afrika. Das antike Griechenland selbst war ein interkulturelles Ereignis. In der Tatsache, daß die griechische Grammatik neben dem Aktiv und Passiv noch eine dritte, reflexive Kategorie des Mediums verfügbar hält, drückt die griechische Sprache und in ihr die griechische Kultur aus, daß sie interkulturelle Wechselwirkungsmechanismen strukturell auf vorbildliche Weise verarbeitet hat, die sie zu einem Charakteristikum ihrer Kultur werden läßt. Die heutige Kommerzialisierung dieser Sehnsüchte ist nur ein weiterer Ausdruck dieses Phänomens. Die Touristikbranche lebt zwar gut vom Fernweh der Bewohner der Metropolen des Nordens. Aber sie erfindet diese Bedürfnisse nicht, sondern sie legt sie frei.

Den Entwurf des Kalküls wollen wir außer dem psychischen Phänomen der Übertragung und Gegenübertragung im Zusammenhang von speziell kognitiven und instrumentellen interkulturellen Austauschprozessen sehen. Unter diesen Prozessen verstehen wir das gemeinsame Lernen eines Wissens- und Technologietransfers unter den restriktiven Bedingungen der Verwissenschaftlichung, der Erweiterung kognitiver Kompetenzen im Sinne Piagets im weiteren Sinne und in wissenschaftlicher und technologischer Zusammenarbeit im engeren Sinne, in dem einerseits kulturoriginäre Wissenssysteme nichtwestlicher Kulturen als wissenschaftskonstitutives Element erscheinen, indem aber andererseits westliche Rationalität dazu beiträgt – wie die »Wissenschaft«, d.h. die Künstleringenieure und Maler, die Gelehrten und Kaufleute der europäischen Renaissance –, über den Know-how- und Show-how-Transfer Reflexionspotentiale zu fixieren und durch die Förderung der Funktionen der Geisteswissenschaften als Instrument interkultureller und anthropologischer Forschung sowie als Aufklärungswissenschaften Aufklärungsprozesse zu verstärken, die zu Einsichten in Selbstbezüglichkeiten führen und dazu, die jeweilige Identität einer Kultur neu zu stiften oder – und damit auch kulturelle »Eigenzeiten« – zu erhalten.

Individuelle und kollektive Selbst- und Fremdbilder

Den Entwurf des Kalküls wollen wir außerdem im Zusammenhang sehen mit der Konzeption individueller und kollektiver Selbst- und Fremdbilder und deren Verzerrung zu realen oder putativen Bedrohungsperzeptionen. Diese verschränken sich im Beziehungsgeflecht interkultureller Wirklichkeit zu einer komplexen Bildstruktur, deren Entwicklungsformen für die Handhabung des Kalküls wesentlich scheinen. Wenn wir für die individuelle Dimension dieser Frage Überlegungen darüber anstellen, wer wir sind, geraten wir nach einigen vorläufigen Antworten notwendig an die vier Fragen, was wir für uns sind, was wir für andere sind, was andere für sich sind und was andere für uns sind. Auch wenn wir nicht wissen, ob andere ein »Selbst« haben, stellen sie doch für uns eine Instanz dar, die wir mit dem vergleichen, was unser »Selbst« für uns und für andere ist oder was unser »Selbst« sein könnte. Notwendig stellt sich auch die Frage nach der diachronen Identität, wie das »Selbst« wird und wie es »Selbst« bleibt, wie es Substanz und Kontinuität gewinnt, und wie es sich Substanz und Kontinuität erhält, Fragen, wie sie auch Mead gestellt hat.

Die vier Fragen leiten uns zu zeitlichen Auskünften, solche, die unsere Lebensspanne angehen, aber auch zu Auskünften darüber, ob es zu unseren unverwechselbaren Eigenschaften gehört, schnell oder langsam zu handeln, andere warten zu lassen oder sofort zu reagieren, Zeit strategisch zu Erwerb oder Aufrechterhaltung von

Macht zu verwenden. Wären wir Preisboxer oder Rennfahrer, würden unsere Reflexe geprüft. Wir würden uns danach einschätzen lassen müssen. Für diese vier Fragen gibt es vielfältige Antworten, etwa chronobiologische oder neurophysiologische. Insgesamt lassen sie sich zusammenfassen in eine Frage nach unserem Rhythmus, der Zeit, die sich daraus ergibt, wie wir uns mit allen Zeitordnungen der Bewegungen, die uns umgeben, koordinieren. Diese Koordination läßt sich in ein persönliches Zeitmuster einfangen, das wir mit Helga Nowotny »Eigenzeit« nennen wollen. Diese Koordination setzt hingegen die Entwicklung einer höheren Kompetenz voraus, mit verschiedenen Zeiten umgehen zu können, eine Kompetenz, deren Erwerb der von Piaget erforschten Entwicklungslogik folgt.

Diese vier Fragen stellen sich auch im Bereich kollektiver Selbst- und Fremdbilder und deren Verzerrung zu realen und putativen Bedrohungsperzeptionen. Im Bereich kollektiver Selbst- und Fremdbilder stellt sich die Frage, wie eine solche Verzerrung verändert werden kann, d. h., wie sich auf verschiedenen Entwicklungsstufen befindliche »Eigenzeiten«, etwa im Sinne Piagets, miteinander koordinieren lassen, oder, im Sinne Meads, in einer Wechselwirkung aneinander ereignen können. Ein aktueller Anlaß läßt einen Funktionswandel derartiger Bedrohungsperzeptionen anschaulich werden.[3] Wir befinden uns am Ende der Phase bipolarer Konfrontation und am Anfang einer Phase der Kooperation zwischen den Großmächten USA und Sowjetunion. Die Strukturen des internationalen Systems und die Quellen der Macht haben sich geändert. Entweder wird sich die Welt in ein unipolares System verwandeln, in dem die USA das alles beherrschende Machtzentrum darstellt. Oder wir werden in eine Phase der Multipolarität mit mehreren Teilnehmern der internationalen Politik übergehen. Für den zweiten Fall können wir die vier Fragen: was wir für uns sind, was wir für andere sind, was andere für sich sind und was andere für uns sind, in der Weise stellen, daß sie europäischen Teilnehmern hinsichtlich ihrer Beziehungen zu anderen europäischen Teilnehmern vorgelegt wird. Wir können dabei das Problem auf die temporale Dimension beschränken und fragen, in welchem Zeitrahmen ein Übergang bipolarer Konfrontation zu multipolarer Kooperation zu sehen wäre. Genauer, für zeitliche Auskünfte wäre zu berücksichtigen, daß der Prozeß der europäischen Einigung und spezifisch die deutsche Frage unter dem Eindruck des Wandels der Quellen der Macht und denen der Verständigung, insbesondere unter dem Eindruck des relativen Geltungsverlustes militärischer Macht und unter dem Eindruck des Wandels der Voraussetzungen der Verständigung das Problem aufwirft, welche Zeitperspektiven und Zeitkonfigurationen den Transformationen von bipolaren Konfrontations- zu multipolaren Kooperationsstrukturen und den mit ihnen verbundenen, in Turbulenzen mündende Interaktionen zugrunde gelegt werden sollen, welche temporalen Bedingungen berücksichtigt werden müssen und wieviel Zeit für eine Transformation der realen und putativen Bedrohungsperzeptionen zur Verfügung steht. Einerseits entspricht jedem Teilnehmer an diesem Prozeß eine gesellschaftliche und kulturelle Eigendynamik, eine eigene Perzeption der temporalen Wechselwirkungen. Andererseits entwickelt auch der Einigungs- und Transformationsprozeß selbst einen Schwung. Dieser muß sowohl mit den Tempi der jeweilig Anderen synchronisiert als auch mit den Entwicklungsmodi der jeweilig Anderen koordiniert werden. Aus ihm ergibt sich im Verlauf des Übergangs in eine neue Polaritätsphase eine neue »Zeitgestalt«.

Dabei müssen die spannungsreichen wechselseitigen Perzeptions- und Projektionsbeziehungen zwischen Zentralgewalten und Peripherien mit ihren häufig unterdrückten Minoritäten sowie den Peripherien untereinander angemessen berücksichtigt werden. Die europäischen Staaten als auch die überstaatlichen Einrichtungen wie die NATO, die EG, die KSZE und die EU durchlaufen einen Funktionswandel, für dessen Verständnis sowohl *Gleichzeitigkeiten* als auch *Ungleichzeitigkeiten* in Betracht gezogen werden müssen.

Einerseits handelt es sich um die Gleichzeitigkeiten, die sich durch die wissenschaftlich-technische Entwicklung für jedermann erweisen. Besonders zeigt sich dies an der vornehmlich durch die elektronischen Medien vermittelte *Verkürzung der Zeit* sowie die dadurch bewirkte scheinbare *Schrumpfung des Raums*, vor allem aber an den durch diese Medien ermöglichten politischen Funktionen, die in der Organisation des »politischen Spektakels« liegen. Andererseits handelt es sich um die Ungleichzeitigkeiten verschiedener zeitlicher Perspektiven, beziehungsweise der verschiedenen bei den jeweilig anderen als gültig vermuteten zeitlichen Perspektiven, deren Dynamik die wechselseitigen Stereotypisierungen stark beeinflussen. Das Problem der simultanen Koordination der komplexen Beziehungen der wechselseitigen Erwartungen und die Frage, für wen die Zeit arbeite, wird, sozusagen als Wiederaufnahme des Problems der Gleichzeitigkeit des Ungleichzeitigen (Koselleck), zu einer dringenden Herausforderung. Auch für die Erzeugung und Erhaltung kollektiver Selbst- und Fremdbilder, die seelische Dimension etwa von Religionskonflikten, von Tarif- und Sozialpolitik oder der internationalen Politik haben sich für lange Zeit – so lange jedenfalls, wie das spieltheoretische Konzept des »Nullsummenspiels« als Code für Konfliktlösungen unumschränkte Geltung genoß – putative Bedrohungsperzeptionen als leitendes Kriterium bewährt. Jetzt scheint sich deren Wirksamkeit erschöpft zu haben. Neue Konzepte zeichnen sich nur undeutlich ab. Die Wahrnehmung des »Selbst« der großen Religionen sowie die Verteufelung und Dämonisierung des Fremden als Heiden weist eine Jahrhunderte alte Dynamik auf, die erst durch Aufklärungsprozesse allmählich sichtbar gemacht werden konnte. Ihre Funktionen wurden nicht voll außer Kraft gesetzt, sondern von mindestens zwei kollektiven Einheiten fortgeführt, den Tarifparteien und den Nationalen Einheiten. In der Auseinandersetzung von Tarifparteien nehmen wir die Ritualisierung von Legitimation und Konfliktgeschehen als selbst- und fremdbildkonstitutives Element in zyklischer Wiederkehr wahr. Die Konzepte des »Nationalen«, die sich nach dem Zerbrechen feudaler Strukturen mit der Heraufkunft des Bürgertums gebildet hatten, erzeugten Selbstbilder mit forciertem und fragilem Selbstbewußtsein. Auch sie haben sich erschöpft. Die wahnhafte Wahrnehmung der eigenen »nationalen« Identität brach sich an der Verzerrung der Wahrnehmung anderer »nationaler«, aber auch »internationaler« Identitäten. Tragfähigere, der soziokulturellen Evolution vorangehende Entwürfe von Selbst- und Fremdbildern müssen erst noch gefunden werden. Allen Entwürfen haften spezifische Zeitbezüge an, die sich in der Geschichte niederschlagen. Das Ende des »Kalten Krieges« hat zum Bewußtsein gebracht, daß Bedrohungsperzeptionen nicht länger effizientes Mittel und leitendes, geschweige denn hinreichendes Kriterium der Außenpolitik sein können, daß es vielmehr darauf ankommt, Vertrauenspotentiale zu eruieren und daß in diesem Zusammenhang dem temporalen Element eine wesentliche Bedeutung in der Vertrauensbildung zukommt. Was den

Nord-Süd-Konflikt angeht, hat sich das interkulturelle Wechselspiel weniger auf nationalen Austausch als auf kulturelle und ökonomische Dominanz bezogen.

Ein Kalkül der interkulturellen Zeit

Auf der Basis der bisherigen Reflexionen stellen wir jetzt den Kalkül als Konfliktschematismus vor. Uns scheint dieser Kalkül eine Möglichkeit zu sein, eine Verbindung einer an Piaget und Kohlberg orientierten Entwicklungslogik mit Meads symbolischem Interaktionismus auszudrücken, in der die wechselseitigen Erwartungen und Stereotypisierungen besondere Bedeutung haben. Die vier an den Vorstellungen Kants orientierten Gestaltungen interkultureller Zeiträume bilden das Bindeglied zwischen beiden, in der Weise, daß sie eine temporale Prädikation historischer Aussagen anzeigen, mit denen vertrauenserzeugende Erwartungen oder Bedrohungsperzeptionen artikuliert werden können, daß sie temporale Bedingungen physiologischer Prozesse angeben, die notwendige Voraussetzungen für den Vergleich der Erwartungen und damit für Verständigungen sind, und daß sie durch die Einsicht in Zeitgestalten und starke Zeitlichkeit Turbulenzen kontrollierbarer erscheinen lassen.

Im Rahmen von Konflikten wird die Zeit so nach Erfolgschancen eingeschätzt, die Beziehungen zu den Anderen im Sinne von Lévinas zu ordnen. Entscheidend für die Reduzierung oder die Eskalation von Konflikten scheint danach eine der realen oder putativen Bedrohungsperzeption entsprechende Erfolgserwartung zu sein, Verantwortlichkeiten für den jeweils Anderen einlösen zu wollen oder zu können, ein Kalkül, mit dem eine Zeitperiode bestimmt wird, in der weder die eigene Handlungsfähigkeit verlorengeht noch die des jeweiligen Antagonisten. Entscheidend scheint darüber hinaus die Erfolgserwartung zu sein, mit der eine Zeitperiode bestimmt wird, in der die Handlungsfähigkeit beider sich stabilisiert. Es mag verschiedene Optionen zur Eskalierung oder zur Reduzierung von Konflikten geben. Nehmen wir einmal zwei verschiedene Fälle der wechselseitigen Erwartung mit jeweils drei verschiedenen Optionen ins Kalkül, um »Vermutungen« von »unterstellten Vermutungen« über *Perioden differierender oder gemeinsamer Temporalität* zu unterscheiden. Aus diesen Fällen glauben wir schließen zu dürfen, daß, unter den Bedingungen der Übertragung und Gegenübertragung, eine Turbulenz starker Zeitlichkeit entsteht, die durch eine besondere Koordinations- und Interaktionsfähigkeit der verschiedenen beteiligten zeitlichen Ordnungen im Sinne Piagets und Meads beherrschbar ist:

Fall 1:

A wähnt, die Zeit arbeite entweder für ihn und gegen B oder für B und gegen A, oder aber für oder gegen beide. Oder

A vermutet, sein Gegner B wähne, die Zeit arbeite für B und gegen A, oder aber für oder gegen beide. Oder

A vermutet, sein Gegner B wähne, die Zeit arbeite für A und gegen B, oder aber für oder gegen beide.

Spiegelbildlich hingegen Fall 2:

B wähnt, daß die Zeit für ihn selbst arbeite und gegen A, oder aber für A und gegen B selbst oder aber für oder gegen beide. Oder

B vermutet, sein Gegner A wähne, die Zeit arbeite für A selbst und gegen B oder aber für oder gegen beide. Oder

B vermutet, sein Gegner A wähne, die Zeit arbeite für B und gegen A oder aber für oder gegen beide.

Wir schließen unsere Überlegungen mit der Vermutung ab, daß Reflexionen über die zeitlichen Bedingungen politischen Handelns in nicht allzu ferner Zukunft zum selbstverständlichen Repertoire kompetenter außenpolitischer Planung und ihrer wissenschaftlichen Regierungsberatung gehören, und daß es zur Entwicklung einer Zeitpolitik kommen wird.

Anmerkungen

1 Zur interkulturellen Zeitlichkeit: *Aveni*, Anthony: Empires of Time. Calendars, Clocks and Cultures. New York NY: Basic Books 1989. *Eldredge*, Niles: Time Frames. The Evolution of Punctual Equilibria New York NY: Princeton U. P. 1989. *Young*, Michael: The Metronomic Society: Natural Rhythms and Human Timetables. New York 1989. *Clayman*, Steven E.: The Production of Punctuality: Social Interaction, Temporal Organization and Social Structure. In: American Journal of Sociology Vol. 95 Nr. 3 November 1989 pp. 659-691. *Kriesberg*, L.: Timing and the initiation of de-escalation moves. In: Negotiation Journal Vol. 3 1987. pp. 375-384. *Robinson*, John P., Vladimir *Andreyenko*, und Vasilly *Petruchev*: The Rhythm of Everyday Life. How Soviets and American Citizens use Time. Boulder CO: 1986. *Feldhütter*, I.: Untersuchungen der Zeitstruktur im menschlichen Verhalten. Interkultureller Vergleich von Arbeitsvorgängen im Hand-Körper-Kontakt. Dissertation LMU München 1989. *Fabian*, Johannes: Time and the Other. How Anthropology makes its Object. New York: Columbia U. P. 1983; *Lonsdale*, J.: African Pasts in Africa's Future. In: Canadian Journal of African Studies Vol. 23 No. 1 1989 pp. 126-150. *Elias*, Norbert: Über die Zeit. Frankfurt: Suhrkamp 1984. *Ricœur*, Paul: Introduction, in Cultures and Time. Paris: UNESCO 1976. pp. 13-33. *Pronovost*, Gilles: Temps, Culture et Societe. Quebeck 1983. *Gasparini*, G.: Observations on Cultural Models of Time in Contemporary Industrialized Societies. In: Social Science

Information Vol. 29 No. 4 December 1990 pp. 725-745. *Landes*, David S.: The Time of our Lives. In: Social Science Information Vol. 29 No. 4 December 1990 pp. 693-724. *Wendorff*, Rudolf: Zeitdifferenz zwischen Industrie- und Entwicklungsländern. In: Ders. Zeit und Kultur. Opladen: Westdeutscher Verlag 1980 pp. 629-639.

2 Zum Begriff »Strategische Perzeption«: Auf den anderen angewiesen zu sein, begründet die Intention, ihn so zu verändern, daß man mit ihm leben kann, dazu Ludwig *Denzler* »Der Mensch kommt zu sich selbst vom Anderen her. Sein Wesen besteht nicht einfach in der Gegenwart seiner selbst für sich selbst, sondern es wird bestimmt von der Verwundbarkeit des Anderen aus. Der Andere aber ist – nach den Kategorien des *Seins* betrachtet – abwesend. Zu dieser Abwesenheit muß das Ich in Beziehung treten, es muß antworten auf den Ruf, der aus der Abwesenheit, aus der Unangreifbarkeit des Anderen, an es ergeht. Eine solche Beziehung ist keine Beziehung des *Seins* mehr, denn diese besteht in Identifikation, Ver-gegenwärtigung, Bemächtigung.« In: Ders.: Menschsein vom Anderen her. Einleitung in die deutsche Ausgabe von Emmanuel *Lévinas*: Humanismus des anderen Menschen. Hamburg: Meiner 1989.

3 Zum Übergang in eine neue politische Phase: Zum Wandel der Quellen der Macht: *Jervis*, Robert: Arms Control, Stability and Causes of War. In: *Daedalus* Vol. 120 No. 1 Winter 1991. pp. 167-182. *Nye* Jr., Joseph S.: Old Wars and Future Wars: Causation and Prevention. In: *Rotberg*, Robert and Theodor *Rabb*, (Eds.): The Origin and Prevention of Major Wars. Cambridge MA: Cambridge University Press 1989 pp. 5-27. *Ders.:* The Changing Nature of World Power. In: Political Science Quarterly Vol. 105 No. 2 1990 pp. 177-192. *Ders.:* American Strategy after Bipolarity. In: International Affairs Vol. 66 No. 3 July 1990 pp. 513-522. *Ders.:* Bound to Lead: The Changing Nature of American Power. New York: Basic Books 1990. *Ders.:* Arms Control and International Politics. In: *Arms Control: Thirty Years ON.: Daedalus* Vol. 120 No. 1 Winter 1991. Special Issue on Arms Control. pp. 145-166. *Joffe*, Josef H.: After Bipolarity. In: Adelphi Papers 247 Winter 1989/90 pp. 66-80. *Mearsheimer*, John J.: Back to the Future: Instability in Europe after the Cold War. In: International Security Vol. 15 No. 1 Summer 1990. Darin der Abschnitt: The Virtues of Bipolarity over Multipolarity, p. 13-20.

4

Erhard Oeser
Zeitpfeil und Zeithorizonte

Für unser subjektives menschliches Bewußtsein sind sowohl die Vorstellung einer unveränderbaren Richtung der Zeit, als auch die Vorstellung vom Anfang und Ende der Zeit vertraute Gegebenheiten. In jeder Phase unseres Lebens, das von der Geburt bis zum Tode reicht, trennen wir die Vergangenheit von der Zukunft. An die Vergangenheit erinnern wir uns, die Zukunft erwarten oder planen wir. Was in der Vergangenheit geschehen ist, steht für immer fest, während die Zukunft noch offen ist. Zwischen Vergangenheit und Zukunft liegt als Schnittpunkt die Gegenwart, in der wir auf Grund vergangener Erinnerungen aktiv handeln und auf diese Weise die Zukunft gestalten.

Diese Struktur des subjektiven Zeitpfeils und des subjektiven Anfangs und Endes der Zeit im Horizont unseres bewußten Erlebens bleibt bestehen, wenn wir unsere individuelle Lebensgeschichte auf die Menschheitsgeschichte erweitern. Was aber geschieht, wenn wir die Geschichte der Menschheit auf Grund unserer wissenschaftlichen Erkenntnisse auf die Naturgeschichte ausdehnen?

Naturgeschichte und Menschheitsgeschichte

Wer Naturgeschichte und Menschheitsgeschichte zu einer Einheit zu verbinden versucht, steht zunächst vor dem Problem der Chronologie. Denn es gibt keine Geschichte ohne Daten. Die Daten der Geschichte drücken aber nicht nur die zeitliche Abfolge der Ereignisse, sondern auch ihre zeitliche Entfernung aus. Da aber verschiedenartige Ereignisse, wie z. B. die Entstehung des Sonnensystems oder die Entstehung des Lebens auf unserer Erde, der Untergang der Riesensaurier, die Ermordung Caesars oder die Entdeckung Amerikas sich in ganz anderen zeitlichen Dimensionen abspielen, ist auch die Art der Daten gänzlich unterschieden: In einem Bereich geht es um Milliarden und Millionen von Jahren, in dem anderen um Jahrhunderte, Jahrzehnte, Jahre und Tage, manchmal sogar um Stunden. Daraus hat Claude Levi-Strauß mit Recht die Folgerung gezogen: »Die Geschichte ist ein diskontinuierliches Ganzes, das aus Geschichtsgebieten besteht, von denen jedes durch eine Eigenfrequenz und eine differentielle Kodierung des Vorher und des Nachher definiert ist.« Was jedoch daraus nicht folgt, ist, daß jedes dieser Geschichtsgebiete eine eigene und unabhängige Geschichte bildet. Die Spezialisierung des Astronomen und Physikers auf die Geschichte des Weltalls und des Sonnensystems, des Geologen auf die Erdgeschichte, des Biologen auf die Geschichte der Lebewesen und des Historikers auf die Menschheitsgeschichte ist lediglich eine methodische Abstraktion, die wieder aufgehoben werden kann, wenn es um ein weiteres Erklärungsziel geht. Denn keine dieser Geschichten stellt für sich isoliert genommen die Wirklichkeit dar. Das tut sie auch dann nicht, wenn alle in linearer Folge aneinandergereiht werden. Denn die Geschichte des Weltalls ist nicht zu Ende, wenn die Erdgeschichte beginnt. Genausowenig wie die Geschichte der Lebewesen mit dem Beginn der Menschheitsgeschichte endet. Die einzelnen Geschichtsgebiete sind vielmehr ineinander eingeschachtelt und bilden auf diese Weise immer ein Ganzes.

Damit wird nun klar, was mit dem realgeschichtlichen

Zusammenhang von Natur und Mensch nur gemeint sein kann. Die Menschheitsgeschichte ist nicht bloß die Fortsetzung der Naturgeschichte, sondern sie wird von der Naturgeschichte eingeschlossen. Der Rückgriff auf die Naturgeschichte zur Erklärung menschlicher Ereignisse ist daher in diesem Sinne weder eine unverbindliche Analogie noch eine unerlaubte Reduktion, sondern die Einführung eines allgemeinen, d. h. stärkeren Erklärungsprinzips.

Nicht jedes Ereignis in der Menschheitsgeschichte bedarf zu seiner Erklärung einer derartigen Rückführung. Aber die Entstehung und Entwicklung der Wissenschaft ist ein solches Ereignis. Denn sie hat nicht nur den Menschen, sondern auch die Natur verändert.

Die Schwierigkeit einer diskontinuierlichen Chronologie erweist sich nun als ein Leitfaden in der Argumentationsstruktur. Denn diese Schwierigkeit läßt sich durch ein Verfahren, das man in Anlehnung an Levi-Strauß die »Boulainvilliers'sche Transformation« nennen kann, zu einem Erklärungsschema umfunktionieren, das zwar in genauer Weise die einzelnen Geschichtsgebiete auseinanderhält, aber trotzdem Übergänge ermöglicht. Diese Vorgangsweise läßt sich anschaulich auf folgende Weise darstellen: Zunächst werden die einzelnen Klassen von Datierungen – Stunden, Tage, Jahre, Jahrhunderte, Jahrtausende, Jahrmillionen – übereinander in Linien angeordnet. Dann werden ihnen die entsprechenden »Geschichtsgebiete« zugeordnet.

Aus dieser Anordnung ergibt sich auch der Erklärungswert der einzelnen Geschichten: Den geringsten Erklärungswert hat die biographisch-anekdotische Geschichte. Denn sie erklärt überhaupt nichts. Die großen Historiker wie Ranke und Droysen haben daher auch mit Recht die methodische Vorgangsweise des Geschichtsschreibers auf diesem Gebiet als ein bloßes Beschreiben dessen, wie es wirklich gewesen ist, charakterisiert. In diesem Sinne ist die biographische Geschichte die schwächste aller Geschichten. Sie enthält nicht ihre eigene Verständlichkeit. Die Taten und Streiche irgendwelcher Feldherrn, Könige, Kaiser und Kanzler haben für sich genommen nicht den geringsten Sinn. Diesen Sinn können sie jedoch dann bekommen, wenn man in das nächsthöhere »Geschichtsgebiet«, in die politisch-soziale Geschichte übergeht. Dort erweist sich, ob die Handlung eines Menschen, mag sie auch noch so groß oder gewalttätig sein, bloß die Verrücktheit eines Einzelgängers war oder die säkulare Tat eines Großen der Geschichte, der das Schicksal der Gesellschaft bestimmte, in der er lebte.

Noch umfassender wird der Erklärungszusammenhang, wenn man zur kulturell-anthropologischen Geschichte übergeht. Dort handelt es sich nicht mehr um das Schicksal von Völkern und Nationen, sondern um das Entstehen und Vergehen ganzer Kulturen. Auf dieser Erklärungsebene treten menschheitsgeschichtliche Großtheorien auf. Sie sind seit der Antike bekannt und haben bis heute ihre Vertreter. Von den Historikern der beiden ersten Stufen werden sie zumeist wenig geachtet, ja sogar oft als »pseudohistorische« Theorien bezeichnet, die viel eher den Charakter metaphysischer Spekulationen haben. Trotzdem verdienen sie die größte Beachtung. Denn sie haben einen höheren Erklärungswert als die politisch-sozialen Geschichtstheorien, weil sie diese umfassen und einschließen. Sie lassen sich jedoch ebenso schwer widerlegen wie beweisen. Was besonders dann ein Nachteil ist, wenn es so viele widersprüchliche Alternativen gibt. Das bedeutet, daß auch die großgeschichtlichen kultur-anthropologischen Theorien zu schwach sind, um diesen Zusammenhang zu erklären.

Damit gelangt man notwendigerweise zur letzten Stufe der »Boulainvilliers'schen Transformation«. Geht man von den Überlegungen des Anthropologen Levi-Strauß aus, daß eine Geschichte, die nur in kurzen Zeiträumen gemessen wird, zwar inhaltsreich ist, aber nur wenig erklärt und deshalb eine »schwache« Geschichte ist, während eine Geschichte, die große Zeiträume umfaßt, aber in der die Einzelheiten zurücktreten und nur schematisch erfaßt werden, viel erklärt und deswegen eine »starke« Geschichte ist, dann ist die stärkste aller Geschichten die Geschichte der Evolution, die sowohl die Naturgeschichte als auch die Geschichte der Menschheit umfaßt. Dabei erweist sich die Wissenschaftsgeschichte nicht als ein Anhängsel der politischen und kulturellen Geschichte, sondern bildet vielmehr die eigentliche Grundstruktur jener zweiten oder neuen Evolution, die mit der Entstehung des menschlichen Bewußtseins begonnen hat.

Dieser realgeschichtliche Zusammenhang reicht bis in die biographisch-anekdotische Geschichte zurück. Eine evolutionistische Deutung der Menschheitsgeschichte schließt daher weder die erste und konkreteste Stufe der Geschichtsbetrachtung aus, noch die zweite, sondern ist vielmehr auf sie alle angewiesen. Denn je höher der Erklärungswert einer Theorie ist, um so geringer ist ihr Inhalt und umgekehrt. In diesem Sinne ist die biographisch-anekdotische Geschichte die inhaltsreichste, weil sie die Individuen in ihrer Besonderheit betrachtet. Jede Geschichte hat auf diese Weise, wie Levi-Strauß erkannt hat, eine unbestimmte Anzahl von »Gegengeschichten«, von denen jede die andere ergänzt, wobei sich eine Hierarchie ergibt: Eine Geschichte vom Rang 1, wie die biographisch-anekdotische Geschichte, hat zunächst in der politisch-sozialen Geschichte vom Rang 2 ihre Gegengeschichte und diese hat in den als »pseudohistorisch« bezeichneten kultur-anthropologischen Theorien vom Rang 3 ihre Gegengeschichte. Diese wiederum hat in der Evolutionstheorie, welche Naturgeschichte und Menschheitsgeschichte vereinigt, ihre Gegengeschichte und zugleich Ergänzung im Sinne einer alles umfassenden Rahmentheorie.

Das Katastrophenprinzip und die »Zeithierarchien«

Mit den »Zeithierarchien« einer solchen diskontinuierlichen Chronologie tritt auch in erneuerter Form ein Prinzip auf, das man schon vor mehr als hundert Jahren zu Grabe getragen hatte: Das Katastrophenprinzip. Es stellt gewissermaßen die negative Kehrseite des Selbstorganisationsprinzips dar. In ihrer heutigen Form scheint die »Katastrophentheorie«, die mit dem Namen René Thom verknüpft wird und eine abstrakte mathematische Theorie ist, mit der alten Katastrophentheorie nur wenig zu tun zu haben. Nur in ihrer Popularisierung wurde sie direkt mit Katastrophen im üblichen Sinn, Zerstörung durch Feuersbrunst und Erdbeben, einstürzende Brücken usw. in Verbindung gebracht. Die Grundidee aber ist die gleiche. Hier wie dort geht es um drastische Veränderungen. Allerdings ist die Funktion der Katastrophentheorie heute in bezug auf die Evolutionstheorie eine andere. Sie stellt heute einen integrierenden Bestandteil einer Theorie dar, die den ungeheuer dynamischen, »stoßweise« ablaufenden Prozeß der Evolution, der eigentlich aus mehreren ineinander geschachtelten Prozessen besteht, zu erklären versucht. »Evolution ist«, wie Manfred Eigen sagt, »eine unumkehrbare Abfolge von Katastrophen.« Die alte Katastrophentheorie hatte dagegen die Funktion, die Durchsetzung der Evolutionstheorie zu verhindern. Denn der Hauptvertreter der alten Katastrophentheorie, der französische Baron Cuvier, der Begründer der vergleichenden Anatomie und der Paläontologie, bekämpfte gerade mit diesem Argument seinen Landsmann Lamarck, der ja schon vor Darwin die Evolutionstheorie aufgestellt hatte. Cuvier war – wie Linné – ein entschiedener Vertreter der Art- bzw. Typenkonstanztheorie. Andererseits konnte er selbst als Paläontologe nicht leugnen, daß sich im Laufe langer Zeiträume die Tierwelt völlig verändert hatte. Er nahm deshalb insgesamt vier große periodisch wiederkehrende Katastrophen an, bei denen »die Bewohner der trockenen Erde durch die Fluten verschlungen und die anderen, die den Schoß der Gewässer bevölkerten, mit dem plötzlich gehobenen Meeresgrund aufs Trockene geworfen wurden«. Einen Hauptbeweis für seine periodischen Katastrophen sah er in den fehlenden fossilen Bindegliedern. Mit dem Anwachsen der fossilen Funde wurde natürlich auch die Anzahl der Perioden immer größer. Sein Schüler Alcide de Orbigny brachte es bereits auf 27, bis schließlich der englische Geologe Charles Lyell, der Darwins Neubegründung der Evolutionstheorie den Weg bereitete, die Katastrophentheorie als eine Form des Dämonen- und Hexenglaubens entlarvte. Er erkannte auch den entscheidenden Fehler aller dieser alten Katastrophentheoretiker: Sie nahmen »Jahrhunderte an, wo Jahrtausende angezeigt sind, und Jahrtausende, wo die Sprache der Natur auf Jahrmillionen hindeutet«. Lyell konnte auch seine eigene Theorie der über lange Zeiträume hinweg ständig und auch heute noch wirkenden Ursachen durch geologische Beweise bekräftigen. Vulkanausbrüche, Erdbeben und Überschwemmungen hat es zwar immer gegeben, aber es handelt sich dabei immer nur um örtliche Katastrophen. Die eigentlichen Kräfte, die das Aussehen der Erde bestimmen, sind vielmehr stetig und fast unmerklich wirksam wie die Erosion der Gesteine durch Wind und Wetter. Die alte Katastrophentheorie, die zumindest bei Cuvier nur eine ad-hoc-Hypothese zur Rettung der Typenkonstanztheorie war, hatte durch die Argumentationen Lyells ihre Überzeugungskraft verloren. Die Kombination von Typenkonstanz- und Katastrophentheorie stellte ein nicht überlebensfähiges unfruchtbares Zwischending dar: Eine Veränderungstheorie ohne Evolution, die nur die Zerstörung des Alten, nicht aber die Entstehung des Neuen erklären konnte. Die moderne Katastrophentheorie beruht genau im Gegenteil auf einem, wie man sagen könnte, Prinzip der kreativen Zerstörung. Aber sie hat immer noch die wesentliche Funktion der alten Katastrophentheorie, die Verkürzung der Zeiten zu erklären. Betrachtet man nämlich den zeitlichen Ablauf der Evolution, so wie sie sich bisher abgespielt hat, dann ergibt sich das Problem ihrer zeitlichen Unwahrscheinlichkeit. Denn Evolution bedeutet Informationsvermehrung, d.h. das Entstehen neuer, immer komplexerer Ordnungen. Voraussetzung aber für eine solche Informationsvermehrung ist eine gewisse Diskontinuität. In der Darwinschen bzw. neodarwinistischen Evolutionstheorie wird diese Diskontinuität durch das Prinzip der Mutation ausgedrückt. Dieses Prinzip bedeutet jedoch eine Veränderung in Form von kleinen Schritten, im Sinne des Gradualismus der Mikroevolution. Eine derartige Veränderung in kleinen Schritten braucht aber unvorstellbar lange Zeit. Der klassische, auf Lyell und Darwin zurückgehende Gradualismus hatte daher immer die Tendenz, die Zeiten der Evolutionsprozesse auszudehnen. Trotz dieser immensen Zeitdehnung reicht die Zeit nicht aus, die man heute dem Sonnensystem zuschreibt, wenn man die Evolution der

Lebewesen nur als eine Folge von Mikroereignissen, d. h. von zufälligen Mutationen ansehen möchte. Man muß daher Optimierungsprozesse annehmen, die sowohl den Evolutionsprozeß beschleunigen als auch den Informationsprozeß verdichten.

Die wichtigste Optimierung, die im Laufe der Evolution selbst aufgetreten ist, ist die Entstehung von charakteristischen Zeiten für jede Strukturebene der Organismen. Daß solche Zeithierarchien überhaupt auftreten, ist bereits auf den verschiedenen Strukturebenen der physikalisch-chemischen Prozesse ersichtlich. Energetische Vorgänge spielen sich im Bereich von 10^{-24}-10^{-16} Sekunden ab, chemische Umwandlungen im Bereich von 10^{-11}-10^{-7} Sekunden. Elementare biochemische Reaktionen, wie z. B. die Ausbildung von Enzym-Substratkomplexen im Bereich von 10^{-8}-10^{-6} Sekunden und biologische Elementarprozesse auf molekularer Ebene wie z. B. kovalente Verknüpfung von Nukleotid- und Aminosäurebausteinen im Bereich von 10^{-3} bis zu 1 Sekunde. In diesem Bereich liegen auch jene physikalisch-chemischen Prozesse, auf denen sich die neuralen Strukturen unserer sinnlichen Wahrnehmung aufbauen. So erfolgt z. B. der Ionenfluß durch die Synapsen innerhalb von 10^{-4} Sekunden. Das primäre Zeiterleben des Menschen ist jedoch durch das Auflösungsvermögen unserer Sinnesorgane bedingt, deren charakteristische Zeiten im Bereich von Millisekunden liegen. Während wiederum die Speicherung der Information im zentralen Nervensystem Zeiten erfordert, die sehr viel größer als eine Millisekunde sind. Die biologischen Prozesse beanspruchen zum Unterschied von den ihnen zugrunde liegenden physikalisch-chemischen Prozessen längere Zeiten, die selbst wieder höchst unterschiedlich sind. Das haben bereits viele Autoren erkannt, unter anderem auch J. B. S. Haldane, der physiologische Prozesse, wie neurale Erregungsleitungen, Muskelkontraktionen, Relaxationszeiten, von physiologischen Entwicklungsprozessen unterschied, die sich in den Zeiträumen der Entwicklungszyklen von Lebewesen abspielen, die von 0,5 Minuten (Bakterien) bis zu 70 Jahren (Mammutbaum) reichen. Von diesen Lebens- bzw. Fortpflanzungszyklen sind wiederum historische Prozesse und Evolutionsprozesse zu unterscheiden. Diese verschiedenen Prozeßebenen bilden Zeithierarchien. Denn jeder dieser Prozesse baut auf einer sehr großen Anzahl von Prozessen auf, die schneller ablaufen als der betreffende Prozeß selbst. Haldanes Zeithierarchien sind aber auch, wie J. T. Bonner feststellt, Größenhierarchien: Kleine Moleküle bewegen sich schneller als große Moleküle; kleine Muskeln kontrahieren schneller als große; kleine Tiere entwickeln sich schneller als große Tiere. Nur beim Menschen ist eine starke Abweichung festzustellen. Er ist in seiner Entwicklung retardiert. Ein Faktum, das uns noch näher beschäftigen soll.

Das Entstehen »längerer« Zeiten hat jedoch eine wesentliche Konsequenz für die Beherrschbarkeit der Prozesse auf der tiefer liegenden Systemebene: Lebewesen, die durch solche längeren Zeiten gekennzeichnet sind, bewahren über sehr lange Zeiträume frühere Ereignisse in sich auf, während thermodynamische Vorgänge, wie etwa Mischungen von kalter und warmer Luft oder Wasser, die früheren Zustände nicht wiedererkennen lassen. Die Zeitlichkeit der Thermodynamik ist, wie Eigen es treffend charakterisiert, eine »schwache« Zeitlichkeit, die im eingestellten Gleichgewicht überhaupt verschwindet. Die Gleichgewichtseinstellung ist so etwas wie ein »Gedächtnisverlust« für den individuellen Mikrozustand, gleichgültig zu welchem Makrozustand er gehört.

Die »starke« Zeitlichkeit im biologischen Geschehen, die

sich auf allen Organisationsstufen, vom Ursprung des Lebens über die Phylogenie und Ontogenie der Lebewesen bis zu den neuralen Prozessen des menschlichen Bewußtseins manifestiert, baut auf der schwachen Zeitlichkeit des Nicht-Gleichgewichts auf. Sie ist ein Sonderfall der schwachen Zeitlichkeit und bedeutet eine eindeutige und makroskopisch-evidente Ausrichtung von Vergangenheit und Zukunft, die nicht umkehrbar ist. Denn man müßte zur Umkehrung des zeitlichen Ablaufes des makroskopischen Prozesses der Evolution auch das mikroskopische Detail reproduzieren, was aber, wie die klassische, seit Boltzmann, Poincaré und Zermelo geführte Diskussion zeigt, wegen der riesigen Wiederkehrzeiten unmöglich ist. Nicht Gleichgewicht und Ruhe, sondern Instabilität auf der molekularen Ebene der Elementarereignisse bildet die Voraussetzung der makroskopisch erfaßbaren Evolution. Das Durchschlagen sehr schneller elementarer Prozesse auf die makroskopische Ebene von Systemen mit längeren Zeiten geschieht durch eine lawinenhafte Verstärkung der darunter liegenden Elementarprozesse, die mit Recht und nicht nur im metaphorischen Sinn die Bezeichnung von »Katastrophen« verdienen. Denn sie bedeuten eine nicht mehr rückgängig zu machende Veränderung des makroskopischen Zustandes, in dem sich eine Alternative durchsetzt und eine andere unterdrückt wird.

Die Katastrophen der Evolution sind also Verzweigungen oder »Bifurkationen«, die von Fluktuationen auf der mikroskopischen Ebene in einem instabilen Zustand ausgelöst werden. Auf der makroskopischen Ebene der »starken Zeitlichkeit« stabilisiert sich das System nach dem Muster der Anpassung und Selektion, das jedoch von der Erhaltung der günstigen Umweltbedingungen bestimmt ist. Verändern sich aber die Umweltbedingungen so drastisch und schnell, daß keine genetische Anpassung mehr möglich ist, dann handelt es sich um eine jener äußeren Katastrophen im klassischen Sinn, die als einmalige Randbedingungen der Evolution nie auszuschließen sind. Solche Katastrophen haben aber nicht den Charakter von periodisch wiederkehrenden Ereignissen, wie Cuvier, ohne eine Begründung angeben zu können, meinte, sondern sie sind historisch einmalige Zufälle, die man weder berechnen noch verhindern kann, die aber auch extrem unwahrscheinlich sind.

An periodisch wiederkehrende zyklische Veränderungen, die ja im Kosmos nicht selten, sondern vielmehr die Regel sind, können sich die Lebewesen anpassen. Ja ihre eigenen charakteristischen Zeiten sind durch solche extraterrestrischen Vorgänge getaktet. So besitzen viele Lebewesen und auch der Mensch innere Uhren, die durch den Wechsel von Tag und Nacht den Rhythmus von Wachen und Schlafen regeln. Neueste Untersuchungen haben ergeben, daß es auch ein umfassendes Jahreszeitenprogramm gibt, das z. B. die gesamte Physiologie des Zugvogels bestimmt und das angeboren ist, wie Isolierungsexperimente gezeigt haben. Stare, die über viele Jahre hinweg dem Einfluß der Jahreszeiten entzogen wurden, entwickeln zweimal im Jahr wie ihre freilebenden Artgenossen Zugunruhe. Allerdings ging dabei die Synchronisation dieser Rhythmen mit der Umwelt verloren. Das gleiche war bei Isolierungsexperimenten bei Menschen in unterirdischen Kammern festzustellen. Wach- und Schlafzeit ergaben zusammen nicht 24, sondern 25 Stunden. Das heißt, die physiologische Uhr läuft, wenn sie nicht täglich korrigiert wird, in diesem Fall jedenfalls etwas zu langsam. Die Synchronisation muß immer wieder durch die periodischen Faktoren der Umwelt hergestellt werden, die als Zeitgeber funktionieren. Mit dem Besitz solcher biologischer Uhren, die die Zeitstrukturen der Umwelt abbilden, ist die Möglichkeit verbunden, Vorsorge für die kommenden Veränderungen zu treffen. Zugvögel können der drohenden Kälte ausweichen. Konkurrierende Arten können im gleichen Biotop unterschiedliche Zeit-Nischen besetzen, wie die Aufspaltung in tag- und nachtaktive Lebewesen zeigt. Vielleicht stammen wir Menschen von Nachttieren ab, die erst zu Tagestieren wurden, als die Tagesnischen durch den Untergang unserer Konkurrenten, der Reptilien, frei wurden.

Ob ein Vorgang als periodisch erlebt wird oder als einmalige katastrophale Veränderung, hängt von der Lebensdauer des Beobachters ab. Bereits Karl Ernst von Baer hat darüber spekuliert, welche Vorstellungen der Mensch mit nur 1/1000 seiner jetzigen Lebensdauer, also mit ca. 29 Tagen, von den Jahreszeiten haben würde: Könnte er die Erfahrung seiner Vorgänger benutzen, so würde er mit Staunen hören oder lesen, daß es Zeiten gegeben hat, in denen die Erde ganz mit einer weißen Substanz, dem Schnee, bedeckt war, das Wasser fest wurde und die Laubbäume keine Blätter trugen, daß es dabei sehr kalt war, später die Wärme wiederkehrte, das Wasser wieder floß und die Erde sich mit Gras und Blumen bedeckte und die Bäume sich mit Blättern bekleideten.

Man kann aber auch diesen Vergleich umkehren und sich das Leben des Menschen tausendmal verlängert vorstellen. Dann würden wir, in einer Lebensspanne weit hinausgehend über die geschriebene Geschichte der Menschheit, zyklische Vorgänge der Erdgeschichte miterleben, wie etwa die Perihelbewegung oder die Präzesionsbewegung der Erde, und wir würden vielleicht auch eine Verlangsamung der Erdrotation am eigenen Leib verspüren. Aber wir würden auch mit diesem tausendmal verlängerten Leben nie etwas von den großen Veränderungen des Sonnensystems und des Universums miterleben können.

Isaac Asimov hat vor kurzem eine Einteilung der Katastrophen vorgenommen, die zeigt, daß mit der Größe der Katastrophen ihre Bedeutung für den Menschen abnimmt, während jene Katastrophen, die immer kleinere Bereiche des Universums betreffen, dafür entsprechend akuter und bedrohlicher sind. Überträgt man diese Einteilung in die Terminologie der evolutionären Erkenntnistheorie, welche die kognitive Nische des Menschen als Mesokosmos vom Makrokosmos trennt, dann kann man folgende Arten von Katastrophen unterscheiden, die tatsächlich die stoßweisen Richtungsänderungen an den Wendepunkten der Evolution kennzeichnen:

- Die Katastrophen des Makrokosmos, die das gesamte Universum betreffen, sind nach unserem gegenwärtigen Wissensstand unausweichlich, spielen sich aber in so unvorstellbar großen Zeiträumen ab, daß sie für uns irrelevant sind. Aber in diesen Zeiträumen sind die Katastrophen unseres Sonnensystems, die aus dem Lebenszyklus unserer Sonne resultieren, eingeschachtelt. Sie führen unausweichlich zu Zuständen, die das gesamte Planetensystem unbewohnbar machen. Auch sie spielen sich jedoch in kosmologischen Zeiträumen ab. Wir aber leben in einem Winkel des Universums, sowohl in zeitlicher als auch räumlicher Hinsicht, und sind in dieser Nische von solchen Veränderungen wegen der Kürze unserer Lebensspanne und wegen unserer geringen Größe geschützt.
- Die Katastrophen des Mesokosmos stehen uns näher. Denn sie betreffen unsere ökologische Nische, die bereits von den Hominiden auf die ganze Erde ausgedehnt wurde. Daß dies überhaupt möglich war, ver-

danken wir allerdings nicht nur uns selbst. Denn der Aufstieg des Menschen aus dem Reich der Säugetiere hatte den Untergang der Dinosaurier zur Voraussetzung, die uns in dieser Hinsicht ein lehrreiches Beispiel sein können. Welche Katastrophe es auch immer war, exogener oder endogener Art oder beide zusammen, sie zeigt die Vergänglichkeit der Arten und Gattungen der Lebewesen, die meist auch mit einem Gigantismus und einer Überspezialisation einhergeht.

Der Gigantismus des Menschen liegt jedoch nicht in seiner Körpergröße, sondern in der verhältnismäßig zu seinem Körper überdimensionalen Hirngröße, die durch ein in der Evolution der Lebewesen einmaliges explosionsartiges Wachstum zustande kam. Doch ist das Hirnwachstum selbst nicht die eigentliche Katastrophe der Naturgeschichte. Es liefert nur die organische Grundlage für jenen großen Urknall des inneren Universums des menschlichen Bewußtseins, mit dem nicht nur die Richtung der genetisch-organischen Evolution geändert, sondern eine neue bisher gänzlich unbekannte Ebene erreicht wurde. Denn auf dieser Ebene kehrt sich auch die Richtung der Verursachung um, die bisher nur von »unten« nach »oben«, jetzt aber auch von »oben« nach »unten« laufen kann. Das heißt, das menschliche Bewußtsein als Produkt der genetisch-organischen Evolution beginnt die Natur selbst in katastrophaler und nicht mehr rückgängig zu machender Weise zu verändern. Die naheliegendsten und somit bedrohlichsten Katastrophen sind vom Menschen selbst hervorgerufen. Gegenüber den kosmischen Katastrophen scheinen sie, auch wenn sie zum Untergang der Menschheit überhaupt führen, geringfügig zu sein. Das hat bereits Oswald Spengler mit eiskaltem Pessimismus festgestellt: »Die Geschichte des Menschen ist kurz, ein plötzlicher Aufstieg und Fall in wenigen

Jahrtausenden, etwas ganz Belangloses im Schicksal der Erde.« Und selbst wenn der Untergang des Menschen mit der Zerstörung des ganzen Planeten verbunden ist, was Spengler noch nicht ahnen konnte, schrumpft in kosmologischer Sicht diese Katastrophe zu einem bedeutungslosen Ereignis zusammen: »An und für sich ist es bedeutungslos, welches Schicksal dieser kleine Planet hat, der irgendwo im unendlichen Raum für kurze Zeit seine Bahnen zieht.«

Damit ergibt sich die paradoxe Situation, daß gerade unser begrenzter Zeithorizont, der in der Hierarchie von längeren und kürzeren Zeiten sozusagen fast am untersten Ende steht und uns vor den Katastrophen des Makrokosmos schützt, zugleich das entscheidende Hindernis ist, die selbstgemachten Katastrophen zu erkennen. Unser artspezifisches Zeitbewußtsein, das von der Lebenszeit des menschlichen Individuums als »starker Zeitlichkeit« bestimmt ist, läßt es gerade noch zu, daß wir uns ernste Gedanken über das Schicksal der nächsten Generation, unserer Kinder machen. Es versagt aber bereits in jenen heute bereits realisierten Fällen, in denen wir den zukünftigen Generationen die Konsequenzen unseres gegenwärtigen Handelns aufbürden. Ein drastisches Beispiel dafür ist die »übermenschlich« lange Lebensdauer des von uns Menschen hervorgerufenen Atommülls, der die kommenden Generationen über Jahrtausende hinweg zu Wachhunden dieses Abfalls macht.

Fragt man nun nach dem Ursprung jenes Zeitbegriffs, der unsere Vorstellungen in so engen Grenzen hält, so gibt uns darauf die moderne Naturwissenschaft eine höchst differenzierte und komplexe Antwort.

Der *primäre Zeitbegriff* ist die »starke Zeitlichkeit« (Eigen) der Organismen, die in die Materialität ihres Trägers eingeflochten, makroskopisch evident ist und die Zeitrichtung von der Vergangenheit in die Zukunft eindeutig festlegt. In diesem Sinne hat auch jeder Organismus seine artspezifische Zeit (v. Uexküll). Jedoch alle Organismen haben dieselbe Zeitrichtung, und ihre verschiedenen Zeiten bilden Zeithierarchien. Die artspezifische Zeit des Menschen ist die mit Bewußtsein erlebte Zeit, die als mentale Funktion in allen ihren Teilaspekten, d. i. Erleben von Gleichzeitigkeit, Folge, Jetzt und Dauer, durch neurale Strukturen und Mechanismen bestimmt ist. Einige dieser Mechanismen sind bereits aufgefunden worden. So gibt es für die Anisotropie der erlebten Zeit eine neurobiologische Hypothese, nach der die Richtung des Zeitpfeils als räumlich geordnete Sequenz des Membranproteinsynthesesystems der Ribonucleinsäuren abgebildet wird. Diese »Neurobiologie des Zeitpfeils« (Grüsser) ist die eigentliche Erklärung der Anisotropie der erlebten Zeit des menschlichen Erkenntnissubjekts und von der Anisotropie der »schwachen Zeitlichkeit«, wie sie durch den zweiten Hauptsatz der Thermodynamik als physikalisches Konzept impliziert wird, unabhängig.

Schon aus der »erinnerten Zeit« zeigt sich, daß es im Grunde genommen keine Umkehr der Zeit gibt. Denn die Erinnerung ist keineswegs die inverse Operation des Zurückspulens des von der Vergangenheit über die Gegenwart in die Zukunft gerichteten Zeitablaufs. Wenn wir uns zurückerinnern, dann geschieht das nur durch verschiedene große Rückwärtssprünge, die uns mit einem Schlag an den zeitlichen Ort des vergangenen Geschehens zurückversetzen, und von dort aus erfolgt dann die Rückerinnerung der kontinuierlichen Einzelereignisse in der »Vorwärtsrichtung« (Grüsser). Oder anders ausgedrückt: wir springen in der Gegenrichtung des Bewußtseinsstromes zurück und lassen uns dann in der vorgegebenen Flußrichtung wieder nach vorwärts treiben.

Dieser primäre Begriff der »starken Zeitlichkeit« als neurobiologisches Konzept ist die Grundlage für den erkenntnistheoretischen Begriff der Zeit, die von Kant als »innerer Sinn« bezeichnet worden ist. Die Zeit als apriorische Anschauungsform oder als »innerer Sinn« des Erkenntnissubjekts hat daher eine eindeutige neurobiologische Referenz. Der erkenntnistheoretische Zeitbegriff ist damit empirisch gestützt und trotz seiner Apriorität als notwendige Bedingung möglicher Erfahrung keine bloße Spekulation mehr. Als primärer Zeitbegriff beruht er auf dem evolutionären Fundament einer Chronobiologie, welche die vorbewußten Rhythmen der Lebensvorgänge nach dem Takt äußerer Umweltvorgänge (Sonnenaufgang und -untergang usw.) steuert, und es ist zu vermuten, daß das Gefüge dieser biologischen Rhythmen und die Neuronennetzwerkprozesse der Zeitwahrnehmung aus demselben artspezifischen Zeitmoment konstruiert sind. Auf diesem evolutionär entstandenen neurobiologischen Fundament bauen sich jedoch konstruktiv Formen des bewußten Zeiterlebens auf, von denen man annimmt, daß daran weite Bereiche der Großhirnrinde teilnehmen, um die intermodale Zeitrechnung zu gewährleisten. Darüber sind die supramodalen Hirnfunktionen gelagert, die mit dem Raumerleben gekoppelt sind. Dabei sind die Sonderleistungen der beiden Großhirnhälften zu beachten, die man in großer Vereinfachung so unterscheiden kann, daß man der Arbeitsweise der linken Hemisphäre (des Rechtshänders) eine analytisch-logische Bearbeitung von Informationen über die Zeitachse zuspricht, während man der rechten Hemisphäre eine synthetisch-apperzeptive Bearbeitung von Informationen über die Raumkoordinaten zuschreibt. Über diese supramodalen Leistungen des Zeit- und Raumerlebens hinaus ergibt sich auf der höchsten Ebene der sog. metamodalen Hirnleitungspotenz der reflexiv-objektivierende Akt des Zeiterlebens, das auf den Träger des Zeiterlebens selbst bezogen ist. Das Selbstbewußtsein des Erkenntnissubjekts als des »in der Zeit existierenden Trägers der zeitlichen Erfahrungen« bildet den Ausgangspunkt für alle sekundären Zeitbegriffe, die in der Wissenschaftsevolution auftauchen.

Der *sekundäre Zeitbegriff* besteht daher aus einem ganzen Bündel von Konstruktionen, mit denen das Erkenntnissubjekt aus dem gehirnbedingten subjektiven Zeiterleben auszubrechen versucht. Das geschieht bereits im Bereich der vorwissenschaftlichen Erkenntnis sozialer Übereinkünfte. Die Konversationsmaschine erzeugt einen intersubjektiven Zeithorizont, in dem auch die einzelnen intersubjektiv gültigen Zeitintervalle mehr oder weniger konventionell festgelegt sind. Und die wissenschaftliche Erkenntnis ist dann nichts anderes als die verobjektivierende Erweiterung des ursprünglichen menschlichen Zeitbewußtseins, dem eine ständige theoretisch begründete, aber »anschaulich« nicht mehr faßbare Ausdehnung des Zeithorizontes entspricht. Die in der Wissenschaftsgeschichte auftretenden Zeithorizonte sind somit die Widerspiegelungen des Zeitbewußtseins des menschlichen Erkenntnissubjekts.

Die Ausdehnung der Zeithorizonte und der sekundäre Zeitbegriff

Geht man auf die Anfänge wissenschaftlicher Erkenntnis in den Hochkulturen zurück, dann stößt man auf die Megalithbauten und Pyramiden. Die Beziehung dieser Bauten zum menschlichen Zeitbewußtsein war schon den Arabern klar. So sagt der im Jahre 1175 n. Chr. gestorbene Rechtsgelehrte Umara al-Jamani über die großen Pyramiden von Gizeh: »Das sind Bauten, die sogar die Zeit fürchtet, und es fürchtet doch alles in der sichtbaren Welt die Zeit.« Sie sind daher nicht nur die steinernen Zeugen induktiv gewonnenen astronomischen Wissens, sondern zugleich auch das zu Stein gewordene Zeitbewußtsein der alten Ägypter. Wie die ägyptologische Forschung nachgewiesen hat (Assman), gibt es im Ägyptischen kein Wort, das so abstrakt und umfassend ist wie unser Wort »Zeit«, aber eine Menge von Wörtern, die alle mit Zeit zu tun haben. So gibt es Wörter, die sich auf die Zeit von etwas und für etwas beziehen und soviel wie »Augenblick«, »Moment« bedeuten und auf einen bestimmten Zeitpunkt eines Ereignisses oder eines Phänomens hinweisen, an dem sich dieses am charakteristischsten und vollsten entfaltet. Und es gibt auch ein Wort für die abgemessene Zeitspanne, das »akau« lautet und auch spezifisch die »Lebenszeit« des Menschen bedeutet. Von diesem Begriff der individuell begrenzten Zeitspanne ist jedoch der Begriff »neheh« zu unterscheiden, der meist in Gegenüberstellung zu einem anderen Begriff »djet« vorkommt und in diesem Zusammenhang als »Anfang« oder »Morgen« dem Begriff »djet« als »Ende« oder »Nacht« gegenübergestellt ist. Die duale Einheit beider Begriffe aber bildet den Begriff der »ewigen Zeit«, von dem der eine Teil den resultativen Aspekt der Zeit als gegenwärtige und unendliche Fortdauer dessen, was sich in der Zeit vollendet hat (djet), darstellt und der andere Teil den virtuellen Aspekt der Zeit als Oberbegriff der Zeitfiguren, d.h. der Stunden, Tage, Monate, Jahreszeiten und Jahre, betrifft, die in unendlicher Folge dem Neheh als einem unerschöpflichen Vorrat entströmen. Diese semantische Interpretation der altägyptischen Anschauungsform der Zeit, wie sie sich in den Begriffswörtern, die sich auf die Zeit beziehen, und im Tempussystem der altägyptischen Sprache nachweisen läßt, erklärt auch jene bereits von dem Griechen Hekaitos von Abdera (350-290 v. Chr.) getroffene Feststellung, daß die Ägypter das irdische Leben zu kurz fanden, als daß es sich lohnte, steinerne Wohnhäuser zu errichten. Ihre Wohnhäuser waren für sie nur bloße »Herbergen« oder »Absteigequartiere«, die sie in Lehm und Holz ausführten. Alle Mühe und Anstrengung verwandten sie dagegen auf den Bau ihrer »ewigen Häuser«, der Pyramiden. Die Verewigungstechnik, die schon Plato hervorgehoben hat und die nicht nur in den Mumien und Gräbern, sondern auch in allen Kunstwerken zu erkennen ist, so daß manchmal die Datierungen um 2000 Jahre schwanken, weist auf eine grundlegende Spaltung des Zeitbegriffes hin: Die alten Ägypter hatten zwar schon das Bewußtsein von einer das eigene subjektive Zeiterleben und die eigene Lebenszeit übersteigenden Zeit. Aber diese »Zeit« fiel bei ihnen mit der ewigen Zeitfülle zusammen, außerhalb derer nichts gedacht werden kann, und die mythologisch durch den »Uroboros«, das Symbol der sich in den Schwanz beißenden Schlange, dargestellt wurde. Ansonsten blieben sie im Gefängnis des subjektiven Zeiterlebens, wie dessen verobjektivierende Darstellung im Kalenderwesen bezeugt: Gemessen wurde die Zeit in Stunden, Tagen, Dekaden, Monaten, Jahreszeiten und Jahren. Begriffe für größere Zeiteinheiten als das Jahr gab es nach gegenwärtigem ägyptologischen Wissen nicht. Die Jahre wurden nicht zu höheren Einheiten summiert, sondern das Jahr selbst bildet den größten Zyklus, der nach seinem Ablauf die Zeit von neuem beginnen läßt. Größere Perioden, wie die Apis-Periode von 25 Jahren und die Sedfest-Periode von 30 Jahren, beruhen eindeutig auf dem Generationsbegriff. Auch bei der Thronbesteigung eines neuen Pharao wurde wieder beim Jahr 1 begonnen. Mit anderen Worten, der Zeitbegriff der alten Ägypter war nicht über die natürliche Lebensspanne des Erkenntnissubjekts ausdehnbar. Alles, was darüber reichte, gehörte bereits zur »Ewigkeit«.

Die sogenannte Phönix-Periode von 652 Jahren und die Sothis-Periode von 1460 Jahren, die nach den Berichten griechischer und römischer Schriftsteller bei den Ägyptern in Gebrauch waren, lassen sich in den ägyptischen Quellen selbst nicht nachweisen. Sie gehören jedenfalls einer späteren Periode an, da sie bereits hohe astronomische Kenntnisse voraussetzen. Denn die Phönix-Periode muß mit dem astronomischen Ereignis des Merkurdurchganges durch die Sonne in Zusammenhang gebracht werden, während die Sothis-Periode sich auf den Aufgang des Sirius am Südhimmel bezieht, der kurz vor Eintritt der Nilschwelle stattfand: Das Eintreten der Nilschwelle war für die ägyptische Landwirtschaft ein so bedeutsames Ereignis, daß dem Sirius, der es verkündete, größte Aufmerksamkeit geschenkt wurde. Weil er als der hellste Stern im Sternbild des Großen Hundes wie ein treuer Wachhund seine Dienste versah, erhielt er den heute noch gängigen Namen »Hundsstern«. Da aber das altägyptische Jahr, das mit dem ersten Tag der Nilschwelle beginnt, ursprünglich nur in 365 Tage eingeteilt war, d. h. um ¼ Tag zu kurz war, trat nach 4 Jahren eine Verspätung von einem Tag, in 128 Jahren von 31 Tagen und nach 1468 altägyptischen Jahren eine Verspätung von 365 Tagen ein, wodurch sich die Überschwemmung in 1461 zu kurzen »beweglichen« altägyptischen Jahren nur 1460-mal wiederholte. Dieser Zeitraum wurde Hundsstern-, Sothis- oder Sirius-Periode genannt. Nach dem römischen Chronologen Censorius begann am 21. Juli 139 n. Chr. eine neue Periode. Rechnet man zurück, so kann man die Vermutung über den Anfang des altägyptischen Kalenders zurückverfolgen, entweder bis 4241 v. Chr. oder, was wahrscheinlicher ist, bis zum Jahre 2781 v. Chr., was wiederum zu Spekulationen führen mußte, ob man für die Anlage der absteigenden Gänge oder sonstiger Passagen oder Stollen der Cheopspyramide den Sirius angepeilt hätte, dessen Kulmination zwischen ungefähr 26° 18′ und 28° 18′ dem Neigungswinkel der Gänge von etwa 26° 30′ gut entspricht (Oeser, 1979, Bd. 1).

Wann immer auch diese Vorstellung vom »großen Jahr« der Himmelsperiode im alten Ägypten aufgetreten sein mag, sie ist der eindeutige Hinweis der Ausdehnung des subjektiven Zeithorizontes des menschlichen Erkenntnissubjektes, erzwungen mit den Mitteln einer prätheoretischen induktiven Himmelsbeobachtung. Ob diese größere Zeitperiode erst zustande kam, nachdem die Ägypter mit babylonischen Vorstellungen in Berührung gerieten, ist eine sekundäre kulturgeschichtliche Fragestellung. In den babylonischen Texten ist jedenfalls seit dem 6. Jh. v. Chr. diese Vorstellung vom »großen Jahr« oder besser gesagt von »großen Jahren« als großen zeitlichen Perioden, die mit astronomischen Erscheinungen zusammenhängen, nachweisbar. Obwohl auch hier wiederum die Hauptquellen sekundäre hellenistische Werke sind, wie die »Babyloniaca« des Berossos. Lange vor Berossos, allerdings ohne Zahlenangabe, wird das »Große Jahr« bereits bei Platon und Aristoteles erwähnt und war davor auch

Pythagoras und den Pythagoreern bekannt. In den neubabylonischen Texten sind es vor allem lange Perioden, die durch die Wiederkehr von Planeten und Planetengruppen an demselben Ort am Himmel markiert werden. Als Grundeinheit solcher Planetenperioden wird der »Saros« bei den griechischen Schriftstellern angegeben, was eine Wiedergabe des babylonischen »Järu« darstellt, der eine Periode bedeutet, in der sich die Finsternisse (Sonnen- und Mondfinsternisse) in gleicher Reihenfolge wiederholen. Eine solche Periode beträgt 18 Jahre und 11 Tage. Als Saros wird aber auch eine viel größere Periode von 3600 Jahren bezeichnet. Mit solchen Zeiteinheiten lassen sich dann durch Multiplikation, also durch Berechnung und nicht mehr durch Beobachtung, noch größere Perioden gewinnen, die das menschliche Zeitbewußtsein bereits ins Unfaßbare ausdehnen. So sind für Berossos 600 Saroi = 2 160 000 Jahre seit der Schöpfung der Welt über die Sintflut und die historischen Könige von Babylon bis Alexander dem Großen vergangen und nach Diogenes von Babylon vergehen 1800 Saroi = 6 480 000 Jahre, bis alle Planeten gleichzeitig wieder an ihrem Ausgangspunkt ankommen. An solche Vorstellungen einer langen Periode, die ein gemeinsames Vielfaches der Umlaufzeiten aller Planeten darstellt, knüpft sich auch die Lehre von der ewigen Wiederkehr des Gleichen, in der sich wieder Zeit und Ewigkeit zu einem absolut deterministischen System verbinden, das sogar noch die Wahrscheinlichkeitstheorie des 18. Jh. als Rahmen bestimmt und die spekulative Grundlage für Zahlenangaben bildet.

Die Ausdehnung des Zeithorizontes, die damit erreicht worden ist, bedurfte also einer Struktur, an der das neurobiologisch beschränkte Zeitbewußtsein des menschlichen Erkenntnissubjekts emporklettern konnte. Die Leiter dafür waren die jahrhunderte-, vielleicht jahrtausendelangen Beobachtungen astronomischer Phänomene, die induktiv über Generationen gesammelt und durch berechnende Extrapolation fortgesetzt wurden. Erst dadurch kommen Strukturen in das uns umgebende Meer der Ewigkeit hinein, für das das endliche Bewußtsein des Menschen keine Vorstellung besitzt und deswegen auch davor schaudert. Die Grenzen eines strukturierten Zeitbewußtseins, das die babylonische Astronomie als prätheoretisch messende und ausrechnende Wissenschaft erreichte, konnten weder durch die theoretisch begründete griechische Wissenschaft noch durch die klassische Physik der Neuzeit erweitert werden. Vielmehr kollabierte dieser bereits früh erreichte Horizont unter dem Druck religiöser Vorstellungen auf einen wesentlich engeren zusammen. Anlaß dazu war die jüdisch-christliche Eschatologie, die die Chronologie des Mittelalters und der beginnenden Neuzeit in den engen Grenzen jenes mythischen, bereits im iranischen Zoroastrismus vorbereiteten Zeitraumes von 6000 Jahren hielt. Für einen Wissenschaftler wie Newton, der sich als Nachfolger der alten Magier oder Priestergelehrten von Ägypten und Babylon ansah, war es klar, daß zwischen der Geschichte des physischen Universums und der Geschichte der Menschheit eindeutige Entsprechungen vorhanden sind, und zwar in der Weise, daß ein chronologisches Ereignis der politischen Geschichte der alten Welt übersetzt werden kann in ein astronomisches Ereignis und umgekehrt. Das war die Grundvorstellung seiner Chronologie, von der er selbst sagt: »Ich habe die chronologischen Tafeln aufgestellt, damit die Chronologie in Übereinstimmung gebracht werde mit dem Lauf der Natur, mit der Astronomie, mit der heiligen Geschichte, mit Herodot, dem Vater der Geschichte, und mit sich selbst.« (Oeser, 1979, Bd. 1) Damit werden die wörtlich genommenen Zahlenangaben der Lebzeiten der jüdischen Stammeshäuptlinge und Könige, Propheten usw. seit Adam und Eva zum Maßstab für die zeitliche Dimension des Universums. Nach der klassischen Formel, die von den Kirchenvätern in bezug auf die Gesetzgebung am Berg Sinai festgelegt worden ist und die da lautet: »Zweitausend Jahre vor dem Gesetz, zweitausend Jahre unter dem Gesetz und zweitausend Jahre nach dem Gesetz oder nach Christus« durfte der Anfang der Welt nicht weiter als 4000 Jahre vor Christus zurückliegen. Tatsächlich findet man zwar nicht bei Newton selbst, aber in den zeitgenössischen Geschichtsbüchern recht genaue Angaben über den Weltschöpfungstag: So wird er in einem Kompendium der Weltgeschichte aus dem Jahre 1722 ganz genau mit dem 26. Oktober 3947 v. Chr. angegeben.

Vergleicht man diesen Zeithorizont mit den Raumanschauungen der klassischen Newtonschen Physik und Astronomie, dann wird deutlich, wie ungleich schwieriger die Erkenntnisschwellen der Zeit gegenüber denen des Raumes zu überwinden sind. Während sich der Rand der Welt zu Newtons Zeiten bereits in unermeßliche Entfernungen ausgedehnt hat, bleibt das Gefängnis der erlebbaren Zeit außerordentlich eng. Was sich nicht in dem natürlichen, artspezifischen Maß der individuellen Lebenszeit, also in Generationen, ausdrücken ließ, blieb jenseits des Verständnisses.

Auch die Zeittheorien, die die Grundlage für die Weiterentwicklung der Zeitbestimmung, sei es Zeitrechnung (Chronologie) oder Zeitmessung (Chronometrie), bilden, hielt sich in diesem Rahmen. Denn der Begriff der »absoluten Zeit«, der als konstruktiver Zeitbegriff in der klassischen Mechanik entsteht und nichts anderes bedeutet als ein Parameter von Bewegungsvorgängen, ist bereits eine der Konsequenzen der umfassenden aristotelischen Zeitlehre. Umfassend ist die Zeittheorie des Aristoteles deswegen, weil bei ihm der Begriff der physikalischen Ortsbewegung unter den Oberbegriff der »Veränderung« fällt, der auch die Begriffe des Werdens und Vergehens enthält und damit auch die biologische und geschichtliche Zeit, die direkt auf dem primären Zeitbegriff beruht. Darauf hat mit ausdrücklichem Bezug auf Aristoteles I. Prigogine hingewiesen, wenn er sagt, daß die Zeit ein ursprünglicher Begriff ist, der jeder wissenschaftlichen Bemühung vorausgeht (Prigogine/Stengers). Keine Erforschung der Umwelt und um so weniger eine physikalische Beschreibung, sei sie nun reversibel oder irreversibel, ist ohne eine zeitlich orientierte Aktivität denkbar. Die Vorbereitung eines Experimentes verlangt, daß zwischen »vorher« und »nachher« unterschieden wird. Nur weil wir uns der Irreversibilität des Werdens bewußt sind, können wir reversible Bewegungen erkennen. Oder im Sinn der evolutionären Erkenntnistheorie ausgedrückt: Das reale menschliche Erkenntnissubjekt bringt als Lebewesen in seinen neuralen Strukturen eine angeborene »Theorie der Zeit« mit, die sich im Kern auf die Struktur der Zeitrichtung oder des irreversiblen »Vorher« und »Nachher« reduzieren läßt. Die Rekonstruktion eines gemeinsamen kosmischen Zeitpfeils im Sinne der Thermodynamik ist eine konstruktive wissenschaftliche Leistung, die nicht aus der angeborenen Anisotropie des primären Zeitbegriffs direkt abzuleiten ist. Sie ist vielmehr die Weiterentwicklung des engeren Konstruktes des Zeitbegriffs der klassischen Mechanik, der eine eigene Zeittheorie zugrunde liegt, die selbst wiederum in ihrem Ursprung noch auf die antike Zeitlehre zurückzuführen ist.

Die Ausdehnung des Zeitbewußtseins über den engen artspezifischen angeborenen Rahmen der »physiologischen Zeit« des Menschen mit Hilfe einer konstruktiven Zeittheorie ist ein wesentlich sichererer Weg als die prätheoretischen Extrapolationen von Zeiträumen, wie sie in den alten Hochkulturen üblich waren. Während diese weitgehend willkürlichen, durch keine Theorien gestützten Extrapolationen bei der geringsten Belastung durch außerwissenschaftliche Vorstellungen wieder in den Bereich mesokosmischer Erkenntnis zurückschnurrten, bietet die rationale Theorie der Zeit einen sicheren Halt gegen solche Erkenntnisatavismen. Die Aristotelische Zeitlehre liefert den ersten Anhaltspunkt eines theoretisch-konstruktiv erweiterten Zeitbegriffs, der für viele Interpreten zirkulär erscheint: Zeit ist auch die Zahl der Bewegung hinsichtlich des Früher oder Später. Daraus ist ersichtlich, daß Aristoteles das Problem der Zeitordnung von vornherein mit dem Problem der Zeitmessung verknüpft.

Diese vorausgesetzte Einheit von topologischer und metrischer Zeit bildet bis in die Neuzeit die Grundlage des physikalischen Zeitbegriffs. Für sie gibt es im aristotelischen System einen kosmologischen Grund: Wie die Himmelskugel der gemeinsame Ort aller irdischen Dinge ist, so ist die Drehung der Himmelskugel die erste Bewegung, die den »chronos«, die Zeit, erzeugt. Diese Zeit umfaßt alle Ereignisse der Welt und existiert daher auch nicht außerhalb und unabhängig von ihr. Gemessen kann sie auch nur durch Bewegungen werden, die auf Kreisbahnen verlaufen. Dadurch erfährt die im prätheoretischen Wissen unreflektiert vorausgesetzte Tatsache, daß die für die Zeitrechnung verwendeten Zeitmaße, die aus verschiedenen zyklischen Vorgängen, wie aus den Bewegungen von Sonne, Mond und Sternen, gewonnen wurden, eine gewisse Übereinstimmung besitzen, eine »natürliche« Erklärung. Denn die Zeit ist ein Bestandteil der materiellen Welt der geordneten Bewegungsvorgänge, die selbst wiederum die Ordnung der Zeit erzeugen. Erst im Mittelalter wird wieder die Frage gestellt, ob die Zeit überhaupt als solche existiert. Die klassische Autorität war Augustinus, der zu folgender paradoxen Überlegung kam: Die Zeit kann nichts Reales sein, denn die Teile, aus denen sie besteht, sind selbst nicht real: Die Vergangenheit ist nicht mehr, die Zukunft noch nicht und der gegenwärtige Augenblick nur ein Punkt, der selbst aus dem Kontinuum der Zeit herausfällt. Die Scholastik vermochte dieser Konsequenz durch einen metaphysischen Zeitbegriff zu entgehen, der jedoch mit der aristotelischen Auffassung nicht mehr zu vereinen war.

Diese Vorstellung einer »von Ewigkeit her und vor Erschaffung der Welt bestehenden Zeit«, die Geraldus Odonis zugeschrieben wird, läßt bereits den absoluten Zeitbegriff der klassischen Mechanik erkennen, der ohne Bezug auf Dinge oder deren Bewegung, aber auch ohne Bezug auf das subjektive Erleben von Zeit definiert wird. Die berühmte Stelle aus Newtons »Philosophiae naturalis principia mathematica« lautet: »Die absolute, wahre und mathematische Zeit verfließt an sich und vermöge ihrer Natur gleichförmig und ohne Beziehung auf irgendeinen äußeren Gegenstand.« Unabhängig von der metaphysisch-ontologischen Begründung, die auch Newton kennt, wenn er von der absoluten Zeit und dem absoluten Raum als »Sinnesorgane Gottes« (sensorium Dei) spricht, handelt es sich hier um eine theoretisch-methodologische Konstruktion, von der der gesamte Aufbau der klassischen Mechanik abhängt. Denn mit der Festlegung eines solchen idealen, von jeder Realisierung unabhängigen Zeitbegriffes ist klar, daß alle Vorgänge auf die gleiche Zeit bezogen werden müssen. Das betrifft sowohl die zeitliche Reihenfolge der Ereignisse im Sinne von »früher« und »später« als auch die metrische Zeit, weil sich unabhängig von Ort und Bewegungszustand alle Vorgänge auf die absolute Zeit im Sinne eines universalen Zeitmaßes beziehen lassen. Damit erübrigt sich auch eine Erklärung für die offensichtlich vorhandenen und tatsächlich beobachtbaren Korrelationen zwischen verschiedenartigen und voneinander entfernten Vorgängen im Universum. Denn wenn sich alle Vorgänge nach der absoluten Zeit richten, ist eine kausale Verbindung zwischen ihnen gar nicht erforderlich (Mittelstaedt).

Erklärungsbedürftig wird diese bemerkenswerte Übereinstimmung von so verschiedenen Vorgängen sowohl in bezug auf die Zeitrichtung als auch Zeitmetrik dann, wenn man den absoluten Zeitbegriff Newtons fallen läßt. Das hat bekanntlich Ernst Mach getan, der die »metaphysischen Begriffsungetüme« des absoluten Raumes und der absoluten Zeit Newtons kritisiert hat. Die Folge davon aber ist, daß jede physikalisch brauchbare Definition einer einheitlichen Zeit von einem besonders ausgezeichneten Vorgang ausgehen muß, auf den sich Topologie und Metrik der Zeit beziehen. Bereits Mach hat vermutet, daß dieser ausgezeichnete reale Vorgang mit der »Entropie des Weltalls« gegeben ist, ohne freilich bestimmen zu können, was konkret darunter zu verstehen sei. »Es wird nicht gesagt, ob diese kosmische Uhr nur die Zeitrichtung universell festlegt oder ob sie darüber hinaus auch als Maß für die metrische Zeit Verwendung finden kann. Insbesondere bleibt unklar, ob und auf welche Weise die Entropie der Welt Einfluß nehmen kann auf die Zeitrichtung und auf den Gang aller konkreten Uhren, die diese absolute Zeit mehr oder weniger gut zu messen ermöglichen.« (Mittelstaedt) Unter diese konkreten Uhren fallen auch die biologischen Uhren, so z. B. der Mensch selbst mit seiner artspezifischen physiologischen Zeit, die Mach als evolutionärer Erkenntnistheoretiker in seine Betrachtungen miteinschließt, indem er die subjektive »Empfindung der Dauer« durch Hinweis auf Entsprechungen mit Vorgängen in der Außenwelt zu verobjektivieren versucht. Er war damit jedenfalls von jenen Auffassungen weit entfernt, die subjektive und objektive Zeit strikt trennen oder gar wie Augustinus und Bergson die Zeitlichkeit überhaupt auf das subjektive Erleben beschränken wollten. Einen weiteren Schritt zur Objektivierung des Zeitbegriffes über Mach hinaus gelang Ludwig Boltzmann. Wie schwer dieser Schritt war und auch noch heute ist, zeigt das historische Faktum, daß Boltzmann aufgrund des Umkehreinwandes von Loschmidt und des in die gleiche Richtung gehenden Wiederkehreinwandes von Zermelo die Gültigkeit der phänomenologischen Form des zweiten Hauptsatzes der Thermodynamik auf lokale Bereiche einschränkte und für das Universum im Ganzen das thermische Gleichgewicht annahm. Das bedeutet, daß nach Boltzmanns Auffassung das Universum als Ganzes im thermischen Gleichgewicht ist und deshalb keine Anisotropie vorhanden ist, die eine bestimmte Zeitrichtung auszeichnen könnte. Diese existiert nur für die Bewohner bestimmter Regionen, in denen Abweichungen vom thermischen Gleichgewicht als Schwankungen auftreten. Eine derartige Hypothese raubt jedoch dem Zeitbegriff nicht seinen objektiven Status, wie Popper meint, denn die Entfernung vom thermodynamischen Gleichgewicht in diesen Untersystemen des Universums ist selbst ein realer physikalischer Zustand.

Eine ähnliche Hypothese läßt sich auch für das größte beobachtbare gerichtete Phänomen, die Expansion des Universums aufstellen. Denn man kann auch das ganze Universum sich in einem Gleichgewichtszustand vorstellen und Expansion wie Kontraktion als bloß regionale Ereignisse in großen Galaxiehaufen ansehen. Die Objektivität der Zeitrichtung wäre auch hier nicht verlorengegangen, sie hätte nur eine unnötige und unkontrollierbare

Vervielfältigung erfahren. Daher läßt sich die Expansion als Begründung eines objektiven und einheitlichen kosmologischen Zeitpfeils ansehen, der auf den Grundgesetzen der Gravitation beruht.

Unabhängig von der kosmologischen und thermodynamischen Begründung des Zeitpfeiles kommt jedoch noch aus einem anderen Gebiet der Physik ein Hinweis auf die topologische Struktur der Zeit: aus dem Gebiet des Elektromagnetismus. Er besteht zunächst in der einfachen Tatsache, daß elektromagnetische Strahlen die Tendenz haben, sich über den gesamten Raum auszubreiten. Von zwei Ereignissen ist demnach dasjenige später, bei dem ein elektromagnetisches Signal sich bereits weiter ausgebreitet hat. Wie aber dieser lokale Zeitpfeil mit den globalen kosmischen und thermodynamischen Zeitpfeilen zusammenzubringen ist, ist eine andere Frage. Innerhalb der Physik wäre jedenfalls eine derartige homogene Reduktion denkbar. Versuche in diese Richtung wurden ja auch schon unternommen. Das Phänomen der Strahlung, also die Aussendung und Fortpflanzung elektromagnetischer Energie, weist im gesamten Universum eine Eigenart auf: Auf eine beschleunigte Ladung wirkt eine instantan einsetzende Dämpfungskraft ein. Die übliche Erklärung des Mechanismus, der als Ursprung dieser Strahlungsdämpfung in Frage kommt, bezog sich immer nur auf die Wirkung der Strahlungspartikel aufeinander. Denn nach klassischer Auffassung wird Strahlung einfach aufs Geratewohl emittiert, um irgendwo und irgendwann einmal wieder absorbiert zu werden. Eine neue Vorstellung, die von Wheeler und Feynman aufgrund eines viel weiter zurückreichenden Vorschlags von Tedrode entwickelt worden ist, sieht jedoch in der Emission und Absorption einander bedingende Vorgänge. Das bedeutet aber in letzter Konsequenz, daß bei jeder Emission von Strahlung schon vorherbestimmt ist, wann, wo und wie die Absorption erfolgen wird. Das hat bereits Tedrode (1922) in einer betont paradoxen Formulierung ausgesprochen, die bereits dem anthropischen Prinzip Wheelers sehr nahe kommt: »Wenn ich nun z. B. gestern abend durch mein Fernrohr jenen Stern betrachtet habe, der, sagen wir, 100 Lichtjahre entfernt ist, so wußte nicht nur ich, daß das Licht, das er in mein Auge gelangen ließ, vor gerade 100 Jahren von ihm emittiert wurde, sondern auch der Stern oder doch einzelne seiner Atome wußten gewissermaßen schon vor 100 Jahren, daß ich, der damals noch gar nicht existierte, gestern abend um soundsoviel Uhr ihn betrachten würde, und sie wußten auch etwas von den Dimensionen meines Fernrohrs, dem Ort seiner Aufstellung, den Brechungsindizes seiner Linsen, von meinem Auge usw.«

Unabhängig von diesen scheinbar idealistisch-teleologisch klingenden erkenntnistheoretischen Konsequenzen kann man jedoch diese Absorbertheorie des Elektromagnetismus zu einer kosmologischen Begründung eines elektromagnetischen Zeitpfeils benutzen. So fassen Hogarth und Narlikar das Universum nicht als opake Höhlung voll von Absorbern auf, sondern gehen von einem dynamischen Universum aus, in dem die Absorber im Zukunftsbereich eine andere Rolle spielen als im Vergangenheitsbereich (Kanitscheider). Das Wesentliche dabei ist, daß auch bei nur geringem Unterschied in der Wirksamkeit der beiden Klassen von Absorbern eine von beiden das Übergewicht erhält, wobei die vom Absorber zurückkehrende Strahlung die avancierten Potentiale auslöscht und die retardierten verdoppelt. Damit hat die Strahlungsdämpfung eine Erklärung durch die kosmologische Begründung des elektromagnetischen Zeitpfeils gefunden. Faßt man nun alle empirischen Hinweise und

Theorien über die Gerichtetheit der Zeit zusammen, so ergibt sich eine ganze Hierarchie von Zeitpfeilen:

- Der kosmologische Zeitpfeil, der auf dem Phänomen der Expansion des Universums beruht. Dieses Phänomen ist empirisch sowohl durch die Beobachtung der Fluchtbewegung der Galaxien (erkennbar an der Rotverschiebung) als auch durch die Feststellung der sog. schwarzen Hintergrundstrahlung, die ein deutlicher Hinweis auf den Urknall ist, begründet und durch die Gravitationsgesetze erklärbar.
- Der thermodynamische Zeitpfeil, der auf den Gesetzen der statistischen Mechanik beruht und mit der Expansion des Universums vereinbar ist, gleichgültig, ob es sich um ein ewig sich ausdehnendes, den »Wärmetod« oder besser gesagt »Kältetod« erleidendes Universum oder um ein pulsierendes Universum handelt, das zwischen Zuständen steigender Entropie (Expansion) und sinkender Entropie (Kontraktion) abwechselt.
- Der elektrodynamische Zeitpfeil, der auf der lokalen Ausbreitung elektromagnetischer Strahlung beruht und über eine Theorie der Strahlungsdämpfung mit dem kosmologischen Zeitpfeil verbunden werden kann.
- Der biologische Zeitpfeil, der auf der topologischen Struktur der »starken Zeitlichkeit« der Organismen beruht und deshalb nicht auf den kosmologischen bzw. physikalischen Zeitpfeil zurückgeführt werden kann.
- Der psychologische Zeitpfeil, der auf dem physiologisch begründbaren Zeitempfinden beruht, das im neurobiologischen Zeitpfeil eine eindeutige Referenz besitzt.

Entsprechend dieser Hierarchie der Zeitpfeile gibt es daher auch eine Hierarchie der Zeithorizonte, die ineinander eingeschachtelt sind. Mit der Theorie des evolvierenden Universums hat sich der Zeithorizont schlagartig ausgedehnt. Wie die geschlossene Himmelskugel der Fixsternsphäre geplatzt ist, so platzt nun auch der eng begrenzte Zeithorizont. Trotzdem hat aber auch dieser Zeithorizont seine Grenzen, die in der modernen Kosmogonie unter den Begriffen Ursprung und Ende der Zeit diskutiert werden. Formal läßt sich diese Vorstellung durch die Existenz eines natürlichen Null- und Endpunktes der Zeitskala ausdrücken (Kanitscheider). Als Nullpunkt oder Beginn einer solchen universellen Zeitskala ist der Urknall anzusehen. Bei einem ewig expandierenden Universum gibt es folglich auch keinen Endpunkt auf dieser Zeitskala. Diesen Endpunkt gibt es nur in einem kollabierenden Universum. Der Endpunkt der Kontraktionsphase ist zugleich das Ende aller Zeit. Nach diesem Endpunkt kann es nur eine neue Zeit geben, die mit einer neuen Expansionsphase eines neuen Universums entsteht. Anfangs- und Endpunkt eines solchen räumlichen Prozesses werden als »Singularitäten« bezeichnet. Diese reichlich phantastische Vorstellung hat jedoch in den sog. »schwarzen Löchern« einen empirischen Anhaltspunkt. Denn ein solches schwarzes Loch ist nichts anderes als ein lokaler, auf einen Stern begrenzter Gravitationskollaps und somit auch ein raumzeitlicher Endpunkt im Sinn einer Singularität. Wheeler nennt daher auch die schwarzen Löcher »Tore der Zeit«. Diese schwarzen Löcher, ebenso wie ihre zeitlich gespiegelten Gegenstücke, die »weißen Löcher«, und andere Gravitationsanomalien sind auch nach Penrose der Grund, warum die Kontraktionsphase nicht mehr zu dem kompakten Gleichgewichtszustand der Expansionsphase zurückführt. Außerdem bilden die schwarzen Löcher als pathologische Raumzeiten ein theoretisches Exerzierfeld für Physiker und Kosmologen. Allerdings muß man sich erkenntnistheoretisch zu einem nichtempirischen Standpunkt durchringen, der prinzipiell auf Beobachtbarkeit verzichtet. Denn die Reise ins Innere eines schwarzen Loches ist für jede Art von Beobachter mit katastrophalen Konsequenzen verknüpft: Er wird verschluckt und in Nichts aufgelöst. Aber wer als Gedankenexperiment diese Reise durchführt, wird dafür reichlich belohnt: Bereits in der Nähe eines schwarzen Loches würden alle heute nur mit Präzisionsinstrumenten mühsam feststellbaren Veränderungen, die auf die Krümmung der Raumzeit zurückgehen, für jedermann augenscheinlich sein. In diesen Bereichen wäre dann auch für den evolutionären Erkenntnistheoretiker die Riemannsche Geometrie den angeborenen Strukturen näher als die Euklidische, die eine sehr weit führende Konstruktion wäre. Und das beliebte Gedankenexperiment einer Flachwelt würde sich realisieren. Außerdem würde ein rotierendes schwarzes Loch einen Weg in ein anderes Universum öffnen, aus dem wir freilich auch dann, wenn wir nicht auf diesem Weg vernichtet werden sollten, nicht mehr zurückkehren könnten, da es sich dabei selbstverständlich um eine Einbahn handelt. Eine der wichtigsten Konsequenzen solcher pathologischer Raumzeiten ist die Realität von Zeitreisen in diesen Gebieten, in denen man wegen der dort gültigen Kreistopologie der Zeit ohne weiteres auf einer in die Vergangenheit führenden Schleife auf sein früheres Selbst stoßen kann. Das aber bedeutet umgekehrt, daß die Einheit des erkenntnistheoretischen Subjekts eine Eigenschaft der nichtpathologischen Raumzeit ist und daher ein kosmologisches Aposteriori darstellt (Kanitscheider, 1979). Diese »normale« Raumzeit, die von der Verteilung und Bewegung der Materie im Universum bestimmt ist, bildet auch jenen umfassenden theoretisch erschlossenen Horizont, in dem alle anderen konkreter erfaßbaren Zeithorizonte, die uns näher stehen, eingebettet sind.

Wenn man heute das Alter des Universums mit 12-20

Milliarden Jahren und das der Erde mit 4,5 Milliarden Jahren angibt, sind diese Zeitangaben das Resultat eines mühsamen Erkenntnisprozesses. Ähnlich wie in der Bestimmung der räumlichen Entfernung war auch hier die Vorgangsweise so, daß man zu bekannten oder einigermaßen sicher feststellbaren Punkten Leitern gelegt hat, von denen aus durch Vergleichung von Proportionen der Entfernungen neue Leitern gelegt werden konnten. So war die Geschichte unserer Erde, so wie sie die Geologie beschreiben konnte, lange Zeit »eine Geschichte ohne Jahreszahlen«. Sie konnte zwar die Zeitfolge, aber nicht die Zeitdauer des Geschehens angeben, von der sie berichtete. Die Anwendung menschheitsgeschichtlicher Zeitrechnung, von der man als direkt erlebbarem Anhaltspunkt ausgehen konnte, mußte notwendigerweise in die Irre führen, solange man Weltentstehung und Menschheitsentstehung noch nicht trennen konnte. Erst mit dem Auftreten der biologischen Evolutionstheorie und der damit verbundenen Vorstellung einer Entwicklung der Erde konnte diese Erkenntnisschwelle, über die man im Altertum nur mit Hilfe von Extrapolationen zyklischer Vorgänge blicken konnte, endgültig überstiegen werden.

Ansätze dazu hat bereits Buffon mit seiner Theorie der Erde geliefert. Er ging von der Vorstellung aus, daß unser Planetensystem durch einen Zusammenstoß der Sonne mit einem Kometen entstanden ist, der aus der Sonne glühende Stücke herausgerissen hat, aus denen die Erde und die anderen Planeten entstanden sind. Das Glühen der Erde dauerte 3000 Jahre. Weitere 34 000 Jahre war sie dann noch so heiß, daß man sie nicht hätte berühren können, 25 000 Jahre noch so heiß, daß das Wasser nur als Dampf in der Atmosphäre auftrat. Erst dann erfolgte im Ablauf von 20 000 Jahren die Bildung der zuerst warmen Meere, in dem die Schalentiere entstanden sind, und später auf den sich aus dem Meere erhebenden Festländern die ganze Welt der Lebewesen, die aber mit zunehmender Erkaltung der Erde im Laufe von Jahren wieder aussterben muß. Vom heutigen Standpunkt der geologischen Zeitrechnung aus gesehen war jedoch Buffons Entwicklungstheorie der Erde noch immer eine Miniaturtheorie, die weit von den wirklichen Zeitdimensionen entfernt war. Diese konnten erst dann in Erscheinung treten, als in der Ausarbeitung der biologischen Evolutionstheorie durch Lamarck und Darwin das Maß der verfügbaren Zeit eine Rolle zu spielen begann. Dann wurde klar, daß man dort »nur Jahrhunderte angenommen hat, wo Jahrtausende angesagt sind, und Jahrtausende, wo die Sprache der Natur auf Jahrmillionen hindeutet«, wie Lyell feststellte, der mit seiner geologischen Theorie der aktuellen Ursachen Darwin den Weg bereitet hat (Oeser, 1974). Diese ständig wirkenden Ursachen wie Wind, Wetter und Wasser, die unaufhörlich mit der Abtragung und Aufschüttung von Erderhebungen beschäftigt sind, lieferten dann auch die erste Möglichkeit, die Vergangenheit der Erde in Maß und Zahl zu erfassen. Denn Abtragung und Aufschüttung stellen »geologische Uhren« dar, deren Gang man genau bestimmen kann, wenn man die Gesamtmasse der Sedimente oder die Größe des Sammelbeckens richtig zu schätzen weiß. Neben diesen geologischen Sanduhren, die noch relativ ungenaue Werte lieferten, kennt man heute schon sehr genaue Meßmethoden mit Hilfe radioaktiver Substanzen, deren Zerfallszeiten man bestimmen kann. Erst dadurch war die Aufstellung einer einheitlichen geologischen Zeitskala möglich. Während für die Bestimmung längerer Zeiträume z. B. Uran verwendet wird, sind in letzter Zeit für die Datierung kürzerer Zeiträume Isotopen von radioaktiven Substanzen erfolgreich verwendet worden. Der gewöhnliche Kohlenstoff C12 ist stets gemischt mit einem radioaktiven Isotop C14. Da man weiß, daß der lebendige Pflanzenorganismus das Isotop C14 vor allem aus der Atmosphäre aufnehmen kann, braucht man nur den C14-Gehalt eines zu bearbeitenden Holzes zu messen, um einen Anhaltspunkt zu bekommen. Denn das tote Holz verliert den C14-Gehalt durch radioaktiven Zerfall. So liefert die Kombination verschiedener Wissensgebiete wie Biologie, Chemie und Physik, verbunden mit der Kosmologie, ein Bild von den zeitlichen Dimensionen unserer Welt, das sich in seinen Grundzügen wohl kaum mehr wesentlich verändern wird. Damit zeigt sich wieder, daß das Kohärenzprinzip der Erkenntnis, d. h. die »Anpassung der Gedanken untereinander« (Mach), also die interne Verarbeitung von empirischen Informationen im Rahmen wissenschaftlicher Theorien, den eigentlichen Mechanismus des kognitiven Fortschritts ausmacht. Während die »Anpassung unserer Gedanken an die Wirklichkeit« von der Kapazität unserer Sinneskanäle abhängt und uns daher ewig in den Grenzen des Gefängnisses unserer artspezifischen Umwelt festhalten würde.

Literatur

Aschoff, J. (1983): Die innere Uhr des Menschen. In: Die Zeit. München, Wien: Oldenbourg.

Assmann, J. (1983): Das Doppelgesicht der Zeit im altägyptischen Denken. In: Die Zeit, Schriften der C. F. von Siemens-Stiftung, Bd. 6. München: Oldenbourg.

Bonner, J. T. (1983): Kultur-Evolution bei Tieren. Hamburg, Berlin: Paul Parey.

Eigen, M. (1983): Evolution und Zeitlichkeit. In: Die Zeit. München, Wien: Oldenbourg.

Grüsser, H. J. (1983): Zeit und Gehirn. Zeitliche Aspekte der Signalverarbeitung in den Sinnesorganen und im Zentralnervensystem. In: Die Zeit. Schriften der C. F. von Siemens-Stiftung, Bd. 6. München: Oldenbourg.

Kanitscheider, B. (1979): Philosophie und moderne Physik. Darmstadt: Wiss. Buchgesellschaft.

Kanitscheider, B. (1984): Kosmologie. Geschichte und Systematik in philosophischer Perspektive. Stuttgart: Reclam.

Levi-Strauß, C. (1973): Das wilde Denken. Frankfurt/M.: Suhrkamp.

Mach, E. (1905): Erkenntnis und Irrtum. Leipzig: A. Barth.

Mittelstaedt, P. (1980): Der Zeitbegriff in der Physik. 2. Aufl. Mannheim, Wien, Zürich: Bibliograph. Institut.

Oeser, E. (1979): Wissenschaftstheorie als Rekonstruktion der Wissenschaftsgeschichte (2 Bde.). Wien, München: Oldenbourg.

Oeser, E. (1987): Psychozoikum. Evolution und Mechanismus der menschlichen Erkenntnisfähigkeit. Berlin und Hamburg: Paul Parey.

Oeser, E. (1988): Das Abenteuer der kollektiven Vernunft. Evolution und Involution der Wissenschaft. Wien und Hamburg: Paul Parey.

Prigogine, I. u. Stengers, I. (1980): Dialog mit der Natur. München, Zürich: Piper.

Tedrode, H. (1922): Über den Wirkungszusammenhang der Welt. Zs. f. Physik 10: 326 ff.

Wheeler, J. A. (1983): Jenseits aller Zeitlichkeit. Anfang und Ende der physikalischen Zeitskala. In: Die Zeit. Schriften der C. F. von Siemens-Stiftung, Bd. 6. München: Oldenbourg.

Helmut Tributsch

Raum-Zeit-Begegnungen von mythischen Schamanen bis zu modernen Denkern

Der Fluß, der aufwärts fließt

Der greise sibirische Schamane versuchte angestrengt, sich an die genauen Einzelheiten seines in Trance durchgeführten Fluges ins Jenseits zu erinnern, auf dem ihn wie immer nur sein Hilfsgeist begleitet hatte: »Ich gewahrte ein Loch im Boden, das immer größer wurde. Wir schlüpften hinein und kamen an einen Fluß mit zwei entgegengesetzt fließenden Strömungen.«[1] Wie in unzähligen Reisen seiner geisterbeschwörenden Ahnen war er dabei, die irdischen Grenzen von Raum und Zeit zu überschreiten, um zu den Geheimnissen unserer Existenz und den Rätseln von Vergangenheit und Zukunft vorzudringen. In zahllosen Überlieferungen von Schamanen, ja selbst in den ältesten Höhlengemälden unserer Vorfahren waren diese mit Flugeigenschaften dargestellt. Der neue Raum, dem die Erde weichen mußte, gab ihm die Kraft, sich von den irdischen Gesetzen der Schwerkraft zu lösen und sich wie ein Vogel frei durch die Höhen und die Tiefen zu bewegen.[2] In einer anderen Überlieferung[3] war der Schamane alt geworden, so daß es ihm schwerfiel, mit seinem Boot den Amur hinaufzufahren. Er änderte daraufhin die Strömung des Flusses, so daß eine Hälfte in die eine, die andere Hälfte in die andere Richtung floß. Doch bald entdeckte er, daß die Menschen faul und träge wurden. Da ließ er das Wasser fließen wie zuvor.

Der Fluß mit den entgegengesetzt fließenden Strömungen symbolisierte die Zeit, deren unbarmherzige Gesetze sie durchbrechen konnten, um in die Vergangenheit oder die Zukunft zu reisen, oder um die Veränderungen, welche die Zeit auslöste, umzudrehen. All dies bewerkstelligten sie, um das Schicksal der ihnen anvertrauten Menschen erträglicher und sinnvoller zu gestalten. Kein Fluß, dessen lebendig sprudelndes Wasser seiner Mündung zufließt, ist länger als einen Augenblick derselbe. Nie kommt man an dasselbe Ufer eines noch so vertrauten Wasserlaufes. Wenn die Strömung seines Wassers entgegengesetzt dahinzutreiben vermag, wie beim Fluß, den der Schamane und sein Hilfsgeist überquerten, haben sie die Grenzen der Zeit überquert. Wer die Strömung eines Flusses umkehren konnte, war in der Lage, die Richtung der Zeit umzukehren. Aber der Schamane merkte, daß es den Menschen nichts Gutes brachte.

Was den Schamanen die Kraft gab, bis über die Grenzen von Raum und Zeit zu den Schicksalsfragen unserer Existenz vorzudringen, war der Tanz, der Tanz bis zur Ekstase. Trommel, Tanz und Schamanenmaske waren und sind noch seine Requisiten, um die Seele für ihren Flug an die Grenzen unserer Welt vorzubereiten. In Beschreibungen des Ekstase-Rituals wird immer wieder hervorgehoben, daß der sibirische Schamane, ungeachtet seiner bis zu 30 kg schweren Tanztracht und seines oft fortgeschrittenen Alters exakte Körperbeherrschung zeigte. Wenn er, beladen mit Glocken und Schellen, behangen mit Tierpelzen und Federkleidern, versehen mit mythischen Symbolen, auf seine große Trommel schlagend durch die Jurte wirbelte, stieß oder berührte er nie einen der ihn umgebenden Anwesenden. Wer es vermochte, an die Grenzen von Raum und Zeit in der jenseitigen Welt vorzustoßen, der beherrschte auch Raum und Zeit in dieser Welt.

Der Tanz stand also am Anfang aller Begegnungen mit Raum und Zeit, die übrigens seit alters her im Unterbewußten der Menschen miteinander in rätselhafter Beziehung standen. Wie könnte man sonst verstehen, daß der Raum, der den Göttern vorbehalten war, der Tempel, lateinisch *»templum«*, mit dem lateinischen Wort für Zeit, *»tempus«* so eng verwandt ist. Beide Dimensionen, Raum und Zeit, muß man nämlich abschneiden, also einteilen, um sie greifbar und erlebbar zu machen. Nur wenn man Abschnitte von ihnen vermißt, kann man sie sich vorstellen, sie erleben, mit ihnen umgehen. Die heiligen Tempel alter Religionen atmen den Rhythmus der Zeit, nicht nur im Takte jährlich wiederkehrender Erneuerungszeremonien, sondern gelegentlich auch baulich. Die spartanisch eleganten, auf sehr alte Traditionen zurückgehenden Holzkonstruktionen der Shinto-Tempel von Ise in Japan mit ihren reisstrohgedeckten Dächern, die den göttlichen Raum einschließen, den nur der Tenno betreten darf, werden alle zwanzig Jahre abgebrannt und in identischer Form erneuert. Auf diese Weise schlagen sie wie Uhren den Takt der Zeit, ohne ihre typische Wirkung, den Verfall, zu zeigen, der für alle irdischen Abläufe so charakteristisch ist. Gottes Raum ist durch die regelmäßigen Pulsschläge seiner Erneuerung auch der Ursprung der Zeit. Wiederum sind sorgfältig durchgeführte Zeremonien, die Raum- und Zeitempfinden perfekt synchronisieren, Teil der tiefen Verehrung der Gottheit. Die Verbindung von Raum und Zeit ist ein Pfeiler religiöser und mythologischer Anbetung, der sich kaum eine Kultur entziehen konnte. Instinktiv hat man damit seit vorgeschichtlichen Epochen die Existenz und Überlebensfähigkeit des Menschen in Verbindung gebracht.

Schon der griechische Philosoph Aristoteles hat festgestellt, daß die Zeit ihrem Wesen nach »Ursache der Zerstörung« ist. Die Erfahrung, daß »alles vergeht«, ist ein Urerlebnis, das das Schicksal des Menschen untrennbar mit der Zeit verbindet. Es schlägt sich in seiner Sprache nieder, die Vergangenheit, Gegenwart und Zukunft mit größter Selbstverständlichkeit unterscheidet. Es taucht auch in zahllosen Redewendungen auf, die das Leben im Verhältnis zur Zeit betrachten, in seinem täglichen Verhalten, das heute oft ein Wettlauf mit der Zeit ist, seiner Lebensplanung, die mit langer Ausbildung, Berufskampf sowie Alter konfrontiert ist und seinem Verhältnis zum Tod und der jenseitigen Welt der Religion. Wir verstehen anschaulich die Zeit als endlose, vergehende, nicht umkehrbare Folge von Erlebnisbildern. Instinktiv sagen wir: »die Zeit vergeht« und nicht: »die Zeit entsteht«. Das Zeitgefühl scheint sich übrigens im Leben eines Menschen zu verändern. In der Jugend wird der Zeitablauf in der Regel als langsamer empfunden als im Alter. So momentan das Zeitgefühl auch sein kann, ist es dennoch schon Erinnerung. Bis die Signale von außen über unsere Nervenbahnen das Gehirn erreichen, ist das Erkannte eigentlich bereits Vergangenheit. Bis zu rund sechs Sekunden erstreckt sich, nach Erfahrungen von Psychologen, übrigens die Zeitspanne, die wir noch als Gegenwart empfinden. Lebewesen, auch der Mensch, haben eine innere Uhr, die mit dem Stoffwechsel verknüpft ist. Dies erklärt, warum es vielen Schläfern möglich ist, regelmäßig auf die Minute genau aufzuwachen. Eingriffe in den chemischen Kreislauf des Körpers, zum Beispiel durch Drogen oder Hormone, bringen das Zeitgefühl der Körperuhr leicht durcheinander.

Seit Menschengedenken haben Männer des Geistes sich mit dem Phänomen der Zeit auseinandergesetzt und sind an ihm gescheitert. Schon der heilige Augustinus fragte: »Was ist denn Zeit? Wenn mich keiner fragt, weiß ich es. Aber wenn mich jemand bittet, sie zu erklären, kann ich es nicht.« Später haben viele bekannte Philosophen, unter ihnen Immanuel Kant ebenso wie Martin Heidegger, das Zeitgefühl als wichtige Voraussetzung menschlicher Vorstellungskraft und menschlichen Denkens begriffen, ohne auf der verworrenen Spur ihres Geheimnisses wesentlich voranzukommen. Dies konnte nur die Naturwissenschaft mit ihrem pedantischen Experimentierwillen und dem scharfen Werkzeug der Mathematik. Aber der Weg, den sie eröffnete, sollte in eine rätselhafte Richtung führen, wo die Spuren sich wieder zu verlieren scheinen.

Der Raum, der die Zeit nicht losläßt

Vergleichen wir unseren Zeiteindruck beim Betrachten einer Sanduhr und einer Pendeluhr. Der Sand in der Sanduhr fällt nur in eine Richtung. Das Pendel bewegt sich periodisch in zwei entgegengesetzte Richtungen. Beide vermitteln das Gefühl einer vorbeifließenden Zeit. Das kontinuierliche Rieseln des Sandes und das Anhäufen eines Sandberges geben uns eine klare Vorstellung von der Richtung des Zeitflusses. Die periodische Bewegung der Pendeluhr hilft uns, die Geschwindigkeit des Zeitflusses besser zu erfassen, aber sie gibt uns keinen Anhaltspunkt über die Richtung des Zeitablaufes. Diese müssen wir entweder intuitiv über unsere Körperuhr erfassen oder vom Zifferblatt ablesen, welches über das Pendelwerk betrieben wird. Uhren sind zu einem unverzichtbaren Werkzeug der Wissenschaft geworden, mit denen die rätselhaften Grenzen von Zeit und Raum erkundet werden.

Raum und Zeit stehen miteinander in Zusammenhang. Was sie miteinander verbindet, ist die Geschwindigkeit eines Signals, das den Raum durcheilt. Das Licht, das uns von fernen Sonnen und Planeten erreicht, stand früh im Mittelpunkt des Interesses. Um 1675 beobachtete der dänische Astronom Ole Roemer, wie sich der Beginn von Eklipsen eines hellen Jupiter-Mondes, seine Überlagerung mit Jupiter, im Laufe seiner Bahn um die Sonne veränderte, um ganze 11,5 Minuten. Er errechnete daraus die Lichtgeschwindigkeit auf zehn Prozent genau. Die Physiker Foucault und später Michelson kamen dem richtigen Wert der Lichtgeschwindigkeit immer näher, die heute zu den am genauesten bekannten unveränderlichen Naturkonstanten zählt. Gerade daß sie sich als unveränderliche Größe entpuppte, sollte sich als wahrhaft erstaunliche Tatsache herausstellen, die die menschliche Vorstellungskraft schwer verkraften konnte.

Schon Galileo hatte sich überlegt, was geschehen würde, wenn ein Bottich mit frei schwimmenden Fischen auf einem großen Schiff reisen würde.[4] Er kam zu dem für unsere Erfahrung richtigen Schluß, daß ihre Schwimmbemühungen unabhängig von der Geschwindigkeit des Schiffes sein müßten. Wenn sie in Richtung oder gegen die Richtung des Schiffes schwimmen würden, gäbe dies keinen Unterschied. Dieselbe Beobachtung machen wir heute, wenn wir in einem modernen Hochgeschwindigkeitszug einen Waggon entlanggehen. Wenn wir aber neben den Gleisen stehen und den pfeifenden Zug an uns vorüberfahren lassen, dann merken wir am Pfeifton sehr wohl, ob der Zug sich uns nähert oder sich entfernt. Der entgegenkommende Zug holt den durch die Luft mit konstanter Geschwindigkeit vorauseilenden Schall teilweise ein und komprimiert die Schallwellen, der wegfahrende Zug fährt ihnen teilweise davon und zieht die Schallwellen in die Länge. Für einen Beobachter neben dem Gleis ist aber die Schallgeschwindigkeit, mit der das Signal durch die Luft transportiert wird, konstant, da der

Schall sich mit gleichbleibender Gesetzmäßigkeit im Medium Luft fortbewegt. Für einen Beobachter in dem Zug wird die Schallgeschwindigkeit kleiner sein, wenn er dem in der Luft sich fortbewegenden Schallsignal nachfährt, größer, wenn er ihm entgegenfährt. Aus den Erfahrungen im Autoverkehr wissen wir übrigens ganz genau, welchen Unterschied es macht, einem Autofahrer mit hundert Stundenkilometer Geschwindigkeit zu begegnen, oder ihm mit einer vergleichbaren Geschwindigkeit hinterherzufahren. Die relativ empfundenen und auch meßbaren Geschwindigkeiten sind drastisch unterschiedlich.

Einen ganz ähnlichen Effekt hatte man auch beim Licht erwartet und suchte hartnäckig nach einem »Äther«, der das Licht transportieren sollte ähnlich wie die Luft den Schall, aber es sollte ganz anders kommen. Als der Physiker Maxwell in der Mitte des neunzehnten Jahrhunderts seine Theorie elektromagnetischer Wellen entwickelte, welche elektrische und optische Erscheinungen verknüpfte, tauchte in seinen Formeln die Lichtgeschwindigkeit als fundamentale Konstante auf. Bis 1905, als Albert Einsteins berühmte erste Arbeit über die Relativitätstheorie erschien, wagte aber niemand, daraus die unvermeidliche Konsequenz zu ziehen, nämlich daß die Lichtgeschwindigkeit eine unveränderliche Naturkonstante ist und daß es keinen Äther gibt. Das Experiment, das dies bestätigte, war übrigens schon zwanzig Jahre vorher von Michelson und Morley durchgeführt worden. Das Ergebnis wollte nur niemand wahrhaben. Inzwischen bestätigen zahlreiche wissenschaftliche Ergebnisse die Konstanz der Lichtgeschwindigkeit. Am großen Teilchenbeschleuniger in Genf studierte man unter anderem Strahlung, die von kurzlebigen Teilchen, sogenannten Pionen, ausgesandt wurde, welche selbst fast so schnell wie das Licht waren.

Die Strahlung hatte, so unglaublich es für die menschliche Vorstellungskraft ist, wieder genau die Lichtgeschwindigkeit und merkte offenbar gar nicht, daß sie von einem Teilchen stammte, das nahezu selbst so schnell war.

Diese experimentell eindeutigen Befunde einer konstanten Lichtgeschwindigkeit beinhalten eine weitreichende Konsequenz für unser Verständnis von Zeit und Raum. Stellen wir uns vor, wir senden ein Funksignal zu einem Raumschiff, das sich mit halber Lichtgeschwindigkeit von uns wegbewegt. Wir müßten annehmen, daß das Funksignal, das mit Lichtgeschwindigkeit wandert, auch mit Lichtgeschwindigkeit am Raumschiff ankommt. Schon Einstein hat darauf hingewiesen, daß es nur einen Ausweg aus dem Dilemma gibt, wenn wir annehmen, daß in dem Raumschiff die Zeit langsamer läuft. Wegen dieses langsameren Zeitflusses wäre die gemessene Lichtgeschwindigkeit dann eben genau dieselbe, die auf der Erde festgestellt wird. Im übrigen muß dies auch die Mannschaft in dem Raumschiff für die zurückbleibende Erde annehmen, die sich scheinbar von ihr wegbewegt. Bemerkenswerterweise fanden sich auch überzeugende Experimente, die die Richtigkeit der Schlußfolgerung nahelegen. Es gibt kurzlebige Teilchen, sogenannte Müonen, die nur etwa zwei Millionstel Sekunden lang leben, bevor sie zerfallen. Man hat aber beobachtet, daß sie bis zu fünfzigmal so lange leben, wenn sie mit hoher Geschwindigkeit erzeugt werden. Im übrigen wurde viel darüber nachgedacht, ob die Astronauten eines Raumschiffes, das die Erde mit hoher Geschwindigkeit verläßt, nach der Rückkehr jünger sind als die zurückgebliebenen Erdbewohner. Wichtig ist es in diesem Fall auch, genau zu untersuchen, was mit der Zeit während der Beschleunigung und des Abbremsens des Raumschiffes passiert. Tatsächlich ergibt sich, daß die Raumfahrer nach ihrer Rückkehr jünger sind. Der Zeitgewinn wird in der Praxis aber sehr klein sein, da Raumschiffe ihre Geschwindigkeit schwerlich der Lichtgeschwindigkeit annähern könnten, wie es in utopischen Geschichten oft angenommen wird. Inzwischen hat man übrigens diesen Effekt des Zeitgewinns auch dadurch belegt, daß man Atomuhren in Passagierflugzeugen im gegenseitigen Sinne um die Erde transportiert hat. Wegen der Eigendrehung der Erde und der damit verbundenen hohen Oberflächengeschwindigkeit sollte der Einfluß auf die Zeit nicht derselbe sein. Tatsächlich hat man bei der Erdumrundung einen Unterschied von etwa ein Zehntelmillionstel Sekunden gefunden.[5]

Wir haben also gelernt, daß das Verhalten der Zeit komplizierter ist, als wir sie intuitiv erleben. Sie ist nicht absolut, sondern ändert sich relativ zu Beobachtern auf verschiedenen gegeneinander bewegten Körpern. Die Relativitätstheorie hat immerhin klar gezeigt, daß Raum und Zeit in enger Beziehung stehen. Die Zeit ist nämlich die Strecke, die vom Licht durchmessen wird, dividiert durch dessen Geschwindigkeit. Weil die Lichtgeschwindigkeit überall konstant ist, können wir Entfernungen im Raum dadurch bequem und genau messen, daß wir die Zeit feststellen, die Licht oder andere elektromagnetische Strahlung braucht, um bestimmte Strecken zu durcheilen. Deswegen haben sich Messungen mit Radar oder Laser als die genauesten Techniken der Entfernungsmessung bewährt. Aber diese Sonden des Raumes bewegen sich nicht geradlinig. Wo immer sich Materie ballt, krümmen sich die Lichtstrahlen. Astronomen haben diese Behauptung der allgemeinen Relativitätstheorie unzweideutig nachmessen können, als sie während einer Sonnenfinsternis in unmittelbarer Nähe der Sonne die Positionen ferner Sterne registrierten. Die Anziehung der Sonne verzerrte tatsächlich die scheinbaren Sternenpositionen. Damit war gleichzeitig nachgewiesen, daß große Massen auch die Raum-Zeit-Strukturen erheblich verzerren.

Die eben diskutierte Relativitätstheorie, aber vor allem auch die Quantentheorie, welche entwickelt wurde, um die vielfältigen Mechanismen von Atomen und Elementarteilchen zu beschreiben, haben unser Naturverständnis enorm bereichert. Eigentlich sollte man auf der Grundlage dieser ausgefeilten Theorien auch beliebige makroskopische Naturphänomene beschreiben können, was Physiker auch immer wieder siegessicher in Anspruch genommen haben. Aber hier ergab sich ein entscheidendes Problem. Weder die spezielle noch die allgemeine Relativitätstheorie, mit der makroskopische Phänomene und auch das Universum beschrieben werden, noch die Quantenmechanik, welche den Zugang zum Mikrokosmos eröffnet, oder andere physikalische Theorien, mit denen mikroskopische Prozesse beschrieben werden, zeigen irgendeine bevorzugte Zeitrichtung. Wenn man die Zeit in den zugrunde liegenden Formeln umdrehen würde, würden die beschriebenen Gesetzmäßigkeiten unverändert auftreten. Dies steht aber in klarem Widerspruch zu den meisten praktischen Erfahrungen, die wir mit makroskopischen Phänomenen haben. Überall in der Natur beobachten wir nämlich, daß Systeme, die sich selbst überlassen werden, sich in einseitiger Richtung verändern. Auch einige neuere Experimente mit Elementarteilchen weisen darauf hin, daß Raum und Zeit nicht völlig symmetrisch sein können.

Betrachten wir als Beispiel einen heißen Löffel, den wir in kaltes Wasser tauchen. Wir wissen aus Erfahrung, daß wir nach einer gewissen Zeit einen abgekühlten Löffel in lauwarmem Wasser vorfinden werden. Dieser Vorgang des Temperaturausgleichs gibt uns unwiderruflich die Richtung der Zeit vor. Ein umgekehrter Prozeß, nämlich Ausbildung einer höheren und einer tieferen Temperatur aus einem gleichmäßig warmen Gefäß, widerspricht unserer Erfahrung. Eben diese Erfahrung und die bevorzugte Zeitrichtung stecken nicht in den erwähnten mikroskopischen Theorien.

Bereits im letzten Jahrhundert hat man erkannt, daß abgeschlossene Systeme, die man sich selbst überläßt, dazu neigen, ihre Unordnung zu erhöhen. Der bekannte Physiker Clausius schloß aus seinen Beobachtungen, daß es nicht möglich ist, in einem Kreisprozeß Wärme in Arbeit zu verwandeln, ohne zugleich Wärme von einem wärmeren zu einem kälteren Körper zu überführen. Alle unsere Wärmekraftmaschinen funktionieren nach dieser Gesetzmäßigkeit. Bisher ist es, entsprechend dieser Erfahrung, auch nicht gelungen, ein Schiff zu konstruieren, welches seine Maschinen dadurch betreibt, daß es das Meerwasser abkühlt. Aus dieser Erfahrungstatsache folgt, daß man eine Größe einführen kann, die ein Maß für die Unordnung ist, die sogenannte Entropie. In einem abgeschlossenen System bleibt sie konstant, wenn in ihm umkehrbare Prozesse ablaufen, wird aber immer größer, wenn wir es mit nicht umkehrbaren zu tun haben. Nie wird die Ordnung aber in einem abgeschlossenen System größer, die Entropie also kleiner.

Das Phänomen des Lebens, bei dem aus einfachen chemischen Bausteinen ein hohes Maß an Ordnung aufgebaut wird, läßt sich trotzdem ohne Widerspruch erklären. Lebende Wesen sind offene Systeme, die Energie aus ihrer Umgebung aufnehmen. Sie befinden sich nicht im Gleichgewicht mit der Umgebung, und es gelingt ihnen auf Kosten einer globalen Vergrößerung der Unordnung begrenzt Ordnung aufzubauen. Dieser Prozeß der Entropie-Erniedrigung auf Kosten einer totalen Entropie-Produktion ist das eigentliche Geheimnis des Lebens. Die von der Sonne auf die Erde eingestrahlte Lichtenergie besitzt einen hohen Grad von Ordnung, also wenig Entropie. Die Wärme, welche dadurch letztlich auf der Erdoberfläche erzeugt wird, besitzt im Gegensatz dazu einen niedrigen Grad von Ordnung, was einem hohen Maß von Entropie entspricht. Das Leben koppelt sich in diesen Prozeß der Entropieerzeugung ein, um auf Kosten eines dauernden Energieverbrauches Ordnung aufzubauen. Erst wenn die Energiezufuhr eingestellt wird, beginnt die Unordnung wieder überhandzunehmen. Der Aufbau von Ordnung gelingt dadurch, daß die zugrunde liegenden Mechanismen über Rückkopplungsprozesse so gesteuert werden, daß sie zu kooperativen Erscheinungen führen. Das heißt, inmitten eines Stromes, der zu Unordnung führt, wird Ordnung aufgebaut. Man kann sich das anschaulich vorstellen, wenn man sich Beobachtungen an einem reißenden Fluß in die Erinnerung ruft. Nicht selten sieht man, wie ein Stück Rinde in einem Wirbel hinter einem Felsen gefangen wird und dort periodisch, auch gegen die Talrichtung, im Kreise schwimmt. Der Wirbel und das mitgeführte Rindenstück ist die Ordnung, welche aus der Energie des reißenden Flusses genährt wird.

Es gibt in der Natur demnach ein eindeutiges Kriterium für die Zeit und ihre Richtung. Sie folgt der Zunahme der Unordnung. Sie läuft dorthin, wohin sich nichtumkehrbare Prozesse orientieren. Das Leben ist eng an sie gekoppelt. Die Natur ist voll davon. Das Universum selbst ist seit dem Urknall auf dem Weg in den Entropietod, also auf dem Weg in die totale Unordnung, wo keine Prozesse mehr ablaufen, die Energie umwandeln.

Erinnern wir uns daran, daß die von Physikern erarbeitete Quantenphysik, die Relativitätstheorie und andere wichtige physikalische Theorien keine bevorzugte Zeitrichtung kennen, und fragen wir uns, was dies bedeutet. Begeben wir uns versuchsweise in eine Welt, in der die Richtung der Zeit tatsächlich umkehrbar ist. Stellen wir uns wieder vor, ein Raumschiff fährt mit großer Geschwindigkeit davon, und wir vergleichen die Zeit, die auf ihm gemessen wird, mit der Zeit auf der Erde. Verblüfft müssen wir feststellen, daß dieses Gedankenexperiment sich nur mit Instrumenten und Einrichtungen durchführen läßt, in denen die Zeitrichtung festgelegt ist: es gibt nämlich keine Uhr, die die Zeit angibt und dabei keine Energie verbraucht, also Unordnung produziert. Es gibt auch kein Raumschiff, das auf hohe Geschwindigkeiten beschleunigt werden kann, ohne Unordnung zu produzieren. Auch findet sich keine Methode, die es erlaubt, den Raum zu vermessen, ohne Energie zu verbrauchen und Unordnung zu produzieren. All diese Prozesse können nicht umgedreht werden. Selbst ein Lichtteilchen kann nicht nachgewiesen werden, ohne daß wenigstens ein Teil seiner Energie in Wärme umgewandelt wird, also die Zeit in eine Richtung unumkehrbar weiterläuft. Das Gedankenexperiment über die Zeit, mit dem sich jeder Student auseinandersetzen muß, um die Schlußfolgerungen der Relativitätstheorie zu erlernen, ist also genaugenommen für eine abstrakte Welt erdacht worden und nicht ganz konsistent: Ausgehend von einer Physik, die keine bevorzugte Zeitrichtung kennt, und von Instrumenten, die nicht umgekehrt funktionieren können, und mit

Berücksichtigung von Experimenten, welche die Lichtgeschwindigkeit als konstant nachweisen, gelangte Albert Einstein zur bahnbrechenden Aussage, daß die Zeit relativ ist. Alle bisherigen Resultate der Forschung lassen tatsächlich darauf schließen, daß die Zeit auf einem schnellen Raumschiff langsamer verlaufen muß als auf der Erde. Aber die Zeit dieser Relativitätstheorie kennt keine Bevorzugung der Richtung. Wenn man die Zeit umdreht, bleiben die Formeln dieselben. Die Zeit könnte also zurücklaufen, ohne daß die Naturgesetze sich ändern müßten. Dies ist eine Welt, in der das Leben als Phänomen keinen Platz hätte. Denn Leben gibt es nur, wo unumkehrbare, energieverbrauchende Prozesse ablaufen, dieselben Prozesse, die es auch verbieten, daß ein Schiff die Wärme für seine Turbinen dem Meere entnimmt und dabei nur das Wasser abkühlt.

Wir stehen also vor dem Dilemma, daß die Formeln der Physik, die Atome und Weltraum beschreiben, nicht dem tatsächlichen Fluß der Zeit ausgesetzt sind, den wir in uns und den die Welt um uns verspüren.

Ein Raum-Zeit-Karussell ohne Motor

Wohin dieser Anflug von Schizophrenie führen kann, hat ein vieldiskutiertes Buch gezeigt, das der bekannte Astrophysiker Stephen Hawking von der Universität Cambridge in England vor nicht zu langer Zeit geschrieben hat. Er, der einen Lehrstuhl vertritt, den vor ihm Isaak Newton und Paul Dirac innehatten, gilt als Genie. Durch eine unheilbare Nervenkrankheit an den Rollstuhl gefesselt, und nur über eine Sprechmaschine mit der Umwelt in Kontakt, hat er an einem schweren Schicksal zu tragen.

Sein Buch will, unter dem Titel »Eine kurze Geschichte der Zeit«, den Leser über die wissenschaftlichen Entdekkungen bei der Erforschung des Kosmos informieren, aber ihn auch auf einen Kreuzzug führen, bei dem es um nichts weniger geht als den »Plan Gottes« herauszufinden: »Alle, Philosophen, Naturwissenschaftler und Laien sollen sich mit der Frage auseinandersetzen können, warum es uns und das Universum gibt. Das wäre dann der endgültige Triumph der menschlichen Vernunft.«

Der kühne Denker im Rollstuhl durchmißt in seinen Gedanken den Kosmos und verfolgt die Geschichte des Universums zurück zu dessen Geburt. In diesem unendlich verdichteten Urzustand, auf den der Weltraum sich möglicherweise nach einer unvorstellbar langen Periode der Ausdehnung wieder zurückzieht, und in dem unendliches Chaos herrscht, erkennt er wieder die ordnende Kraft der Quantentheorie in der Welt der Gravitation. Für ihn hören hier die Naturgesetze nicht auf, sondern organisieren sich zu einer endlichen Ewigkeit des Universums.

Wir verstehen den Höhenflug des Astrophysikers besser, wenn wir einen kurzen Ausflug zurück in die Geschichte machen. Für Newton war die Zeit noch absolut für das ganze Universum. Überall sollten Uhren dieselbe Zeit schlagen. Einstein erklärte die Lichtgeschwindigkeit für absolut und endlich, verknüpfte damit Raum und Zeit, so daß sich der Raum krümmte und die Zeit relativ wurde. Wie ein um die Erde fliegendes Flugzeug würde ein »geradlinig« in den Weltraum aufbrechendes Raumschiff nach sehr langer Reise an seinen Ausgangspunkt zurückkehren, wenn der Raum in seiner Ausdehnung innehalten würde. Aber die Zeit blieb nach dieser Theorie an beiden Enden offen. Bei einem Universum, das sich nach einem Urknall ausdehnt und sich nach vielen Milliarden von Jahren vielleicht wieder ins totale Chaos zurückzieht, beginnt und endet die Zeit in einem schwarzen Loch, einem unersättlichen Strudel, in dem sich die Materie astronomisch so hoch verdichtet, daß nicht einmal das unvorstellbar schnelle Licht seiner Anziehung entkommt. Es verliert sich in Abgründen ohne Wiederkehr, wo für konservative Physiker alle unsere Naturgesetze ihren Sinn verlieren. Nicht jedoch für Stephen Hawking, der in seiner Phantasie diese Engpässe durchdringt und zu erkennen glaubt, daß die Raum-Zeit dahinter weiterexistiert. Er stößt auf eine Zeit, die wie Einsteins Raum in sich geschlossen ist, keine Grenzen und kein Ende der Naturgesetze kennt. Der Urknall ist also nicht der Beginn des Universums, sondern ein Engpaß auf einer in sich geschlossenen Rennstrecke, einer Raum-Zeit-Schleife des Universums.

Stephen Hawkings Vorstellung von einer in sich geschlossenen, nie aufhörenden Zeit kann von keinem anderen Prinzip abgeleitet werden. Auch ist noch nicht erwiesen, ob die Masse des Universums ausreicht, seine Expansion zum Stehen zu bringen und sein Schicksal umzudrehen, ganz abgesehen davon, daß ein schwarzes Loch noch immer ein rein theoretisches Phänomen ist. Wohin Stephen Hawking bei seiner abenteuerlichen Reise durch die Raum-Zeit aber steuern möchte, erkennt man aus seinen logischen Folgerungen. »Wenn das Universum wirklich keine Grenze und keinen Rand hat, dann hätte es auch weder einen Anfang noch ein Ende. Es würde einfach sein. Wo wäre da noch Raum für einen Schöpfer?« Hawking schließt also aus seiner in sich selbst umkehrbaren, geschlossenen Raum-Zeit-Schleife des Universums auf ein All ohne Gott.

Ohne Zweifel hat der Astrophysiker aus Cambridge mit seinen Gedanken den Boden der Wissenschaft verlassen und versucht sich als Philosoph. Auch ist es Gott gegenüber nicht fair, die Naturgesetze einseitig zu deuten. So kann er zwar in den von Menschen geschaffenen physikalischen Formeln die Zeit umkehren und zurechtbiegen, nicht aber die Zeituhr wirklicher Prozesse. Während wir im täglichen Leben gelernt haben, daß unzählige Prozesse in unserer Umgebung die Unordnung erhöhen und Energie verbrauchen, fordert er eine periodisch wiederkehrende Phase des Kosmos, in der die Ordnung des abgeschlossenen Universums erhöht wird, ohne daß ihm von außen Energie zugeführt werden soll. Auch glaubt er daran, daß die Naturprozesse nach unvorstellbar langer Zeit das Universum wieder zur selben Gestalt zurückführen, während wir überall in unserer Umgebung merken, daß alles fließt und nichts unverändert bleibt. Hawking glaubt noch an die Allmacht einfacher und eleganter physikalischer Formeln, während Fachgebiete wie die Synergetik, die Lehre vom Zusammenwirken vieler Faktoren, uns längst gelehrt haben, wie schnell bei Anwendung physikalischer Gesetze aus Ordnung Chaos werden kann. Glaubte man im 19. Jahrhundert noch daran, daß Naturabläufe völlig vorherbestimmbar, also deterministisch sind, schränkte man dies zu Beginn des 20. Jahrhunderts durch die sogenannte Unschärferelation der Quantengesetze ein, die festlegt, daß man Ort und Geschwindigkeit von atomaren Teilchen nicht beliebig genau festlegen kann. Heute weiß man dank Computerrechnungen, daß schon drei Körper, die miteinander wechselwirken, Bahnen beschreiben können, die zuweilen völlig unvorhersagbar werden. Jede noch so genaue Rechnung mit dem Computer führt dann auf eine neue Bahn. Schon einfache mechanische Wechselwirkungen können chaotische Reaktionen auslösen, die dann gelegentlich wieder geordnete Formen annehmen können. Der Weg ins Chaos ist ein Weg ohne Wiederkehr. Wie kann man sich dann vorstellen, daß eine Welt voll chaotischer Prozesse wieder genau zurück zu ihrem Ausgangspunkt findet? Außerdem wissen wir schon seit dem letzten Jahrhundert, daß nicht umkehrbare Prozesse immer die Unordnung eines Systems erhöhen. Zu fordern, daß sie, ohne Energiezufuhr von außen, ihre Unordnung erniedrigen, also Ordnung aufbauen, wäre im Widerspruch zu allen Erfahrungen mit unserer Natur. Hawkings Theorie von einer in sich geschlossenen Raum-Zeit und einer ewigen Existenz ohne Schöpfung ist also weltfremd, die Illusion eines Spezialisten, der noch immer hofft, daß die Eleganz einer einfachen Formel unsere Existenz und das Schicksal des Universums erklären kann. In einer Welt, wie er sie in seinem rätselhaften Geist geschaffen hat, hätte Hawking selbst nie existieren können. Es gäbe dort auch keinen Platz für die vielen vergänglichen Phänomene unserer Natur, denn letztlich dürften sie nie vergehen. Auch gäbe es keine Uhr, die die Zeit messen kann, weil Uhren immer Energie verbrauchen und dabei die Unordnung erhöhen. Naturwissenschaftliche Phänomene müssen aber meßbar sein, um als real akzeptiert zu werden. Hawking hat, wie die mythischen Schamanen Sibiriens, den Fluß gesucht, der umgekehrt fließen kann und alles wieder verjüngt. Und wie diese braucht er keine Erklärung dafür, woher der Fluß seine Kraft nimmt.

Ist die Raum-Zeit denn überhaupt faßbar? Kann man die Lücke zwischen den Idealformeln der Physik und der Realität unserer Natur jemals exakt schließen? Wir werden es wohl nie genau wissen. Ist überhaupt eine Richtung erkennbar, in die es sich wenigstens lohnt, weiterzudenken?

Wenn wir versuchen, aus den bisher angestellten Überlegungen einen wichtigen Schluß zu ziehen, so müßte er in der Feststellung gipfeln, daß es ohne Umsatz von Energie und ohne Erzeugung von Unordnung weder Raum noch Zeit geben kann. Ohne Energieumsatz kann man nämlich weder Raum noch Zeit erkennen, geschweige denn vermessen. Es gäbe weder eine Uhr, die die Zeit erfassen würde, noch ein Auge, das sehen könnte, oder ein Gerät, das den Raum zu vermessen in der Lage wäre. Selbst ein Lichtteilchen kann man nur nachweisen, indem man es einfängt. Dabei wird letztlich immer Wärme erzeugt, was Unordnung bedeutet, und dieser Prozeß ist, wie wir aus Erfahrung wissen, nicht umkehrbar. Was man grundsätzlich nicht messen kann, gibt es aber in der Naturwissenschaft nicht. Der wirkliche Zeitfluß unserer Natur kann infolgedessen nicht stillstehen und ist auch nicht umkehrbar.

Ohne Zeitfluß gibt es keine wahrnehmbare Natur, keinen Raum, kein Denken und auch keine menschliche Vorstellungskraft. All dies setzt nämlich Ordnung voraus, welche auf Kosten eines viel größeren Stromes von Unordnung erzeugt wird, der die Zeit mit sich führt. Wir empfinden den Zeitfluß, weil er Teil unseres Denkens, Fühlens und Empfindens ist. Wir sind, weil es die Zeit gibt. Wir werden geboren, weil es die Zeit gibt, und wir sterben, weil es die Zeit gibt. Die Zeit ist kein Phänomen außerhalb von uns. Sie ist vielmehr ein Grundelement des Lebens und unseres Denkens. Andererseits gibt es Zeit und Raum nur in einem Universum, in dem Leben letztlich möglich ist. In einem solchen Universum müssen irreversible Prozesse ablaufen, die Unordnung und den Zeitfluß erzeugen. Es wäre nicht vermessen zu sagen: »Am Anfang war die Zeit und mit ihr der Raum.« Haben wir genug Phantasie, um uns ihr mögliches Zusammenspiel im Weltall zu veranschaulichen?

Ursuppe mit pulsierenden Raum-Zeit-Blasen

Wenn man sich ein Universum vorstellen möchte, in dem die Gesetze nichtumkehrbarer Prozesse vorherrschen, so sollte man sich nicht mit Quantenvorgängen in schwarzen Löchern herumschlagen. In ihnen wird man nicht auf den Puls der Zeit stoßen, den unsere wirkliche Natur atmet. Man müßte sich vielmehr Phänomene ansehen, die durch das Wechselspiel vieler Teilchen hervorgerufen werden können, die miteinander zusammenwirken und dabei Energie umsetzen. Was kann in einer Ursuppe passieren, in der Energie verbraucht wird und irreversible Prozesse ablaufen? Ein einfaches chemisches Experiment könnte unserer Phantasie nachhelfen. Wenn man Chemikalien in einem Glas Wasser zusammenmischt, um sie reagieren zu lassen, beobachtet man in der Regel keine Besonderheiten. Die Flüssigkeit nimmt, wenn Energie freigesetzt wird, allmählich die Farbe des Reaktionsproduktes an und ihre Temperatur steigt, weil ein Teil der chemischen Energie in Wärme umgewandelt wird. Es gibt aber chemische Mechanismen, die ein verwickelteres Innenleben haben. Sie laufen so ab, daß die Moleküle sich organisieren, wie in sehr viel komplizierterer Weise das Leben sich organisiert. Auf Kosten des Gesamtenergieverbrauches entsteht dann in einer wäßrigen Lösung Ordnung. Die chemische Reaktion, auf die wir verweisen wollen, wurde nach ihrem Entdecker Zhabotinskii-Reaktion genannt. Es handelt sich dabei um die Reaktion einer organischen Säure (Malonsäure) mit einer Bromverbindung. Dabei wird Kohlendioxid frei. Startet man diese Reaktion in einer gut durchmischten Lösung, erkennt man, wie von bestimmten Punkten konzentrische Wellen auslaufen. Die homogene Lösung organisiert sich und baut Strukturen auf. Sie pulsiert, wie unser Herz pulsiert. Die Ordnung der gleichmäßig laufenden Wellen wird nur so lange aufrechterhalten, als Energie umgesetzt wird. Sie hat Ordnung aus dem Chaos geschaffen.

Stellen wir uns vor, die wäßrige Lösung wäre die Ursuppe des Alls, die Energie umsetzt, und eine dieser blasenförmig auseinanderlaufenden Wellen wäre unser expandierendes Universum. Wir begreifen, daß mit ihr der Raum begonnen hat sich auszudehnen und die Zeit abzulaufen. Der Raum könnte sich unbegrenzt ausdehnen und totlaufen, wenn es die Gesetze der Ursuppe wollen. Aber er könnte auch pulsieren wie unser Herz, würde zunächst weiter und dann wieder enger werden. Im Gegensatz zum Weltbild des Stephen Hawking braucht die Zeit dabei nicht ihre Richtung umzudrehen und sich im Kreise zu schließen. Auch wenn der Weltraum sich einmal zusammenziehen und wieder verdichten würde, könnte Leben im Prinzip unverändert weiterbestehen. Der Energiefluß, der es ermöglicht, besteht ja unvermindert weiter. Er treibt auch den mit dem Rhythmus des Alls pulsierenden Fluß einer Zeit, der sich in einer unvorstellbar fernen Zukunft verliert.

Die Frage nach der schöpferischen Urkraft des Universums, die Stephen Hawking für überflüssig erklärte, stellt sich also doch! Vor langer, langer Zeit muß einmal der Strom der Energie entfesselt worden sein, der den Fluß von Raum und Zeit ausgelöst hat, sich ausdehnende oder pulsierende Seifenblasen in einer Ursuppe. Selbst wenn unser Universum nicht eben erst vor vielen Milliarden

Jahren aus einem gigantischen schwarzen Loch geboren wurde, sondern schon lange pulsiert, muß alles einmal angefangen haben. Sonst müßte hochwertige Energie nämlich ewig geflossen, ewig in minderwertigere Wärme gewandelt worden sein. Dies würde unsere Phantasie sprengen und auch das Fassungsvermögen unseres Alls für Wärme.

Der Fluß der Zeit kann langsamer oder schneller werden, aber nicht sich umdrehen. Die Naturgesetze, die wir kennen, lassen dies nicht zu. Aber der Raum könnte sich wieder zusammenziehen, wenn die Voraussetzungen dafür gegeben sind, ebenso wie unser Herz sich mit jedem Schlag zusammenzieht. Dies könnte geschehen, ohne daß das Leben davon Kenntnis nimmt.

Was ist es, das die Zeit nach vorne treibt

Die kleinsten, stabilen Bausteine oder Teilchen der Materie kennen, wenn man sie einzeln betrachtet, nach unseren physikalischen Gesetzen keine Zeitrichtung. In den Formeln der Physik ist ja die Zeit keine gerichtete Größe. Sie erscheint als einfacher Parameter, als Rechengröße, für die man Zahlen einsetzt, die genausogut positive wie auch negative Werte einnehmen können. Sind viele dieser Teilchen zusammen, kennen sie plötzlich die Zeit. Haben sie überschüssige Energie, geben sie diese an die Umgebung ab. Ihre Temperatur gleicht sich damit der Temperatur der Umgebung an. Aus Erfahrung wissen wir, daß solch ein Prozeß nur in eine Richtung abläuft. Örtliche Überschußwärme kann sich in die Umgebung verlieren, aber sie entsteht nie spontan aus der Umgebung. Damit sind wir mit dem Phänomen Zeit konfrontiert, oder auch nur mit seinem Geheimnis. Ein Physiker würde einfach argumentieren, daß es nach unserer Erfahrung extrem wenig wahrscheinlich wäre, wenn die Wärme umgekehrt fließen würde. Um diese Wahrscheinlichkeit zu fassen, welche das Schicksal unserer Welt lenkt, hat man den Begriff der Entropie geprägt und ein eigenes Naturgesetz formuliert. Wenn keine Energie durch ein System fließt, nimmt die Unordnung immer zu. Dieser Drang zur Unordnung ist, wie der berühmte Physiker Ludwig Boltzmann entdeckte, kein strenges, sondern ein statistisches Gesetz. Auch der wirkliche Zeitfluß müßte demnach einem statistischen Gesetz folgen. Aber was ist genaugenommen diese Wahrscheinlichkeit, dieser Drang zur Unordnung, der bewirkt, daß unsere Zeit vorwärts läuft und verhindert, daß sie sich umkehrt?

In der Quantenmechanik ist die Zeit nur eine Zahl, die keine Richtung kennt. In der Relativitätstheorie bekommt sie schon die Andeutung einer Richtung, als vierte Dimension, die dem Raum zugesellt wird. Die realen Systeme in unserer Umwelt aber kennen deutlich eine Richtung der Zeit.

In einer grundlegenden Formel der Physik ist die Zeit mit der Energie verbunden. Nur eine Naturkonstante, das Planck'sche Wirkungsquantum, oder ein Vielfaches davon, kommt noch in der Beziehung vor, welche die Energie von Licht oder anderer Strahlung beschreibt. Sie bedeutet, daß Energie mal Zeit konstant ist. Machen wir ein kleines Gedankenexperiment und überlegen uns, was es bedeuten würde, wenn wir für die Gesetze unserer makroskopischen Welt eine gerichtete Zeit annehmen würden und nicht nur eine Zeit, die eine Zahl ist. Nach dieser grundlegenden physikalischen Beziehung zwischen Energie und Zeit würde dies bedeuten, daß auch die Energie die Eigenschaft hat, gerichtet zu sein. Dieses Ergebnis scheint zunächst überraschend zu sein und in Widerspruch mit unserer inzwischen anschaulich gewordenen Vorstellung von Energie. Was könnte dies aber anderes bedeuten, als daß die Energie, jedenfalls wenn wir sie makroskopisch sehen, mit der Zeit statistisch irgendeine Eigenschaft ändert?

Wenn ein Lichtteilchen sich durch den Raum fortbewegt, wandert ein einzelnes Energiepaket, welches so Millionen Jahre lang unverändert existieren könnte. Stößt es aber auf Materie, teilt sich die Energie auf und zerfällt in viele kleinere Energiepakete. Die Energiemenge bleibt dabei natürlich erhalten, aber der Weg in die umgekehrte Richtung, von kleinen zu großen Energiepaketen, ist sehr schwierig. Dasselbe passiert, wenn energiereiche Höhenstrahlung aus dem Weltraum auf unsere Erde fällt. Die winzigen energiereichen Geschosse zerfallen dann in Schauer von energieärmeren Produkten. Wenn Atome irgendwo mehr Energie haben als in der Umgebung, was einer höheren Temperatur gleichkommt, geben sie von ihrer Energie an die Umgebung ab. Das Wasser eines Bergsees ergießt sich in die Tiefe, weil die Wassermoleküle dann weniger Energie besitzen. Man könnte eine noch nicht klar begriffene, typische Eigenschaft der Energie definieren, nämlich bei Wechselwirkung nach bestimmten Gesetzmäßigkeiten in kleinere Energiepakete zu zerfallen. Dies gilt auch für radioaktive Atome, welche aufgrund der Wechselwirkung ihrer Bestandteile mit einer mittleren Lebensdauer zerfallen und somit eine Uhr in sich tragen.

Stellen wir uns Energie vor, die sich bei Berührung mit Materie, die selbst eingefangene Energie verkörpert, zu verteilen sucht, wie eine Perlenkette, die reißt und in viele einzelne Perlen zerfällt, oder ein Geldbeutel, der bricht und viele Geldstücke freigibt. Mit einer solchen Eigenschaft der Energie wäre der Fluß der Zeit wiedergefunden, den man nicht dazu bringen kann, seine Richtung zu ändern. Man müßte sich dann einfach damit abfinden, daß Energie sich zu verdünnen sucht und damit den Weg der Zeit programmiert. Der Zeitfluß makroskopischer Prozesse wäre dann verursacht durch die Eigenschaft der Energie, sich bei Wechselwirkung in viele kleine Einheiten auf viele Bewegungsfreiheiten zu verteilen.

Daß sich die beobachteten Naturphänomene nicht in Widerspruch zu dieser Feststellung befinden, zeigt eine Auslegung des zweiten Hauptsatzes der Thermodynamik, eben des für das Verständnis der Zeitabläufe so wichtigen Satzes über die Erhöhung der Unordnung in einem abgeschlossenen System. Sie stammt vom berühmten Physiker und Mathematiker Carathéodory und besagt: »In der Nähe jedes Zustandes gibt es Nachbarzustände, die ohne Energieaustausch mit der Außenwelt von dem ersten Zustand aus nicht erreichbar sind.« Die Zustände versuchen demnach typischerweise bei der Übertragung von Energie einen Teil davon abzugeben, also die Größe der Energiepakete zu verkleinern.

Lebenszeit und physikalische Zeit

An welches Ufer der Weltvorstellung oder Philosophie hat uns diese Fahrt durch Zeit und Raum getrieben? Einladend ist der Landesteg, den der französische Denker Henri Bergson gebaut hat, der nicht unerheblich die Schriftsteller M. Proust, A. Gide und P. Claudel beeinflußte. Er erklärte die Erlebniszeit, welche dem Leben und Bewußtsein entspringt, als die ursprüngliche und schöpferische Zeit, die objektive Zeit der Naturwissenschaften hingegen als reine Verstandeskonstruktion, die entwickelt wurde, um den Raum zu beschreiben.[6] Die Erlebniszeit, die er auch als »Dauer« bezeichnet, hebt er somit deutlich vom physikalischen Zeitbegriff ab und schafft eine Philosophie, bei der er auf eine verstandesmäßige Weltdeutung verzichten kann. Leben und Bewußtsein sind durch Intuition erkennbar, während der Verstand nur die unbelebte Welt richtig erkennt.

Daß der Lebensimpuls seine eigene Zeitdynamik hat, ist uns in unserem Ausflug durch Raum und Zeit wohl klar geworden. Er unterscheidet sich von der Zeit mikroskopischer physikalischer Formeln, welche einfach umgedreht werden könnten, ohne daß dies etwas ändern würde. Aber nicht nur das Leben kennt diesen Impuls der gerichteten Zeit. Allen irreversiblen, nicht umkehrbaren Prozessen, die unsere Natur laufend verändern, wohnt sie inne. Auch in einer Welt ohne Menschen und Tiere gäbe es deswegen noch eine Zeit. Sie würde zum Beispiel am Wasserlauf zu erkennen sein, der vom Berg zum Meer fließt und seine Form laufend verändert. Dort könnte Leben immerhin entstehen. Aber in einer Welt, in der keine hochwertige Energie laufend in kleinere Energiepakete und Wärme umgesetzt wird, was der Motor aller Veränderungen ist, gäbe es keine wirkliche Zeit mehr, weil niemand sie erfassen könnte. Dann gäbe es zwar noch die Zeit in den theoretischen Formeln der Physik, aber nichts mehr, was sie in der Wirklichkeit widerspiegeln könnte. Damit muß man erkennen, daß die Fähigkeit des Menschen zu existieren erst die Quelle der wirklichen Zeit ist. Die andere Zeit, die Zeit der Physik, ist eine eingebildete, mathematische Zeit. Sie hilft uns, die Vorgänge um uns vereinfacht zu verstehen. Wir sollten uns über das Vergehen der Zeit daher nicht grämen. Ohne die Zeit würde es uns nämlich nicht geben. Wir sind Kinder der Zeit.

Wenn ein Tänzer sich durch den Raum bewegt, tanzt die Zeit deswegen nicht neben ihm oder von ihm davon, sondern sie tanzt mit ihm und in ihm. Die Zeit aufzuhalten wäre gleichbedeutend mit dem Versuch, das Leben zu bremsen und einzufrieren. Die Zeit erst hat uns das Leben geschenkt. Was könnte dieses rätselhafte Wesen der Zeit besser umreißen als der intuitive Ausspruch des englischen Dichters T. S. Eliot: »Zeit, der Zerstörer, ist Zeit, der Erhalter.« Die Zeit, die uns das Leben gibt und es aufrechterhält, muß es uns wieder nehmen. Die Energie, die der Strom der Zeit in uns aufbaut, zerfließt nämlich wieder zwischen unseren Fingern, weil die Zeit alles verändern muß. Der volkstümliche Spruch »vergeudet nicht die Zeit, sie ist der Grundstoff des Lebens« steht in Einklang mit den Erfahrungen, die wir von unserer kurzen Reise durch Raum und Zeit mitgebracht haben. Er bringt uns dorthin zurück wo diese Reise begonnen hat, im Unbewußten und damit in der Seele des Menschen, wo Zeit und Raum ihre tiefsten Wurzeln haben.

Anmerkungen

1 A. A. Popov in V. Dioszegi (Herausgeber) *Popular Beliefs and Folklore Traditions in Siberia*, Blomington 1968.

2 K. Rasmussen, *The Netsilik Eskimos, Social Life and Spiritual Culture*, Nordisk Forlag, Copenhagen 1931.

3 I. A. Lopatin, The Cult of the Dead among the Natives of the Amur basin. The Hague 1960.

4 Galileo Galilei, Dialog, betreffend zwei Weltsysteme.

5 G. Wick, The clock paradox resolved. New Scientist (1972), 3. Februar, S. 267.

6 H. Bergson, Essai sur les données immediates de la conscience. Paris 1889.

Hermann Haken

Synergetik der Bewegung

Zeit und Raum finden ihre Verknüpfung in der Bewegung. Fällt etwa ein Apfel von einem Baum, so durchmißt er in bestimmten Zeitabständen jeweils bestimmte Höhen. Der Legende nach soll der fallende Apfel den Physiker Newton auf die Idee gebracht haben, daß dieser Vorgang und die Bewegung der Erde um die Sonne (oder die des Mondes um die Erde) die gleiche Ursache haben und ihn zur Formulierung des Gravitationsgesetzes gebracht haben. So ist denn das Studium der Bewegungen von Körpern zu einem der Grundprobleme der Physik geworden, ob es sich nun hierbei um die Bewegung von Himmelskörpern oder von Molekülen in Gasen handelt. Diese Bewegungen genügen den wohl definierten ehernen Gesetzen der klassischen Mechanik und stellen heutzutage ein reizvolles Problem der Chaosforschung dar.

In diesem Beitrag möchte ich mich aber mit einer anderen Art von Bewegung auseinandersetzen, nämlich der Bewegung von Menschen und Tieren. Bei einem Pferd etwa beobachten wir verschiedene Bewegungsarten, etwa den Gang, Trab und Galopp. Es sind rhythmische Bewegungen, die nach einem ganz bestimmten Muster ablaufen, so daß wir direkt von Bewegungsmustern sprechen können. Beim Tanz von Menschen fasziniert uns die Harmonie der Bewegungen, die uns oft in Entzükken versetzen. Für den Naturwissenschaftler entsteht natürlich die Frage, wie derartige Bewegungsvorgänge zustande kommen. Natürlich genügen auch diese den Gesetzen der Physik, aber diese bilden nur die Grundlage. Wie wir wissen, besteht der menschliche Körper aus Milliarden einzelner Zellen, etwa den Muskelzellen, den Knochenzellen, den Nervenzellen und anderen Arten. Damit eine Bewegung, etwa der Gliedmaßen zustande kommt, müssen buchstäblich Milliarden dieser Zellen in einer wohl definierten, kohärenten Weise zusammenwirken. Wie kommt ein derartiges Zusammenwirken zustande? Ist etwa das Gehirn eine Art Marionettenspieler, der mit seinen Fäden die Marionetten tanzen läßt? Wer aber steuert dann das Gehirn?

Hier hat die Synergetik, die Lehre vom Zusammenwirken, grundsätzlich neue Einblicke vermittelt. Dieses Gebiet ist aus der Physik hervorgegangen, wo ebenfalls durch das Zusammenwirken vieler einzelner Teile etwas makroskopisch Wohlgeordnetes, Kohärentes entstehen kann. Ein inzwischen berühmt gewordenes Beispiel ist die Lichtquelle Laser, deren Licht ganz andere Eigenschaften als das gewöhnlicher Lampen hat. In einer normalen Lampe, etwa einer Gasentladungsröhre, wirken die einzelnen Atome völlig unabhängig voneinander. Werden sie durch einen elektrischen Strom angeregt, so senden sie völlig unabhängig voneinander immer wieder kleine Lichtwellenzüge aus, so, als würde man eine Handvoll Kieselsteine ins Wasser werfen. So wie im Wasser eine wildbewegte Oberfläche entsteht, entsteht in der Lampe ihr mikroskopisch-chaotisches Licht. Im Laser hingegen koordinieren sich die Atome, so daß ein wohl definierter, hochgeordneter, einziger Lichtwellenzug, der praktisch nie aufhört, zustande kommt. Ist einmal zunächst für kurze Zeit eine solche Lichtwelle zufällig entstanden, so vermag sie immer mehr Atome in ihren Bann zu ziehen und zwingt diese, die Lichtwelle immer mehr zu unterstützen. Auf diese Weise prägt die Lichtwelle dem System der Atome eine Ordnung auf, sie wirkt als »Ordner« und »versklavt« dabei die Bewegung der Elektronen in den Atomen.

Solche Phänomene der Selbstordnung oder, wie man auch sagt, der »Selbstorganisation«, können wir schon im täglichen Leben beobachten, etwa den Beifall nach einem Konzert, der vom ungleichmäßigen Klatschen plötzlich in ein rhythmisches Klatschen umschlägt, wobei immer mehr Zuhörer dieses Klatschen unterstützen. Es handelt sich hier um ein typisches Beispiel der eben genannten Selbstorganisation, bei dem also kein Dirigent da ist, der das Klatschen steuert. Das rhythmische Klatschen wird von der Zuhörerschaft, von einem bestimmten Grad der Begeisterung an, ganz von allein erzeugt. Natürlich ist dies eine ganz formale Analogie zwischen dem Laser und dem Klatschen, aber in der Synergetik gelingt es gerade, derartige formale Analogien mathematisch zu begründen, was hier natürlich nicht das Ziel meiner Ausführungen sein kann.

Wenden wir vielmehr die Konzepte der Synergetik auf Bewegungen von Menschen und Tieren an. Wie sich zeigt, schaffen die einzelnen Zellen einen Ordner, der umgekehrt das Verhalten etwa der Muskelzellen wieder bestimmt. Das Verhalten derartiger Ordner genügt den Gesetzen der Synergetik, so daß es möglich wird, Bewegungsabläufe im einzelnen zu verfolgen und insbesondere auch Übergänge zwischen Bewegungsmustern zu behandeln. Ein simples, doch sehr aufschlußreiches Beispiel ist ein Experiment von Scott Kelso, der Versuchspersonen aufforderte, ihre Finger parallel zu bewegen. Mußten die Versuchspersonen die Bewegungsgeschwindigkeit der Finger erhöhen, so verfielen sie unwillkürlich in einen völlig neuen Bewegungszustand der Finger, der nun antiparallel, d. h. symmetrisch, erfolgte. Dies ist ein typischer »Phasenübergang«, der bei vielen Übergängen der Synergetik auftritt und ganz allgemeinen Gesetzmäßigkeiten genügt. Wie die Synergetik zeigt, gibt es jeweils bestimmte stabile Bewegungsmuster und Übergänge zwischen diesen; so ist etwa das Gehen oder der Trab eines Pferdes ein bestimmtes Bewegungsmuster, bei dem es Übergänge unter bestimmten Bedingungen geben kann. Soll nun ein neues Muster erlernt werden, so fällt dies um so schwerer, je weiter dieses neue Muster von den alten stabilen Mustern entfernt ist. Dies gilt z. B. für Fingerbewegungen beim Klavierspielen. Das gleiche trifft zu für das Skifahren. Hier lernen wir ja zunächst bestimmte Grundmuster, z. B. den Stemmbogen, die dann erst später durch andere Muster, etwa spezielle Schwünge, ergänzt oder ersetzt werden. Kommen wir aber in schwierige Situationen, so verfallen wir oft wieder in die ursprünglich erlernten »stabileren« Grundmuster, in denen wir uns regelrecht verkrampfen. Nicht anders ergeht es Geigern, die, wenn sie unbeschwert dahinspielen, durch ihr flüssiges Spiel zu begeistern vermögen. In dem Moment aber, wo sie sich an ihre Schulung erinnern, sich verkrampfen und in spezielle Grundmuster verfallen, wirkt ihr Spiel gekünstelt oder steif. So scheint es gerade das Charakteristikum des Künstlers zu sein, daß er sich über die Grundmuster hinwegsetzen kann, stets neue Variationen zu erfinden und alte Muster in höchst flüssiger, eleganter Weise zu verbinden vermag. Das ist es wohl, was uns den gekonnten Tanz als so reizvoll erscheinen läßt, im Gegensatz zum hölzernen Dahinstelzen, das stark schematisiert ist.

Nach den Erkenntnissen der Synergetik kommt es so darauf an, das Repertoire der Ordner als Bewegungskonfigurationen immer mehr zu vergrößern und flüssige Übergänge zwischen verschiedenen Zuständen, die durch verschiedene Ordner regiert werden, zu ermöglichen. Hier ist es offenbar das künstlerische Genie, das uns immer wieder neue Variationen beschert, ganz im Gegensatz etwa zu einem Roboter, der nur ganz wenige und

Susan Foster: *Corpus Delecti* (1989)

dabei sehr plumpe Bewegungsmuster auszuführen vermag.

Der Mensch vermag aber nicht nur die verschiedensten Bewegungsmuster zu produzieren, er hat auch ein sehr feines Gefühl für deren Wahrnehmung. Ein eklatantes Beispiel ist das folgende Experiment, das vor einigen

Susan Foster: *Corpus Delecti* (1989)

Jahrzehnten von Johannson in Schweden ausgeführt wurde. Er befestigte kleine Lämpchen an den Gelenken und filmte dann die Bewegungen einer Person mit diesen Lämpchen in einem sonst dunklen Raum. Zeigte er eine Momentaufnahme einem Beobachter, so konnte der nicht sagen, worum es sich handelt, er sah eine Art Sternenhimmel. In dem Moment aber, wo der Film lief, konnte die Versuchsperson sofort sagen: »Da läuft ein Mann, da springt ein Mann, usw.« Ja, Versuchspersonen sind sogar in der Lage, zwischen dem Gang eines Mannes und einer Frau zu unterscheiden. Irgendwie besitzt also der Mensch ein sehr genaues inneres Bild von Bewegungsabläufen. Mit dem von uns konstruierten synergetischen Computer ist es möglich geworden, solche Bewegungsabläufe zu unterscheiden. Aber der Computer kann hier keine ästhetischen Wertmaßstäbe setzen.

Insgesamt zeichnet so die Synergetik ein neuartiges Bild sowohl von der Erzeugung als auch von der Wahrnehmung menschlicher und tierischer Bewegungsmuster. Diese entstehen nicht durch die Aktionen einzelner Nervenzellen (dem Analogon des Marionettenspielers), sondern wir haben es hier mit dem Zusammenwirken sehr vieler Neuronen, Muskelzellen und Gewebezellen zu tun, die ein gesamtes Muster hervorbringen. Dabei genügt das Zusammenwirken dieser einzelnen Zellen den grundlegenden Gesetzen der Synergetik, wobei z. B. beim willkürlichen oder unwillkürlichen Umschalten von einem Verhaltensmuster zu einem anderen ganz bestimmte feine Schwankungen auftreten. Diese sind ganz typisch für Selbstorganisationsvorgänge und zeigen uns, daß das Gehirn nicht wie ein Computer funktioniert, der von einem Motorprogramm auf ein anderes umschaltet.

Gabriele Brandstetter

Intervalle

Raum, Zeit und Körper im Tanz des 20. Jahrhunderts

Ein durchdrungener Raum ist ein Zeitraum.
Eine durchdrungene Zeit – eine Raumzeit.
Novalis

Vergessen wir die Dinge,
betrachten wir die Beziehungen.
Georges Braque

Tanz ist nur in Raum und Zeit erfahrbar – wie in kaum einer anderen ästhetischen Disziplin sind die grundlegenden Anschauungsformen menschlicher Wahrnehmung, Raum und Zeit, integrale Faktoren der Bewegungskunst.

Raum und Zeit im Tanz des 20. Jahrhunderts freilich garantieren nicht mehr einen einheitlichen Ordnungsrahmen dieser Kunst, wie dies noch für das Ballett des 19. Jahrhunderts gültig war: dessen Zeit war durch die (Märchen-)Handlung, die dafur komponierte Musik und die einem traditionellen choreographischen Schema folgenden Sequenzen von Solo, Pas de deux und Ensemble-Auftritten bestimmt; dessen Raum war gegliedert durch das in die Vertikale strebende Elevationsprinzip, in dem sich das Ballettideal schwerelosen Schwebens ausdrückt, und durch die zentralperspektivisch ausgerichtete Geometrie der Bühnenchoreographie, deren Grundprinzipien bis in die Entstehungsphase des Balletts am Hofe Ludwigs XIV. zurückgehen.

Die Auflösung der traditionellen Raum-Zeit-Ordnung des klassischen Balletts ist für den modernen Tanz des 20. Jahrhunderts so bezeichnend, wie die Aufgabe der Zentralperspektive im Kubismus und in der abstrakten Malerei innerhalb der modernen bildenden Kunst und vergleichbar der Entgrenzung des diatonischen Systems in der Musik durch die Atonalität und Zwölftontechnik der Wiener Schule. Die zunehmende Herrschaft von Technik und Medien und die durch sie grundsätzlich veränderte Erfahrung von Raum und Zeit in ihrer Beziehung zum bewegten Körper bewirken einen tiefgreifenden Wandel im Tanz des 20. Jahrhunderts. So, wie die bildende Kunst der Avantgarde den Satz prägte: »Es gibt keine Kunst, sondern nur Künste«, so könnte vom modernen Tanz gesagt werden: Es gibt nicht den Tanz, sondern nur Tanzstücke, eine fast unübersehbare Vielfalt von gleichzeitig bestehenden, rasch sich wandelnden Tanz-Stilen und Choreographie-Konzepten; und, damit eng zusammenhängend: Es gibt nicht (mehr) einen vorgegebenen Tanz-Raum, sondern eine Vielgestalt von Räumen des Tanzes, so verschieden, daß jeder Tanz, jeder neue choreographische Stil seinen eigenen Raum hervorbringt – und so ist es die Differenz, die sich damit zum eigentlichen – »negativen« – Merkmal der Tanz-Zeit-Raum-Bestimmung herauskristallisiert. Das Intervall, in seiner räumlichen und zeitlichen Bedeutung, ist vielleicht die allgemeinste Formel und zugleich der kleinste gemeinsame Nenner für jenes Charakteristikum des modernen Tanzes, daß Raum, Zeit, Körper und Bewegung als freie Variable erscheinen; nicht als fixierte Größen, sondern als stets veränderliche Einheiten, die erst durch ihre Beziehung untereinander Zeichen-Qualität gewinnen. Für das Netz dieser sich wandelnden Bezüge ist das »Zwischen«, die Lücke, und die Unvorhersehbarkeit (als Zufall und

Chaos) wichtiger als die prästabilierte Ordnung eines hierarchischen Raum-Zeit-Musters.

Metamorphosen von Körper und Raum
Von Loïe Fuller zu Ausdruckstanz und abstraktem Tanz

Die Entdeckerin und Schöpferin dieser neuen Beziehung zwischen Bewegung und Raum – wegweisend für die Tanzkunst des 20. Jahrhunderts – war die Amerikanerin Loïe Fuller. Ihr »Serpentinentanz«, mit dem sie seit 1892 von Paris aus das Ballett-müde Publikum in ganz Europa eroberte, leitete einen Paradigmawechsel auf der Bühne des Tanzes ein. Künstler und Intellektuelle feierten »La Loïe«, deren Tanz zum Symbol einer Epoche wurde, als Magierin des Lichts, als »Fée de l'Electricité« und der tanzenden Farben.

Das Neue an ihrem Tanz war nicht eine besondere »Technik« virtuoser Körperbewegungen, sondern die Erschaffung eines gänzlich veränderten künstlichen Zeichen-Raums durch ein Bewegungsensemble, das als nahezu abstraktes szenisches Spiel von Stoff, von bewegtem Licht, Farben und Musik erscheint: Die Metamorphosen von Loïe Fullers Tanz verkörperten den Traum vollkommener Synästhesie, wie ihn die Dichter des Symbolismus von Baudelaire, über Mallarmé bis zu Yeats und Valéry immer wieder beschworen. Das phantastische Moment des »Serpentinentanzes«, von Tänzen wie »Schmetterlingstanz«, »Lilientanz«, »Feuertanz« bestand in den Formationen von Stoff-Draperien eines ungeheuer weiten weißen Seidenkleides, in das zwei lange Bambusstäbe zur Führung des Stoffes eingenäht waren. Es war von Loïe selbst entworfen und nach einem patentierten Spezialschnitt angefertigt. Auf schwarz ausgeschlagener Bühne, zu Musik von Gounod, Massenet, Grieg, Debussy und Strawinsky, bewegte sie diese Stoff-Flächen in Spiralen, Kreisen, Wellen, Schleifen und Schrauben zu flüchtigen plastischen Gestalten, die teils Naturformen, teils abstrakten Skulpturen ähnelten: eine Choreographie, die auf »Handlung«, auf das Erzählen einer Geschichte durch die stumme Kunst der Gebärde verzichtete, ein Tanz, der Bewegung selbst als schimmerndes Phantom inszenierte. Die Flüchtigkeit der Impression, fortwährend sich verwandelnde Stoffgebilde, in die sich jeder Bewegungsimpuls mit geringer Verzögerung weitertrug und den Zuschauer in der Spannung immer neuer, schwebender, vergehender Bild-Assoziationen hielt, vermittelten den Reiz des Einmaligen, Improvisierten – obwohl natürlich jeder Schritt, jede Bewegung in strenger Probenarbeit festgelegt war.

Als zweiten entscheidenden Faktor der Kreation eines neuen Tanz-Raumes setzte Loïe Fuller – neben dem Element des bewegten Stoffes – farbiges Licht ein. Sie wurde selbst zur Beleuchtungsexpertin, entwickelte in zahlreichen Experimenten neue Techniken der Projektion von farbigem Licht, das in wechselnden Rastern und Farbnuancen die bewegte, reflektierende Seide zu einem tanzenden »Licht-Spiel« erweckte. Leuchtende Farben, wie sie etwa in den von Orange in flammendes Rot hinüberspielenden Lichtkaskaden des »Feuertanzes« (den sie zum »Walkürenritt« Richard Wagners aufführte) aus dem eigens dafür konstruierten Glaseinsatz des Bühnenbodens emporschlugen, sind für diesen Tanz ebenso symptomatisch wie die Kunst der feinsten Farb-Licht-Abstufungen auf perlmutt-irisierenden Seidenbahnen, die sich im »Lilientanz« zum Blütenkelch emporschraubten. Ein Kult des Farben-Tanzes, nicht auf der Leinwand der Maler, sondern im szenischen Raum: Licht- und Farbreflexe, zerstäubt in gleitenden Funkenschwärmen auf endlosen Metern flirrenden Stoffes, erweckten den Eindruck, als seien die maltechnischen Errungenschaften des Impressionismus von der Leinwand in den Raum, auf die bewegte Seide der Szenerie übertragen – und nicht nur die Ästhetik des Impressionismus, denn mit ihren abstrakten Inszenierungen von Stoff, Licht, Farbe und Bewegung in einem Spannungsverhältnis, das allein den Gesetzen von Kontrast und Dynamik folgt, entdeckt Loïe Fuller für die Tanzbühne, was Kandinskys erste abstrakte Gemälde für die bildende Kunst inaugurierten. – Am Rande sei bemerkt, daß Loïes Innovationen der Bewegung im Raum, des »malenden Lichts«, der abstrakten Bühne etliche Jahre vor den als bahnbrechend geltenden Arbeiten der Bühnenreformer Adolphe Appia und Edward Gordon Craig entstanden.

Die Herkunft Loïe Fullers aus dem amerikanischen Unterhaltungstheater des Vaudeville und der »musical comedy«, aus Music Hall und Varieté verweist auf ein weiteres bedeutendes Merkmal des Paradigma-Wechsels vom Tanz des 19. zum 20. Jahrhundert: Neben der Gegenposition des sogenannten Neuen oder Freien Tanzes zum klassischen Ballett zeichnet sich eine neue Durchlässigkeit des Kunstsektors »Tanz« zum Unterhaltungssektor Varieté, Revue, Show ab; ja vielfach sind gerade die Innovationen der tänzerischen Avantgarde aus solchen Grenzüberschreitungen entstanden. Der »Raum« und die »Zeit« des Tanzes im 20. Jahrhundert verdanken ihre Vielfalt und Multi-Medialität nicht zuletzt dem formalen wie technischen Segmentierungs-Prinzip – der »Schnitt«-Technik – der Revue.

Loïe Fuller, die neben Isadora Duncan und Ruth St. Denis zu den Wegbereiterinnen des Neuen Tanzes zählt, geht einen anderen Weg als ihre Mitstreiterinnen und Nachfolgerinnen. Während Isadora Duncan und St. Denis die Ausdruckskraft des von den Fesseln des Balletts befreiten weiblichen Körpers im Tanz präsentieren und propagieren, setzt Loïe Fuller den Raum gerade durch das Verschwinden des Körpers in den unendlichen Metamorphosen des ihn umspielenden Seidengespinsts in Szene; während die Duncan und St. Denis wie auch die nachfolgende Generation des »Art Dance« und des Ausdruckstanzes glauben, den Körper als »Natur« wiederzuentdecken und seine archetypischen Ausdrucksmöglichkeiten auf die antike Mythologie oder das Ritual des asiatischen Tempeltanzes zurückführen zu können, betreibt Loïe Fuller die Entmaterialisierung des Körperlichen mit den Mitteln der modernsten Technik. »Je sculpte de la lumière«, sagte sie über ihr Werk, und die Paradoxie dieses Anspruchs, statt des Körpers das Licht zu formen, anstelle der Materie die Welle – sowohl des Stoffes als auch des elektrischen Lichts – als Zeichenträger der Kunst einzusetzen, bezeichnet die ganze Reichweite, die eminente Modernität ihres Schaffens. Es ist nur folgerichtig, daß in ihrem späteren Werk der Film eine so bedeutende Rolle einnimmt.

Loïe Fullers Tanz, ihre Experimente mit Licht-Technik und Film als Medien der neuen Kunst stellen sie ins Zentrum der Avantgarde des beginnenden 20. Jahrhunderts, der künstlerischen Reflexion über Formen der Zeichenbildung in der Epoche der Moderne. Niemand hat dies schärfer wahrgenommen als Stéphane Mallarmé, der in Loïe Fullers Tanz die Geburt der absoluten Metapher zu erkennen glaubte, die auf der Bühne verwirklichte Entsprechung zu seiner Idee einer »poésie pure«. Er verstand Loïes Lichttanz als Inszenierung eines Spiels absoluter Zeichen, als Pulsation im leeren Raum, in dem die Schöpferin der bewegten Zeichen in den Spiralen des

Gewebes – des Seidenstoffes bzw. des »Textes« – zuletzt selbst verschwindet. Diese Bewegung um ein verborgenes Zentrum, das »leer«, ohne »Bedeutung«, für sich selbst steht – so Mallarmé in seinem Essay über Loïe Fuller in den »Divagations« –, bringt die absolute Arabeske, die sich aus sich selbst, ohne referentiellen Bezug zu einem Bezeichneten fortrankt, hervor. Das Werk – und dies meint sowohl den Tanz als auch (Mallarmés eigene) Dichtung – begründet sich aus sich selbst, als »rhythmische vibratorische Bewegung in stetem Werden«. In diesem Pulsieren von reiner Bewegung, von Farbe und Licht um ein körperliches Zentrum, das sich in diesem Prozeß auflöst, ins Nichts verschwindet und das absolute Kunstwerk zurückläßt, erkennt Mallarmé die eigentliche kreative Dynamik von Loïe Fullers Tanz.[1]

Nach diesem Auftakt in die Tanzavantgarde, nach Loïe Fullers innovatorischen Experimenten zeichnen sich zwei gegensätzliche Richtungen des modernen Tanzes ab, in die sich das einmal gesetzte Modell der Metamorphose von Körper und Raum weiter entfaltet; die erste wird von weiblichen, die zweite von männlichen Tanzschöpfern begründet. Einerseits bilden sich Formen des Tanzes, in denen vor allem der Ausdruck des Körpers im Vordergrund steht, des Körpers, der durch seine Verwandlung in der Bewegung sich den zugehörigen Raum als »Körper-Raum« erschafft. So sind es insbesondere die großen Tänzerinnen und Choreographinnen, die die Tanzgeschichte des 20. Jahrhunderts entscheidend prägten, die neue Formen des expressiven Tanzes entwickelten, dessen Raum als Bildgestalt des bewegten Körperausdrucks hervorgebracht wird: Isadora Duncan, Mary Wigman (und andere bedeutende Vertreterinnen des Ausdruckstanzes wie z. B. Dore Hoyer), Martha Graham.

Im Gegensatz zu diesem Tanz, der den Körper-Raum als Ausdrucks-Einheit entwirft, steht andererseits eine Richtung in der Tanzgeschichte des 20. Jahrhunderts, in der Bewegung als abstraktes, vom Körper sich lösendes Zeichenspiel im Raum inszeniert wird, wie beispielsweise in Oskar Schlemmers »Triadischem Ballett«, wie in den darauf aufbauenden Choreographien von Gerhard Bohner oder in den Form-Licht-Bewegungs-Szenarien von Alwin Nikolais.

Der Hinweis auf einige charakteristische Beispiele kann diese beiden konträren Verwandlungskonzepte von Körper-Bewegung und Raum verdeutlichen:

Betrachtet man Foto und Beschreibung von *Mary Wigmans* Tanzschöpfung »Raumgestalt«, einem ihrer letzten Solos, das im Zusammenhang mit der chorischen Choreographie »Totenmal« (1921) entstand, so mag man auf den ersten Blick überrascht sein von der Ähnlichkeit mit Loïe Fullers Tänzen: Spiralige Drehbewegung, die das weite Kleid in den Raum trägt, die Überlänge des Stoffes, der so das »Kostüm« in bewegte Raumgestalt verwandelt, geführt von einem Stab:

»Eine doppelte, aus roter Seide und silbergrauem Samt bestehende Stoffbahn war in den weitfallenden Rock meines Tanzkleides eingearbeitet. Sie war vier Meter lang und an ihrem anderen Ende an einem mit Blei gefüllten Holzstab befestigt, der schwer in meinen Händen lag. Nur so gelang es, die ungewöhnliche Materie zu bändigen und tänzerisch zu meistern – sie in großem Schwung durch die Luft zu werfen, sich so eng in sie einzuwirbeln, daß der Körper zur Säule wurde, und sie in ausladenden Tiefenbewegungen wieder zu entfalten«, beschreibt Mary Wigman in ihrem Buch »Die Sprache des Tanzes«.[2]

Die Übereinstimmungen mit dem Grundmodell von Loïe Fullers Tanz sind nicht zu übersehen; deutlicher noch aber heben sich die tiefgreifenden Unterschiede zum Ausdruckstanz in seiner Prägung durch seine vielleicht berühmteste Vertreterin, Mary Wigman, ab. Auch in ihrem Tanz verkörpern sich Metamorphosen; jedoch nicht als Verwandlung von Körper und Bewegung in tanzende Szenerie, in Stoff-Raum und schwerelose Farb-Licht-Spiele, in denen sich der Körper der Tänzerin auflöst. In Loïe Fullers Tanz verschwindet der Körper als Ausdrucks-, als Zeichenträger, indem er seine Form- und Raumimpulse durch die Bewegung ganz in das Medium von Stoff und Licht hinüberleitet. Die Metamorphosen im Tanz Mary Wigmans betreffen hingegen Verwandlungen des Körpers selbst und seine durch diese leib-seelische Ausdruckskraft bewirkte Transformation des Raumes; denn unter den drei »elementaren Kräften«, die den Tanz bestimmen, ist der Raum – in Wigmans Reflexionen in »Die Sprache des Tanzes« – der »eigentliche Wirkungsbereich des Tänzers ... Nicht der greifbare, der begrenzte und begrenzende Raum der konkreten Wirklichkeiten, sondern der imaginäre, der irrationale Raum der tänzerischen Expansion, der die Grenzen der Körperlichkeit aufzuheben vermag und der ins Fließen gebrachten Gebärde eine scheinbare Unendlichkeit verleiht, in der sie sich zu verstrahlen, zu verströmen, zu verhauchen scheint.«[3]

Der Raum, der in Wigmans Tanz eine zentrale Bedeutung besitzt, entsteht als Bewegungsgestalt des Imaginären, als Erlebnis- und als Ausdrucksraum, der durch die Intensität der tänzerischen Bewegung erschaffen wird. Um diesen »irrationalen Raum der tänzerischen Expansion« zu formen, zielt die Bewegung des Körpers im Vorgang seiner Repräsentation auf der Bühne zugleich auf seine Transzendierung; denn die »räumliche Strahlung des Tanzes«, die einem visionären Ausdruckswillen und einer ekstatischen Körpersprache entspringt, überführt erst die flüchtigen choreographischen Zeichen in einen anderen Aggregatzustand, in jenes Fluidum intensitätsgeladener Dichte, die Zeit und Raum des Tanzes zu bannen scheint: Tanz erscheint dann zugleich in zweierlei Gestalten, als »lesbare Spiegelschrift« flüchtiger Bewegungs-Zeichen und als »lebendige Sprache des Körpers«.

Das Kostüm und auch die Maske spielen in diesem tänzerischen Verwandlungsprozeß des Körpers eine wichtige Rolle. In Solos, wie in der schon erwähnten »Raumgestalt«, oder in Wigmans berühmtem »Hexentanz« (1914) dienen Kostüm und Maske dazu, »das individuelle Moment zurückzudrängen, die menschliche Gestalt in ein Raumbild aufzulösen«.[4] Denn auch in Wigmans Tanz verschwindet, wie in Loïe Fullers Licht-Tänzen, das Subjekt, jedoch nicht in der Auflösung des Körpers, sondern in seiner Maskierung durch die »persona« der Raumgestalt. Dieses Raumbild – ein Merkmal auch in Wigmans Gruppenchoreographien, mehr aber noch in ihren Solo-Tänzen – entsteht nicht durch einen Prozeß der Entkörperlichung im Tanz, sondern als Ergebnis einer Verwandlung, als Transparenz des expressiven Körpers. Hinter diesem Modell von Tanz und Raum steht eine den Ideen des Expressionismus verwandte Sehnsucht nach der Einbindung des in einer zunehmend technisierten Arbeitswelt sich selbst entfremdeten Menschen in den »Rhythmus der Natur«: In der Erschließung imaginärer, irrationaler Räume durch die Tanzbewegung soll die Berührung mit der Sphäre des Kosmos dargestellt werden, eines der wichtigsten künstlerischen und ideologischen Anliegen des Ausdruckstanzes. So tritt zur Bewegungsrichtung in die Vertikale, in die Höhe und Weite des Raums in Sprung- und Schwungbewegung (nicht in Spitzentanz und Hebefiguren, wie im Ballett) auch die Orientierung des Tanzes auf den, ja *in* den Boden als tragenden Urgrund. Der Boden erscheint nun nicht mehr als Basis der Elevation, die die Kunst des Tänzers, als Illusion des Antigraven, hervorbringt; sondern er wird vielmehr zur entscheidenden Dimension des Tanzraumes: Auf den Boden hin ist die bewußte Aktivierung der Körperschwere und die daraus entstehende Spannung und Lösung von Kraftimpulsen aus dem Schwingungszentrum des Körpers, der Körpermitte, gerichtet – das, was Wigman den »lebendigen tänzerischen Atem« nennt.

Rudolf von Laban hat die Grundgedanken des Raum-Körper-Modells des Ausdruckstanzes in einer »Raumharmonielehre« zusammengefaßt: Seine »Choreutik«, die »Lehre von den Zusammenhängen räumlicher Formen im Tanz«, beruht auf Studien und Experimenten zur Erforschung der Gesetzmäßigkeiten der »Kinesphäre«. So nannte Laban die raumbildende Sphäre der in alle Richtungen strebenden Körper-Reichweite, und er ermittelte den Ikosaeder als stereometrische Gestalt, die als Hilfsmittel der Choreutik bei der Aufteilung von Raumskalen, Eckpunkten und Teilungsflächen dient; die Übertragung der Raum-Gestalt wiederum aus der Dreidimensionalität des Raumes in die Zweidimensionalität von Schriftzeichen leistet die ebenfalls von Laban entwickelte, von ihm selbst »Kinetographie« genannte Tanzschrift – ein System, das – zur »Laban-Notation« weiterentwickelt – die Aufzeichnung und Überlieferung von Choreographien in einer einheitlichen Notation ermöglicht.

In Wigmans Tänzen wie etwa der »Drehmonotonie« (1926) oder einzelnen Soli aus dem Zyklus »Visionen« (1925/1926) erscheint die aus der Bewegung modellierte Raumgestalt als Aura des Tanzkörpers, deren Strahlungskern sich in einem Punkt verdichtet, in dem Zeit und Raum stillstehen. Dieses Verständnis von Raum und Zeit im Tanz, das über die physikalische und tanztechnische Ebene hinaus in eine transzendente, beinahe mystische Vorstellung von Punkt und Unendlichkeit reicht, findet seine Entsprechung in Wigmans Einstellung zur Musik. Sie bevorzugt Musik, die eine ähnliche Transparenz erzeugt wie ihre Tänze: So setzte sie gerne den Klang des chinesischen Schalengongs ein, und besonders fasziniert war sie von der Musik der Glasharmonika, jenem Instrument, in dessen unwirklichen, sich gleichsam ins Körperlose verwandelnden Klängen schon die Romantiker den Naturlaut der Äolsharfe und der Sphärenmusik zu vernehmen glaubten. Klangräume, deren Zauber sich aus der Schwingung ätherischer Musik entfaltet, umfassen und durchdringen so die Raumgestalt des Tanzes – sie bewirken die Metamorphose der Körperlichkeit in Schwingung.

So verschieden der Tanz *Martha Grahams*, der Begründerin des amerikanischen »Modern Dance«, in seiner Entwicklung auch vom Tanz Mary Wigmans, der bedeutendsten Vertreterin des sogenannten »German Dance«, erscheinen mag, in der Konzeption von Körper, Bewegung, Raum und Zeit sind sie doch in vielem vergleichbar. Auch für Graham besteht in der Ausdrucksintensität des (weiblichen) Körpers und ihrer Entstehung aus dem Atemzentrum der Körpermitte, im Spannungswechsel von »contract and release«, das zentrale Mittel und Ziel der tänzerischen Darstellung. Aus dem Körperzentrum entfaltet sich die Bewegung in den Raum. Anders als bei Mary Wigman jedoch erscheint dieser Raum nicht in erster Linie als Strahlungsraum tänzerischer Expression, sondern er ist immer auch zugleich mythischer Raum: Raum des antiken Mythos (wie in den Werken »Cave of the Heart« (1946), »Night Journey« (1947), »Clytemnestra« (1958)), Raum des Mythos »Amerika« (in Werken wie »American Document« (1938), »El Penitente« (1940), »Appalachian Spring« (1944)), mythischer Raum weiblicher Kreativität (in Werken über Dichterinnen wie Emily Dickinson in »Letter To the World« (1940), die Schwestern Brontë in »Deaths and Entrances« (1943) und über Seherinnen wie Jeanne d'Arc in »Seraphic Dialog« (1955)).

Zeit und Raum sind durch den Mythos bestimmt, in und durch Tanz verkörpert, jedoch nicht, indem eine Geschichte linear erzählt wird – hier geht Graham einen entscheidenden Schritt über Handlungs- und Literaturballett hinaus –, sondern indem Mythos als psychischer Innen-Raum verstanden und tänzerisch verwandelt wird. Um diesen Prozeß der Übertragung des inneren in einen äußeren Bewegungsraum zu erreichen, greift Graham zu einem höchst effektiven Mittel der Perspektivierung: der Zersplitterung der Ganzheit von Figur, Raum und Zeit in symbolische Einheiten, die im Tanz wie in einem Kaleidoskop zu einer neu facettierten Totalität zusammengefaßt werden. Dazu gehört die Spaltung der Hauptfigur, mit dem Ziel, verschiedene Seiten ihres Erlebens, Aspekte des Bewußten und des Unbewußten gleichzeitig (durch mehrere Tänzer) darzustellen, wie etwa in »Letter To the World« im Hinblick auf die Gestalt der Emily Dickinson. Vor allem aber eröffnet die Zertrümmerung der erzählten Raum-Zeit-Folge des Geschehens die Möglichkeit, den Fokus auf die strukturale Darstellung der »Landschaft der Seele« als Tanz-Raum zu richten. Aus der Innenperspektive der zumeist weiblichen Hauptfigur wird das mythische Geschehen in den Raum projiziert, und zwar aus einem jeweils entscheidenden Lebensaugenblick heraus, einer Krise oder einer unwiderruflichen Situation, wie etwa in »Night Journey«, einem Tanzstück, in dem der Ödipusmythos aus der Sicht Jokastes wiedergegeben ist, im Moment kurz vor ihrem Selbstmord. Die dargestellte

Zeit gliedert sich von diesem Augenblick ihres Erkennens aus; dementsprechend erscheint der Raum des Geschehens als Bewußtseinsraum Jokastes, stilisiert durch Bewegung, zeichenhafte tänzerische Figuration und wenige, bizarre symbolische Gegenstände in der Ausstattung von Isamu Noguchi, Grahams wichtigstem Bühnenbildner.

Mit dieser Perspektivierung von Raum und Zeit des Mythos entwickelt Graham für den Tanz ein Verfahren, das der Erzähltechnik des Bewußtseinstroms im Roman des 20. Jahrhunderts, bei James Joyce, Virginia Woolf oder Alfred Döblin ähnelt. Der Augenblick, aus dem Tanz in Raum und Zeit Gestalt gewinnt, ereignet sich als Vision – in der Bewegung als Erinnerung und Zukunftsschau zugleich abrollt – eine Verschiebung und Verdichtung der Zeit- und Raumbilder mithin, die nicht selten die Atmosphäre von surrealen Traumszenen annehmen. Der Zuschauer fühlt sich in diese Traumbilder einbezogen, als bildeten sie seinen eigenen Erlebensraum:

»One need not be familiar with the dance idiom to understand what she is doing; all that is necessary is a receptive mind and the knowledge of Space: the experience of having, as an individual, felt Space oneself.«[5]

Im Kontrast zu diesen Beispielen der Schöpfung neuer Körper-Tanz-Räume steht das Modell des abstrakten Tanzes, wie es in Loïe Fullers »Danses lumineuses« vorgezeichnet ist, von dem bildenden Künstler *Oskar Schlemmer* aufgegriffen und in eine neue Richtung weiterentwickelt. Loïe Fullers Werke betonen die in den Raum gezeichnete abstrakte Linie, die tanzende Stofffläche, die beständige Verwandlung des Raumes durch die bewegte Lichtskulptur des Tanzes. Oskar Schlemmer experimentiert in seinem »Triadischen Ballett« (1922) mit einem eher konstruktivistischen Modell, um Tanzbewegung in Raumplastik zu verwandeln. Die Formenwelt, aus der Schlemmer die Gesetze seiner »Tänzerischen Mathematik« in das Ballett überträgt, stammt aus der Geometrie und Stereometrie. Er entwickelt daraus einen »Raumtanz«, im wörtlichen Sinn, »weil dabei der Raum als Ganzes tanzt, beziehungsweise mechanisch bewegt wird. Raumtanz nannten wir seinerzeit bei der Bauhausbühne ein von Menschen ausgeführtes Bewegungsspiel, bei dem ... der Raum mit einer überraschenden Intensität zum Ausdruck (kam), und zwar nur durch die verschieden temperierte Bewegung der Tänzer, durch die Kinetik des Ablaufs.«[6]

Schlemmers »Bauhaustänze« sind Nachfolger jenes Raum-Konzepts, das er schon bei der Entwicklung der Figurinen des »Triadischen Balletts« zugrunde gelegt hatte. Für dieses von ihm auch als »mechanisches Ballett« bezeichnete Bühnenexperiment greift Schlemmer auf das Körper-Verwandlungs-Potential von Kostüm und Maske zurück; er behandelt dieses »raumplastische Kostüm« jedoch nicht vom Körper ausgehend als eine Art Kleid, sondern – von allgemeinen Bewegungs- und Raumgesetzen bestimmt – als eine den Körper überformende totale Maske. Das raumplastische Kostüm bildet die Vermittlung zwischen den abstrakten Gesetzen des statischen Raumes und den zeitgebundenen, dynamischen Bewegungsgesetzen des Körpers. In den Grundformen der phantasievollen, farbigen Raum-Körper-Masken, die je einer der drei »Reihen« des »Triadischen Balletts« ihren Grundcharakter verleihen, sind diese allgemeinen bewegungsmechanischen Prinzipien ausgearbeitet: Zum einen in einer Kostümform, durch die die Gesetze des kubischen Raumes auf den Körper projiziert erscheinen, zum anderen in einem Kostüm, das die Mechanik der Körperbewegung in Form der Gliederpuppe betont, und schließlich in einem Kostüm, das die Raum-Bewegungsgesetze des Körpers selbst – Rotation, Formen der Raumdurchschneidung – in eine kinetische Maske verwandelt.

Schlemmer beschreibt seinen Versuch, die Raum-Zeit-Kunst Tanz in eine Plastik zu verwandeln, mit dem Bild des »Raum-Modellierens«: »Man kann sich die Entstehung dieser Kostüme so denken, als ob der Raum mit einer weichen plastischen Masse gefüllt sei, in der sich die Stadien des tänzerischen Bewegungsablaufs als negative Formen verhärten.«[7]

Das Kostüm ist somit das Negativ des tänzerischen Raumwegs, der aus seiner Zeitdynamik in eine statische Plastik verwandelt wird – es bildet eine erstarrte Hülle des Tanzes, die den Tänzer als plastische Materialisation seiner eigenen Bewegung umkleidet – und die nun, in einer zweiten Spiegelung, wieder in den tänzerischen Raum integriert wird: nunmehr in der Kostüm-überformten Bewegung des Tänzers.

Durch das Material (Pappe, Pappmaché, Polsterungen des Stoffs) und die abstrakte Kugel-, Zylinder-, Reifen- oder Kubusform wird der Körper des Tänzers optisch verfremdet und zudem in seinen Bewegungsmöglichkeiten eingeschränkt. So geschieht – aus dem Negativen, aus der Einschränkung und Fremdheit von Bewegung heraus – eine Auseinandersetzung mit dem, was Tanz als kinetisches Phänomen sein kann. Das raumplastische Kostüm setzt beim Tänzer und Zuschauer eine andere Erfahrung der Prinzipien tänzerischer Bewegung im Raum in Gang – Schlemmer inszeniert mit seinem »Triadischen Ballett« eine Reflexion über den Tanz im Tanz.

In der bildenden Kunst entfachte Schlemmers »Körper-Raum-Plastik«-Konzept die unterschiedlichsten Wirkungen, etwa in den roboter-ähnlichen grellfarbigen Figuren von Jean Dubuffets »Coucou Bazar«, seinem Gegenentwurf zu Schlemmers »Triadischem Ballett«.

Gerhard Bohner: *Im (Goldenen) Schnitt. Fassung 3* (1990)

Im Tanz führt *Gerhard Bohner* mit seinen »Abstrakten Tänzen« (1986) Oskar Schlemmers Modell weiter. Entscheidende Anregungen empfing Bohner durch das »Triadische Ballett«, das er 1977 rekonstruierte; ebenso durch Schlemmers »Bauhaustänze«, die »abstrakte« Bewegung dadurch inszenieren, daß Bühne und Körper des

Tänzers, vollkommen schwarz »bekleidet«, in Art der black box einen »Negativ«-Raum bilden, vor dem die reflektierenden »Reifen-, Stäbe- und Metalltänze« eine wie aus dem Nichts bewegte Eigendynamik entfalten. Bohner überträgt dieses Prinzip zurück auf den Körper, indem er durch Farbe und reflektierendes Material – in Kombination mit Schwarz – einzelne Körperteile hervorhebt, andere optisch »verschwinden« läßt und so durch Asymmetrien den Körper als abstrakte Raumgestalt bewegt.

In Amerika begann *Alwin Nikolais* in den 50er Jahren, in dem Stück »Masks, Props, and Mobiles« (1953) mit Experimenten, die Körper- und Raum-Maske, Abstraktion der Tanzbewegung und surreale Verwandlung des Raumes zu verbinden. Hatte sich Oskar Schlemmer in seinem »mechanischen Ballett« noch auf die Gedanken in Heinrich von Kleists Abhandlung »Über das Marionettentheater« bezogen und auf die Automaten in den Erzählungen E. T. A. Hoffmanns, als er seine dem Konzept der »Übermarionette« Edward Gordon Craigs ähnelnden abstrakten Tänzerfiguren entwarf, so scheinen Nikolais' Tanzstücke sich – außer aus diesen sozusagen klassischen Theorien zu Puppe und Maske – auch noch aus anderen Quellen zu speisen: Der Zuschauer fühlt sich an die Kürbismasken des amerikanischen »Halloween«, an die psychedelischen Raum- und Farbeneffekte der LSD-Happenings, an Schamanentänze und an die skurrilen Modelle extraterrestrischer Gestalten der Science-fiction erinnert. In »Sanctum« bewegt sich jeder Tänzer, jede Tänzerin der Gruppe von Kopf bis Fuß eingespannt in einem nahtlosen, an beiden Seiten offenen, dehnbaren Stoffschlauch. Der Betrachter sieht einesteils die Tänzer in ihrer Aktion, wie sie den Stoff spannen, sich beugen, strecken, ihn mit Kopf, Füßen, Händen, Rumpf modellieren, und er sieht sie andererseits als asymmetrische abstrakte plastische Gebilde im Raum, der so aus einer Formation bizarrer, irregulärer Trapezoide zu bestehen scheint. So pendeln Nikolais' Tanzexperimente mit dem Raum zwischen den Polen von organischer und geometrischer Körperform: Sie erscheinen in der Verkleidung, aber auch in Lüftung der Verkleidung, in der Maskierung und in der Lust an der Demaskierung, im Spiel mit der Illusion getanzter abstrakter Formen im Raum – und hier nicht nur als Metamorphose und Entmaterialisierung, sondern ebensosehr, um den Zauber des Körperlichen auf neue Weise sichtbar zu machen.

»Chaos has come again«
Zeit, Raum, Zufall bei Merce Cunningham

MC, die Sigle für Merce Cunningham, steht für eine Wendemarke im amerikanischen Tanz des 20. Jahrhunderts, so einschneidend, daß die jüngste Tanzgeschichte für viele Kritiker und Historiker in die Zeit vor und nach Cunningham zerfällt. Cunningham setzte im Tanz jenen Prozeß der Abstraktion durch, der in der Avantgarde im Bereich von Malerei und Musik von Wassily Kandinsky und Arnold Schönberg ausging und die Kunst des 20. Jahrhunderts von Schock zu Schock vorwärtstrieb, in immer radikalerer Besinnung auf die Grundbedingungen ihrer Produktion und die Gesetze ihrer Materialität. In Auseinandersetzung und Zusammenarbeit mit Musikern wie John Cage, LaMonte Young und David Tudor, mit bildenden Künstlern wie Robert Rauschenberg, Jasper Johns und Andy Warhol entwickelte Cunningham sein avantgardistisches Konzept des Tanzes als Raum-

Zeit-Kunst. In seinen Werken befreit er den Tanz zu sich selbst, nimmt ihn – vielleicht zum ersten Mal in der Geschichte des Tanzes – als gänzlich unabhängige Kunstform radikal ernst: tänzerische Bewegung in Raum und Zeit, ohne »Stützen« in den traditionell mit dem Tanz verbundenen Künsten, Musik und Bühnenausstattung. Die drei grundlegenden, den Tanz konstituierenden Gestaltungs-Bedingungen, Zeit, Raum und Körper-Bewegung, werden als voneinander isolierte Faktoren betrachtet und als solche im Tanz selbst reflektiert. Unter der vorweg gesetzten Bedingung ihrer Unabhängigkeit voneinander werden sie dann erst im Tanzstück jeweils in neuen Kombinationen in Beziehung gebracht. Tanz selbst also, Bewegung in Zeit und Raum, erscheint als das einzige Thema von Cunninghams Choreographien – Tanz, pur, »objektiv«, nichts anderes als sich selbst »repräsentierend«. Tanz ist bei Cunningham weder narrativ noch expressiv. Er erzählt in seinen Stücken keine Geschichte, bietet keinen »Inhalt«, keine Handlung, und er interessiert sich nicht für den Körper- und Bewegungs-Ausdruck von Affekten und Gefühlen. Kein Wunder, daß zu der vielfach irritierenden Wirkung von Cunninghams Werken auch die sogenannte »kühle« Atmosphäre gehört; die Tänzer tragen keine Emotionen zur Schau, beschwichtigen den ratlosen Zuschauer auch nicht durch das aus dem klassischen Ballett vertraute stereotype Lächeln. Statt dessen übermitteln sie die Faszination der puren Bewegung in größter Intensität, jenes Phänomen, auf das sich Cunninghams Neugier unermüdlich richtet: Bewegung, als motorisches, als kinetisches Phänomen, die einfachste Bewegung wie Gehen, Fallen ebenso wie die komplizierteste tänzerische Passage, das »Wie« einer Bewegung ebenso wie die Frage, welche Motionen in welchen Kombinationen möglich sind – Themen, die sich

Merce Cunningham: *Walk Around Time* (1968)

auch in den Titeln seiner Stücke kundtun, etwa »How to Pass, Kick, Fall, and Run« (1965) oder in »Walk Around Time« (1968). Das entscheidend Moderne in diesen Tanzschöpfungen, das, was den Avantgardisten Cunningham heute bereits wieder als Klassiker des absoluten Tanzes erscheinen läßt, liegt in der Neubestimmung des Gestaltungsanteils von Zeit und Raum im Tanzgeschehen.

Seit es Tanz gibt, besonders aber in der Geschichte des klassischen Balletts und des Bühnentanzes, ist die Musik aufs engste mit dem Tanz verknüpft: Sie spielt die Rolle des »Zeitgebers« für den Tanz, liefert den zeitlichen Rahmen für die Dauer einer Choreographie, bestimmt das Bewegungstempo, die Segmentierung, Phrasierung und Artikulation einer Bewegungssequenz, prägt die rhythmische Basis der Schrittfolgen und den allgemeinen Bewegungscharakter. Cunningham kündigt die Bindung des Tanzes an die Musik als Medium seiner Zeit-Struktur auf;

er setzt so tänzerische Bewegung frei, um deren je »eigene«, aus ihr selbst entwickelte Zeit zu entdecken. Damit ist freilich nicht die Beliebigkeit einer stets neuen variablen Improvisation gemeint. Sind die Zeiteinheiten einer bestimmten Bewegung, die Cunningham seinen Tänzern vorgibt, erst einmal von Tänzern und Choreograph im gemeinsamen Erproben gefunden, so wird sie genau festgelegt. Merce Cunningham arbeitet in seinen Proben mit der Stoppuhr. Zeit, ihre präzise Gliederung in und durch Bewegung ist für die Gestalt jeder Choreographie entscheidend; da es eine tanzimmanente Zeitgestalt ist, die nicht von Außenfaktoren wie Musik, Handlung oder Beleuchtungs-Einheiten abhängt, konzentriert sich die Hervorbringung dieser Zeitgestalt auf zwei tanzinterne Möglichkeiten, die Zeit-Impulse und -Einheiten zu lokalisieren: zum einen *im* Tänzer, zum anderen im Bewegungsspiel der Tänzer untereinander. Cunninghams Tänzer berichten, daß sie im Prozeß der Proben, des Trainings, des Entdeckens, welche Zeit eine Bewegung einnehmen kann, eine besondere Sensibilität für alle Prozesse des »timings« entwickelten, eine Art »Muskelgedächtnis« für Zeit, das es ihnen ermöglicht, auf Sekunden genau die festgelegten Bewegungsfolgen zu tanzen und über Jahre hinweg zu reproduzieren. Zusätzlich entwikkelt sich in der Zusammenarbeit der Tänzer ein gemeinsames Zeit-Gespür, das sich nicht über den Blick (die Proben werden, wie Carolyn Brown berichtet, ohne Spiegel getanzt), sondern über das Körpergefühl im Raum herausbildet. Dies ermöglicht der Gruppe sowohl in komplizierten Unisono-Passagen, beispielsweise in »Rune« (1959), als auch in Sequenzen, in denen jeder Tänzer sich in wechselnden Tempi und Rhythmen bewegt, in präzise aufeinander bezogenen Zeiteinheiten zu agieren und so die Zeitgestalt des Stücks zu formen, etwa in den ersten 9 Minuten von

»Winterbranch« (1964), wenn die sechs Tänzer sich frei, ohne die erst später einsetzende Geräuschkomposition von LaMonte Young, in dem von Robert Rauschenberg ausgestatteten Raum bewegen. Auf den Zuschauer wirkt die Genauigkeit dieses »stummen«, aus seinem eigenen inneren Zeitquell sich bildenden Tanzes, dessen Puls, Wandel und Horizont zwischen Anfang und Ende einer allein aus der Bewegung der Tänzer übermittelten Dynamik entspringt, faszinierend. Gerade die Präzision und der nicht weiter ergründbare, einer inneren Notwendigkeit gehorchende Ursprung dieser Zeitkomposition gibt dem Tanz nahezu die Aura des Mysteriösen.

Daß der Tanz aus seiner eigenen Zeit, aus der Körperzeit der Tänzer und aus den Zeitbezügen der Bewegungsabläufe heraus gestaltet ist, bedeutet nun freilich nicht, daß Merce Cunninghams Stücke ohne Musik aufgeführt würden. Aber es gibt in seinen Werken häufig und in zentraler Funktion Teile, die stumm, allein durch die Geräusche des Tanzens selbst begleitet, auftreten – eine Form der Inszenierung von Tanz, die durchaus Vorläufer hat: im 20. Jahrhundert beispielsweise die Versuche des Ausdruckstanzes, den Tanz zu seiner eigenen »Sprache« zu führen, indem man auf Musik- und Rhythmusunterstützung verzichtete. Konsequent hat dies allerdings nur die kaum mehr bekannte, jung verstorbene Wigman-Schülerin Hilde Strinz verfochten. Bei ihren Experimenten handelte es sich zudem um Solotänze. Cunninghams Konzept der Eigenständigkeit von Tanz, Musik und Bühnenbild tendiert hingegen in eine grundsätzlich andere Richtung. Nicht die Befreiung des Körperausdrucks, sondern die Emanzipation und Abstraktion der tänzerischen Bewegung von jeder konventionellen Klang-Zeit-Vorgabe ist sein Ziel. So erklärt es sich, daß »Musik« – fast ausschließlich Werke von zeitgenössischen Komponisten, zumeist live elektronisch aufgeführt – zwar nicht aus der Inszenierung, wohl aber aus der Entstehung eines Tanzstücks ausgeschlossen wird; sie tritt erst nach den Proben, erst nach der Vollendung des Tanzstücks hinzu: als neue und abgeschlossene Dimension, als eigenständige Komposition, die die visuelle Perspektive von Bewegung und Bühnenausstattung durch Klang und Geräusch simultan ergänzt und unterläuft. Mit dieser Praxis der separaten Entwicklung der Einzelaspekte bis zum Punkt des Zusammentretens in der Aufführungssituation sucht Cunningham die Unabhängigkeit jener Künste, die traditionell bei der Realisierung eines theatralischen (Tanz-)Kunstwerks zusammenwirken, Bewegung, Musik und Bild, zurückzugewinnen, sie gewissermaßen in einem Trennverfahren aus ihrer Tendenz zur Verschmelzung in einem Gesamtkunstwerk zu lösen.

In der Wahrnehmung des Zuschauers freilich setzen sich die unabhängig komponierten, jedoch simultan seine sinnliche Aufmerksamkeit ansprechenden Kunstwerke wieder zu einem Ganzen zusammen; freilich zu einer Ganzheit, in der die Einzelfaktoren Autonomie beanspruchen, die Künste gewissermaßen partnerschaftlich zusammentreten – weit entfernt von der symbiotischen Totalität eines Gesamtkunstwerks im Sinne etwa Richard Wagners, oder auch – im Bereich der Tanzgeschichte – im Sinne des Zusammenwirkens von Künstlern für die Schöpfungen der »Ballets Russes« Serge Diaghilews. Der entscheidende Unterschied liegt darin, daß Cunninghams Werke nicht auf Koordination angelegt sind, so als müßten die beteiligten Künste oder Künstler gemeinsam auf einen Gesamtsinn des Stücks hinwirken. Diese behaupten sich vielmehr im klar abgegrenzten Nebeneinander. Vom Zuschauer ist – in den Worten von John Cage – eine »polyattentiveness« gefordert, eine Form der Aufmerksamkeit, die der Gleichzeitigkeit der multimedialen künstlerischen Ereignisse entspricht. In »Summerspace« (1958) beispielsweise ist der Betrachter damit konfrontiert, Figur und Grund, Raum, Horizont, Körper und Bewegung immer von neuem in seiner Wahrnehmung zu konstituieren und voneinander zu trennen, denn die Ausstattung von Robert Rauschenberg – ein Bühnengrund in farbigem pointillistischen Gesprengsel, die Trikots der Tänzer in demselben Muster – forciert den Eindruck einer Mimikry-ähnlichen Verschmelzung der Raum-Körper-Dimension, ein Effekt, der durch die Choreographie und die in hohen Registern komponierte Musik Morton Feldmans, je unabhängig voneinander und doch zusammenwirkend, verstärkt wird.

Die Lenkung der Aufmerksamkeit des Zuschauers auf simultan in mehreren Zentren verdichtete tänzerische Ereignisse bezieht sich besonders auf Cunninghams Umgang mit dem Raum. Er versteht den Raum, in dem getanzt wird – die Bühne oder die Aufführungsorte seiner »Events«, Museen oder Gymnasien – als offenes Feld; die Tänzer kommen und gehen, oft unablässig, wie in »Summerspace«. Der Bewegungsraum erscheint nicht als abgeschlossenes Terrain, sondern als offener Horizont, gewissermaßen rahmenlos. Ein weiteres Charakteristikum des Raumes, der in Cunninghams Choreographien durch Bewegung hervorgebracht wird, besteht in der Gleichwertigkeit jeder Zone, jedes Raum-Punkts. Jede Stelle, ob nun durch einen Tänzer hervorgehoben oder unbetont, also leer, ist prinzipiell von gleicher Bedeutung für die Konstitution des gesamten choreographischen Raums. Cunninghams Tänze sind zumeist so komponiert, daß sie von allen Seiten gleichermaßen betrachtet werden können – eine Raum-Auffassung, die ihn mit Avantgardisten der amerikanischen bildenden Kunst wie Jackson Pollock verbindet. Es gibt keine »bevorzugten« Zonen, wie sie sich in der Tradition des Bühnentanzes herausbildeten, weder den magischen Punkt der Bühnenmitte (der, gewissermaßen in »post-Cunningham«-Perspektive, in William Forsythes Stück »In the middle, somewhat elevated« zitiert wird) noch die zentralperspektivisch betrachtete Achsenlinie und die von ihr aus symmetrisch abfallenden Seitenzonen der Bühne; und auch nicht den Fokus der Rampe, jene durch »Rampenlicht« herausgehobene Grenzlinie zwischen Bühnenfront und Publikum. Statt dessen gibt es in Cunninghams Choreographien multiple Zentren des Raumes, die sich ebenso durch die Position der Tänzer, einzeln oder in einer Gruppe, in Bewegung oder im Stillstand, wie auch durch die Aussparung, die »leere« Raumzone herstellen. Jedes Werk Cunninghams, vom Schaffen der 50er und 60er Jahre, wie z. B. in den »Field Dances« (1963), bis zu den neuesten Stücken, etwa »Field and Figures« (1989), exponiert auf neue Weise das Setzen, Verschieben, Verdichten, Verwandeln solcher multipler Zentren als Schwerpunkte und ihrer Spannungsbezüge im Raum.

Gewiß hat die Dezentrierung, die Auflösung eines einzigen Zentrums der Choreographie ihre Vorgeschichte im Laufe der Tanzhistorie. Schon der große Tanzreformer des 18. Jahrhunderts, Jean Georges Noverre, hatte für das »ballet en action« die Auflösung der Gruppen gefordert; die Bewegungschöre des Ausdruckstanzes im ersten Drittel des 20. Jahrhunderts griffen dieses Vorbild wieder auf, und in ganz anderer Weise realisierte auch Georges Balanchine für das neoklassische Ballett das Prinzip der multiplen, sich beständig verschiebenden Zentren der Choreographie. In all diesen Beispielen erscheint jedoch, anders als bei Cunningham, diese Auflösung des choreographischen Focus in vielfache Zentren bedingt durch sekundäre (freilich mit dem jeweiligen Tanzkonzept eng verknüpfte) Faktoren: bei Noverre durch seine auf dem Nachahmungsprinzip beruhende Darstellung mythologischer Stoffe; im Ausdruckstanz, beispielsweise in Rudolf von Labans Choreographie des »Tannhäuser«-Bacchanals in Bayreuth (1932), durch die Absicht, die Dynamik der Affekt- und Triebkräfte expressiv zu gestalten; und bei Balanchine schließlich durch die Übertragung musikalischer Strukturen in den Raum des Tanzes – in Korrespondenz zur jeweiligen Gestalt der Partitur, beispielsweise in »Concerto barocco« (1941) zum Doppel-Violinkonzert von Johann Sebastian Bach oder in »Agon« (1957) zur Musik von Igor Strawinsky.

Im Gegensatz zu diesen Beispielen einer Dezentrierung, Raumauflösung und Simultaneität verschiedener Ereigniszentren im choreographischen Tableau ist für Cunninghams Werke entscheidend, daß sich mit seinen Raumordnungsprinzipien keinerlei Wertungen oder gar Bedeutungen verknüpfen: weder im Sinne einer Hierarchie der Bewegungsfolgen und Motionszentren noch im Sinne einer Exponierung einzelner Tänzer als Solisten. Cunninghams multiperspektivisch orientiertes Prinzip der Choreographie ist vergleichbar mit der atonalen Kompositionstechnik Schönbergs. Der Emanzipation aller 12 Töne der temperierten Skala zu gleichwertigen Beziehungsmöglichkeiten, unabhängig von den Hierarchien der Tonarten, entspricht bei Cunningham die Befreiung der Punkte im Raum aus der Hierarchie der präformierten Perspektiven von Bühne und Publikum, Solist und Gruppe zur generellen Gleichrangigkeit jeder Position im Raum in Beziehung zu jeder anderen.

Als Generator solcher Chancengleichheit der Raumposition setzt Cunningham den Zufall ein. John Cage, mit dem Cunningham seit Mitte der 40er Jahre eng zusammenarbeitet, verwendete aleatorische Verfahren für seine

Kompositionen und gab damit Cunningham die Anregung, einen Teil der vielfältigen Entscheidungen, die den Ablauf einer Choreographie bestimmen, dem Zufall zu überantworten: Dabei kann sich die Determination durch den Zufall sowohl auf den Zeit- als auch auf den Raumfaktor eines Tanzes beziehen. Geht es um die Zeit, so entscheiden aleatorische Verfahren vor allem über die Segmentierung des choreographischen Ablaufs. In dem ersten Stück, in das Cunningham Zufallsentscheidungen einbrachte, »Sixteen Dances for Soloist and Company of Three« (1951), wurde die Folge der Sequenzen durch Münzwurf entschieden. In späteren Stücken wurden auch die Raumgliederung, die Richtung und Aufeinanderfolge einzelner Auftritte, die Kombination der Schritte durch Zufallsprozeduren festgelegt. Cunningham zieht beispielsweise das chinesische Orakel »I Ging« zu Rate, oder er koordiniert die Choreographie nach dem Muster der Unebenheiten auf einem weißen Papier, die er von der Fläche in die Raumstruktur überträgt, wie etwa in dem Trio aus »Suite for Five in Space and Time« (1956).

Der Zufall, als Faktor des Nicht-Vorhersehbaren, Unbestimmten spielt in Cunninghams Werk eine herausragende Rolle; er verkörpert nicht nur ein abstraktes Prinzip der Entscheidungsfindung für die Strukturierung von Raum und Zeit, sondern er stellt auch eine Verknüpfung der (Tanz-)Kunst mit dem alltäglichen Leben und mit der Natur her, deren Prozesse ebenfalls vielfältig durch den Zufall beeinflußt sind. Dabei erscheint der Zufall nicht etwa als Macht des Unbeeinflußbaren, sondern vielmehr als Bereicherung der rationalen Komponenten der Choreographie durch Elemente des Irrationalen. Cunningham spielt deshalb mit dem »gelenkten« Zufall, denn immer ist die Bewegung selbst, ein Schritt oder eine für ihn gerade interessante Motion, der Ausgangspunkt aller

Experimente mit zufälligen Variablen. Und sind diese schließlich gefunden und festgelegt, so wird der Zufall – etwa in Form der Improvisation – ausgeschlossen: Er funktioniert als »shifter« zwischen Chaos und Ordnung, zwischen Irrationalem und Rationalem in der Komposition eines Werks; das Ergebnis, präzise getanzt, vermittelt den Eindruck einer »arbitrary necessity«.

So erscheinen auch Cunninghams »Events«, durchnumerierte, in Museen und Turnsälen aufgeführte Tanz-»Ereignisse«, nur auf den ersten Blick den improvisatorischen Happenings ähnlich. Das »Ereignis« besteht – wiederum, wie wäre es bei der Raum-Zeit-Besessenheit Cunninghams anders möglich – in der Situierung von Tanz in einem spezifischen Raum (nämlich an Orten, die als Inbegriff der Hütung von Bildung gelten) in spezifischer Zeit, nämlich in einem durch Zufall aneinandergereihten »Tanz-Bogen« aus verschiedenen Werken Cunninghams, die hier zusammengeschnitten sind wie ein Film.

»Chaos has come again« – so Merce Cunningham in einem Interview –, und dies in mehr als zufälliger Übereinstimmung mit den Erkenntnissen der Quantenphysik und der sogenannten »Chaos«-Theorie, deren Entdekkungen Cunninghams künstlerische Sensibilität schon in seinen Werken zu Beginn der 50er Jahre ahnen ließ. Sowohl die Zufalls- und Unbestimmtheits-Relationen der Naturwissenschaften des 20. Jahrhunderts als auch alte Weisheit des Zen-Buddhismus, den Cunningham und Cage in der Lehre von Daizetz Suzuki kennenlernten, prägen die Raum-Zeit-Beziehung in Cunninghams Werken. Cunningham machte sich die Erkenntnis, die Einsteins spezieller Relativitätslehre folgt, zu eigen:

»Time and space cannot be defined independently of one another, that is, independently of motion.«[8] Der durch Bewegung erfahrbaren Beziehung von Raum und

Zeit suchen seine Tanzschöpfungen auf die Spur zu kommen, immer neu, mit ungebrochenem Interesse sowohl an den Wandlungen des Zeit-Raum-Gefühls durch Bewegung als auch mit Gespür für das Phänomen der vollkommenen Zeit- und Raumlosigkeit, wie es indische Weisheitslehre als Erfahrung meditativer Versenkung beschreibt. So erscheint der Augenblick der Ruhe und der Unbewegtheit inmitten komplexer, oft sehr rascher Tanzsequenzen als gleichwertiges Element der choreographischen Raumgestaltung: Spannung und Raumdichte, die aus der Bewegung in den räumlichen Beziehungen zwischen den Tänzern entspringen.

Cunninghams kompromißlose Konzeption des Tanzes als Bewegung in Raum und Zeit wurde oft als »kalt« und »mechanisch« interpretiert. Damit war zumeist das Fehlen des Gefühlsausdrucks in Körper und Bewegung gemeint, zuweilen auch spielten irritierte Kritiker damit auf die Zufalls-Operationen in der Komposition der Tänze an. Die Tänzer freilich tanzen nichts weniger als »mechanisch«; die besondere Intensität ihrer Bewegungspräsenz rührt daher, daß sie im Prozeß der Entstehung einer Choreographie gefordert sind, ihre individuelle Bewegungsweise einzubringen. Cunningham spricht im Hinblick auf Tänzer, Musiker und Beleuchter von »acting« – im ganzen Bedeutungsspektrum dieses Wortes: »Each dancer may act in his separate way.« Der tänzerische Raum entsteht so aus einem Muster der Interaktion, erst das Zusammenspiel von Individualität und Gemeinsamkeit in der Bewegung, ohne Hierarchien zwischen den »Agierenden«, ermöglicht die Identität einer Choreographie: so erscheint Cunninghams Werk als Modell eines Bewegungs-Gesprächs, das an Vorstellungen aus der Kommunikationstheorie und der Soziologie denken läßt, etwa an Jürgen Habermas' Idee des »herrschaftsfreien

Dialogs«. In Cunninghams Werken entwickelt sich solcher Tanz-(Frei-)Raum nicht als Ergebnis vorgängiger künstlerischer Rationalität, sondern gerade deshalb, weil das Irrationale, der Zufall als Anarchie-Potential die Ordnung des Kunstwerks mit hervorbringt.

»It is an anarchic process of working, a number of people dealing in their separate ways with a common situation, and out of it can come a whole: an evening of dance.«[9]

Ein Tanzabend, ein Ganzes, hervorgebracht aus einer Situation, die nicht von einem einzelnen Faktor abhängt, auch nicht vom Choreographen als Schöpfer eines Raum-Zeit-Kunstwerks: ein Thema, das in einem jüngeren Werk Cunninghams aufscheint, in »Fabrications« (1989): als habe er in dieses Stück in ironischer Brechung die kleine Abhandlung Michel Foucaults, »Was ist ein Autor«, in der es um die Frage des Schöpfers als »Subjekt« und als »Funktion« geht, hineinkomponiert. Cunningham, der 1919 geborene Autor dieses Stücks, ist in diesem Werk präsent wie in fast allen seinen früheren Choreographien. Er steht, bewegt sich zwischen den Tänzergruppen, geht einmal diagonal über die Bühne: die Bewegung eines von Alter und Arthrose gezeichneten Körpers; und es ist fast, als mache seine bedingungslose Neugier für das, was Bewegung sei, wie sie sich ereignen kann in Raum und Zeit, auch vor diesen Einschränkungen von Beweglichkeit und »Schönheit« nicht halt. Wieder bietet die Choreographie selbst nicht mehr an Bedeutung als diese Raum-Zeit-Folgen von Bewegung, einesteils als alltägliche Fortbewegung, anderenteils als kompliziert-filigranes Netz von perfekt getanzten (Ballett-)Schrittfolgen. Sinnbezüge herzustellen, die über diese freigelassene semantische Ebene der puren kinetischen Ereignisse hinausgehen, bleibt dem Zuschauer überlassen. Er mag Deutungsanstöße finden zum Nachdenken über die Fragwürdigkeit der gesellschaftsüblichen Normierungen von jung und alt, gesund und krank, schön und häßlich; er mag sich zum Interpretieren des Verhältnisses von Schöpfer und Werk angeregt finden angesichts der Bewegung Cunninghams mit seinen perfekt agierenden Tänzern, angesichts des merkwürdigen Eindrucks, daß der Schöpfer des Tanzes aus seinem Werk ausgeschlossen bleibt gerade wegen der Vollkommenheit des Tanzes; und er mag schließlich den Humor und die leise Selbstironie in der Passage des Autors durch sein Werk wahrnehmen, die feine Anspielung an das Vorbild Hitchcocks, der durch die eigenen Filme »geistert«.

Tanz der Lücke
Die Intervall-Choreographie von Wim Vandekeybus

Die junge Generation nach Cunningham führt in vielfacher Hinsicht Anregungen und Tendenzen seines Werks weiter. Der Alltagskörper, d. h. ein Körper, der nicht auf den ersten Blick als der eines Tänzers identifizierbar ist, wird zum Instrument von Alltags-Bewegung in Alltags-Räumen: In der Szene der Performances und Happenings dringt der Tanz in die Bereiche eines strikt antielitären Kunstbegriffs vor; die 68er-Revolution thematisiert den Raum gesellschaftlicher und politischer Veränderbarkeit als den Spielraum künstlerischer Phantasie; auch der Tanz »arbeitet« in Bewegung, in »Aktion« mit solchen Konzepten, provokativ und radikal wie etwa Yvonne Rainer mit ihrem Stück »A Mind is a Muscle« aus dem Jahr 1968, wie auch Twyla Tharp, die in ihren Arbeiten Raum und Zeit als integrale Elemente des choreographischen Prozesses zeigt, wie – in gegenläufiger Tendenz – auch der Minimalismus im Tanz, zu Beginn der 70er Jahre, von Lucinda Childs oder Laura Dean, parallel zu den entsprechenden minimalistischen Strömungen in der Musik und Malerei entwickelt; und, nicht zuletzt, in der Bundesrepublik Deutschland der 70er und 80er Jahre, das Tanztheater der Pina Bausch, das seinen Raum ebenfalls als einen gesellschaftlichen definiert: als den (eingeschränkten) Bewegungs-Raum normierter Beziehungen zwischen den Geschlechtern, zwischen Macht und Ohnmacht, familialer und medientechnischer Prägung der Kommunikation.

Der Tanz, der darauf folgt, der Tanz der 90er Jahre, verwirklicht vielleicht erst das, was nach Umberto Eco die Postmoderne auszeichnet: der unverkrampfte, spielerisch ironische Bezug zur Geschichte, in der alles schon gesagt ist – ein Trend, der an einigen der jüngsten Stücke, insbesondere von französischen und belgischen Choreographen zu beobachten ist. Minimalistische Bewegung und Elemente des Tanztheaters, Modelle des Konstruktivismus und des Dekonstruktivismus, strukturale Zeichentheorie und Mythosfragmente dienen gleichermaßen als Reservoir, so als ob allein noch aus den Archiven einer Geschichte des Körpers, aus den imaginären Museen der Körperbilder des 20. Jahrhunderts »andere« Raum-Zeit-Bilder der Bewegung erzeugt werden könnten; entscheidend ist dabei der Gestus, in dem das »Schon-Gesagte« eine neue Freiheit gewinnt. Stellvertretend für diesen Trend steht, so meine ich, ein Werk des Belgiers Wim Vandekeybus: »The Weight of a Hand«:

Ein Stück, in das Teile seiner vorausgegangenen Tanzschöpfungen, »What the body does not remember« und »Les porteuses de mauvaises nouvelles« eingegangen sind. Diese beiden Stücke hatten bereits zwei brisante Fragen thematisiert, zum einen die ins Wesen der Postmoderne zielende Frage nach dem Gedächtnis und dem Vergessen, bezogen auf den Körper; zum anderen die Frage nach der Rolle der Medien in diesem Spiel. Das

Besondere an dieser dritten, noch intensiveren, noch kompakteren Choreographie ist die Zusammenarbeit zwischen Vandekeybus und dem Komponisten und Musiker Thierry de Mey, die sich den Wunsch erfüllten, in direkter Konfrontation von Musik und Choreographie, von je 12 agierenden Musikern und Tänzern ein Werk zu entwikkeln. Der Titel wird in zwei herausgehobenen Phasen des Tanzstücks unmittelbar evident: In zwei »Intermezzi« – eingeschobenen Sequenzen, die Klangraum und Bewegungsraum ineinanderbinden durch Körper-Rhythmus, durch rhythmische Gliederung aus Bewegung. Genauer: aus der Bewegung der Hände, die Vandekeybus wegen ihrer »chaotischen« Komponente fasziniert:

»The hand is a part of the body and can be defined as such, but its movement is unpredictable, chaotic in its variations from one point to another and it is precisely this which fascinates us.«[10]

Im ersten Intermezzo sind es 2, im zweiten 6 Hände, die virtuos »Musik« hervorbringen in einem »Tanz der Hände«. Auf einem Tisch mit einem Holzbrett (unter dem vermutlich Verstärker angebracht sind) »spielen« diese tanzenden Hände, schlagen – allein mit ihrem Gewicht alle Klang- und Lautnuancen modulierend –, streichen, streifen, klopfen, leicht und hart, kurz und lang, schwellend und abrupt, formen Zeit und Raum. Im letzten Drittel des Stücks spielen die 6 Hände von drei Spielern an einem Tisch im Vordergrund der Bühne ein solches »intermezzo«, nach einer Partitur, bravourös im rhythmischen Dialog, sinnlich, erotisch, frech, aggressiv in den Streich-, Schlag-, Wisch-, Zupf-Bewegungen. Das erste »intermezzo« erscheint bereits kurz nach der Eingangsszene des Stücks. Thierry de Mey, der Komponist und Leiter der in das Tanzstück einbezogenen 12 Musiker, vollführt an einem Tisch auf der Tanzfläche diesen

Wim Vandekeybus: *The Weight of a Hand* (1990)

»Tanz der Hände«. Gleichzeitig bewegen sich, wie an unsichtbaren Fäden rhythmisch gezogen, zwei Tänzer zu dieser Musik: ausschließlich am Boden, rollend, sich aufbäumend und überschlagend, virtuos, akrobatisch, in genauester Abstimmung mit den rhythmischen Impulsen des »Handtanzes«; dabei folgen die Bewegungen der Tänzer, je einer Hand zugeordnet, nicht bloß der Intensität und Dynamik der Klangerzeugung durch das Schlagwerk der Hände, sondern auch, mit dem ganzen Körper, den Richtungen, Linien des Handtanzes, dessen Choreographie aus der Fläche der Tischplatte in den Tanz-Raum transformierend. Ein neuer Gesichtspunkt von »Choreographie« als tänzerischer Gestaltung des Raumes wird hier sichtbar, wobei die Hand als »Zeigekörper« die Vermittlung zwischen Schrift und Raum übernimmt: Das Spiel der (Musik-)Zeichen, die durch die Hände als klingende Muster auf die Tischfläche projiziert werden, unmittelbar übersetzt in Körper-Zeichen im Raum, Impuls, Kraft, Spannung, Richtung und Dauer in diese andere Dimension übertragend.

Das Grundthema des zweistündigen, ohne Pause aufgeführten Tanzstücks schält sich immer deutlicher heraus: Es geht um Intervalle – in allen möglichen Bedeutungsvariationen dieses Begriffs, um Intervalle, wie sie in Raum und Zeit wirksam werden. Intervalle also, als Zwischenraum, Lücke, als Ton-Ton- und Körper-Körper-Relation, als Variable von Distanz und Nähe einer Beziehung – Intervall, nahezu ein »shifter« in seiner multiplen Negativität; vergleichbar jenem »Nichts«, jenem leeren Zentrum des Raums, in dessen Sog Mallarmé Loïe Fuller ausmachte, in jenem paradoxen schöpferischen Prozeß der Annihilation, der die Tänzerin als Hervorbringende einer »poésie pure« des Tanzes in der Bewegung im Raum sich auflösen läßt. Auch das Intervall ist negativ, als das »Leere« zwischen zwei positiv bestimmbaren Faktoren definiert. Doch anders als das leere Zentrum der Bewegung im Raum, dessen »Nichts«, Mallarmés Poetologie entsprechend, durch den Text der Tanz-Zeichen verhüllt wird – ein Ergebnis der Wechselwirkung von »pulsation« und »déstruction« –, ist das »Nichts«, die »Leere« eines Intervalls als unverzichtbares Element einer Beziehung festgelegt, einerseits als »Zwischen«, abgrenzbar, veränderbar, berechenbar, und andererseits als »Lücke« unvorhersehbar, unberechenbar, mit dem Appell, den Bruch, einer Kontinuität, der Zeit, des Raums, zu schließen. Die Lücke wird so als entscheidendes Element der Zeichenproduktion kenntlich gemacht, jener minimale Raum, der die Zeichen und Zeichenketten voneinander abgrenzt, der Differenz setzt und verschiebt. Im Körper-Raum des Tanzes, so wie Vandekeybus ihn inszeniert, wird auf verblüffende Weise das Begriffs-Spiel von »différence« und »différance« aus Jacques Derridas Theorie des Strukturalismus anschaulich: die Differenz als das statische, Hierarchien und Abgrenzungen betonende Moment des »Zwischen«, die »différance« als das dynamische, sich verschiebende Moment der Lücke im System der Sinnproduktion und seiner Vernichtung. –

Bereits die Eingangssequenz von Vandekeybus' Tanzstück »The Weight of a Hand« bringt – in einer kleinen Satire auf Evolutionsgeschichte und Anthropologie – das Zentralthema »Intervall« auf die Szene: Die Tänzer betreten die Bühne, die rechts und links von einer Reihe roh geschälter Baumstämme gesäumt ist, mit Schuhen, an die sie Steigeisen geschnallt haben; Gehen, die selbstverständliche Bewegung des Alltags, erscheint grotesk behindert, Distanz, Ausweichen, Umgehen ist erforderlich – freilich nur auf dem Boden. In der dritten Dimension, im Zwischen-Raum der Baum-Reihen eröffnet sich ein neues Bewegungsfeld.

Um Intervalle, Zwischen-Räume der Bewegung auf der Erde als »Territorium« geht es auch in der folgenden Sequenz des Stücks, in der die Tänzer und Tänzerinnen weiße Ziegel in unterschiedlichen Mustern vor sich her über die Bühne legen; die Regeln ihrer Bewegung folgen dem Vorbild der Kästchenspiele der Kinder, »Himmel und Hölle«: nur dieser (vor-)bestimmte Bezirk darf betreten werden, ein Gesetz, das auf dem solchermaßen determinierten Weg der Tänzer durch den Raum zunehmend seine paranoide Struktur enthüllt; Weg, Fläche, Raum erscheinen in lauter den Ziegel-Intervallen folgende Zwischen-Räume zerlegt. Das Betretbare und das Unbetretbare in beständiger Konfrontation mit der Grenze, die den tabuierten Zwischen-Bereich auszirkelt, wird zum Maßstab von Bewegung und Bewegungs-Freiheit. Aus der zwanghaften Fixierung auf die begrenzten Bodenmuster und dem regelgerechten Raumdurchmessen entwikkelt sich allmählich ein freies Spiel, in dem das Erproben der Ziegel-Zwischenräume aus der Ebene in den Raum entrückt wird: Die Tänzer werfen sich die Ziegel zu, wie auf der Baustelle, wie im Ballspiel; der Abstand der Ziegel aus dem Bodenmuster, die jeweils nur den einzelnen in seinem Tempo und seiner Flächenformation schrittweise durch den Raum führten, regelt sich nun in Abstimmung mit dem Gegenüber; der Zwischenraum zwischen Werfendem und Fangendem, seine Variabilität erscheint als Brücke zum Du. Auch die Rolle des Zufalls und der Geschicklichkeit verleihen diesem Dialog über die »Lücke« hinweg ein wenn auch noch so geringes Maß an Unwägbarkeit, Spannung, Unvorhersehbarkeit – eben jene Elemente von Lebendigkeit, die im zwanghaften Marsch über die Ziegel als Vermeidung der Bedrohung durch die Lücke ausgeschlossen werden sollten. Die letzte artistische Konsequenz des Wurfspiels wäre das Jonglieren; und darin endet diese Sequenz des Tanzstücks denn auch: eine Miniaturausgabe der weißen Ziegel, so groß wie ein Zuckerstück, wird in einem gespielten, getanzten Jonglieren zwischen Tänzern und Publikum hin und her gespielt, nun auch dieses »Intervall«, den Abstand zwischen Bühne und Zuschauerraum noch ausmessend; jeder Tänzer zeigt seine individuelle Variante virtuoser Spiel- und Wurfbewegung. Das Zirkusmodell des Jonglierens (das ebenso für die Trapezkünste und die Dompteurnummern gilt), nämlich die Gefahr des Verfehlens des richtigen Abstands, des Fallens in die Lücke, durch Geschicklichkeit zu minimalisieren, erscheint im Wurf- und Jongleur-Spiel der Tänzer entschärft, quasi selbstreflexiv.

Auch die Musik spielt und tanzt in diesem Tanzstück mit; nicht nur im »Tanz der Hände«, sondern während des gesamten Ablaufs in das Raumgeschehen einbezogen: Die Musiker sind gruppenweise und wechselnd rechts, links, über und inmitten des Tanzraumes plaziert, sie spielen nicht zum Tanz, sondern sie spielen mit im Experiment der Gestaltung von Raum und Zeit, eine Musik, die selbst Choreographie darstellt, im gleichen Maß wie der Tanz im Zentrum der Zuschauerwahrnehmung. Auch die Musik verwirklicht das Grundprinzip dieses Tanzstücks – naturgemäß, möchte man sagen, denn das Intervall gehört zum Grundbestand von Musik. Darüber hinaus macht die Komposition Thierry de Meys in besonders insistierender Weise auf die Möglichkeiten und Irritationen des »Intervalls« aufmerksam, nicht nur als Spannung zwischen Tönen, sondern auch als »Zeitspannung« der Verzögerungen und Pausen. Im komplizierten, genau ausgearbeiteten Orchestersatz nisten die »Lücken« als kontinuierlich verschobene Parzellen der Zeitverzögerung. Beim ersten Hinhören glaubt man, Varianten des »Minimalismus« in der Art eines Steve Reich, Terry Riley oder Phil Glass zu erkennen; nach längerem Sicheinlassen auf diese oft nervös zuckenden, in überraschende Klangebenen sich vorwagenden Tonmuster bemerkt man, daß nicht das eher mechanische, meditativ-monotone Prinzip der allmählichen Verschiebung wie in der »klassischen« minimal music vorherrscht, sondern das immer wieder abrupt einsetzende Abbrechen – eines Rhythmus, eines Klangspektrums: der Bruch als Ausfall in die Lücke, das meint im Gegensatz zum seriellen Prinzip des kalkulierten Intervalls ein Spiel mit den Gesetzen, oder, um es mit einem Vergleich aus der Physik auszudrücken, die Integration des Chaos-Prinzips (die Einbrüche und Lücken entsprächen mithin der fein ziselierten, nicht vorherberechenbaren Struktur des Apfelmännchens). Die Selbst-Bezeichnung der Musiker jedenfalls als »Maximalisten«

(geschrieben mit einem demonstrativen Ausrufungszeichen hinter dem Wort) mag man als Geste ihres musikalischen Selbstverständnisses verstehen.

In der Choreographie geht das Raum-Spiel weiter, nun, nachdem die Höhe und die Fläche durchmessen sind, auch noch in die »Tiefe«, in den Boden: Einer der Tänzer hebt eine der quadratischen Platten, aus denen der Boden zusammengesetzt ist, aus, ein »Loch« entsteht, die anschließenden Bodenplatten werden um dieses Intervall weiter-verschoben; nach und nach erscheint der Boden als einziges großes Spielbrett, auf dem die verschobenen Quadrate als Lücke und Bahn zwischen sportiven, springenden Tänzern Muster stanzen, bis allmählich der Schachbrett-Boden abgebaut ist; darunter kommt ein zweiter Flächengrund zum Vorschein (ein im räumlichen Sinn der Metapher doppelbödiges Spiel wird hier getanzt), die Holzquadrate werden nach und nach zu hohen Türmen aufgeschichtet. Auf und mit ihnen proben die Tänzer virtuose Sprung- und Fall-Sequenzen, sie inszenieren das »in die Lücke springen«, jedoch als rein bewegungsästhetisches Ereignis, ohne psychologische Hintergedanken (diese werden ganz der Disposition des Zuschauers überlassen). Danach folgen Balance-Tests: Wie lange kann man sich auf schiefgeschichteten Türmen halten, wie, wann fällt man, wie landet man, fängt einen jemand auf, wann, mit welcher Zeitverzögerung folgt der Krach der umstürzenden Holzplatten? Einesteils nähert sich so der Tanz immer mehr der Frage, was Intervalle zwischen Körpern bedeuten, in rein bewegungsorientierter Hinsicht, aber auch als sozialer Akt, als erotische Intimität im Wechsel von Nähe und Distanz: weite und plötzliche, kurze, im letzten Moment gestartete Sprünge auf den anderen, über ihn und zu ihm, in Reihen und Ketten. Anderenteils materialisiert sich in diesen Bewegungsfolgen Zeit: nämlich in der »Arbeit« des Abtragens des Holzquadratbodens. Die Sprungsequenz dauert genauso lange, wie Zeit benötigt wird, um die Quadrate im Bühnenhintergrund zu stapeln. (Man könnte in dieser theatralischen Reflexion einer Zeit, die nicht durch die Repräsentationsfunktion auf der Bühne, sondern ganz konkret durch die notwendige Dauer der Arbeitsabläufe bestimmt ist, einen ironischen Hinweis auf die um die Jahrhundertwende populäre Theorie Karl Büchers entdecken, derzufolge der Tanz in seiner »Urform« eine Nachahmung oder Übertragung der Arbeitsbewegung sei.) Die Sprungspiele stellen dabei als Raumerforschung durch den Körper gewissermaßen den energetischen, nicht abwägbaren »Überschuß« dar, der über die Dauer der in Arbeit sich materialisierenden Zeit hinausreicht. Im Aufeinanderprallen von funktionaler, »effektiver« Raum- und Zeitvermessung und spielerischer, zweckfreier Entgegensetzung der reinen Bewegungsfreude geht es nicht um eine Entscheidung, sondern um die Momente der Verquickung, der Verschachtelung von Raum- und Zeitprozessen in beiden Bereichen.

Eine weitere Erkundung des Raumes aus den Vermessungs- und Grenzmöglichkeiten des Intervalls wird in der letzten größeren Sequenz des Tanzstücks durchprobiert: Drei Paare – sehr unterschiedlich in ihrem jeweiligen Bewegungsrepertoire – testen, wann, unter welchen Bedingungen körperliche Nähe, Berühren (schnell oder langsam, scheinbar reflexhafte Reaktionen oder gezielte, erotische Tast-, Streichelbewegungen) inneren Raum (zum Reagieren) läßt, »Lücken« bereithält, die Schutz geben – und wann aus der (räumlichen) Nähe Bindung wird, oder gar Enge, bis zur symbiotischen Einheit; diese Testspiele auf die Nähe zwischen Körpern und ihre Lükken zirkeln in raffinierten, zeitversetzten schnellen Bewegungswiederholungen durch den Raum, enden schließlich in dem suggestiven Bild eines siamesischen Doppelkörpers von Mann und Frau: eine Tänzerin hängt einem Tänzer passiv und wie in Trance buchstäblich »am Hals«, und er versucht, ohne diese Umklammerung zu lösen, Bewegungsraum zu finden, um seinen Pullover auszuziehen – die Lücke der freien Bewegung in der engsten Verknüpfung mit dem Du. Ein letztes Mal wird eine Erscheinungsform des Intervalls dargestellt, diesmal als elementare Äußerungsform von Leben: das Intervall zwischen Aus- und Einatmen (dargestellt durch einen Klarinettisten, seinen durch den Atem produzierten Ton); und, mit dem Atem eng verbunden: das Intervall beim Sprechen, die Lücken zwischen den Wörtern. Hier thematisiert sich wie von selbst der Übergang von Natur zu Kultur, vom Atem zum (Sprach-)Zeichen: jede Tänzerin ergreift das Wort, spricht in ihrer Muttersprache, die Sätze »erheben« und verschieben sich, in Intervallen versetzt – und übermitteln dabei unversehens noch eine szenische Reflexion über den Unterschied der beiden theatralischen Künste Schauspiel und Tanz. Die Sprache zerstückelt sich im Nebeneinander der gleichzeitig gesprochenen Worte; Bedeutung wird so destruiert, die Intervalle zwischen den Worten, die im Syntagma ihren regelgeleiteten Platz haben, kippen in einer mehrdimensionalen Satzpartitur ins unkontrollierbare Chaos fragmentierender Lücken; mithin eine Gegenwelt zur Zeichensprache des Tanzes, in der Simultaneität von Bewegungsabläufen im Raum, von Körpern und ihren Bezügen in Intervallen Sinnzusammenhänge stiftet. Wie Körper, Bewegung, Raum – in der Spannung des »Zwischen« (zwischen oben und unten, Himmel und Erde) – das Thema des Intervalls durch das Tanzstück variieren, faßt eine kleine Fabel zusammen, die während »The Weight of a Hand« erzählt wird:

»Zu jener Zeit stand der Himmel sehr tief, ganz nahe der Erde. Die Vögel konnten im verbleibenden Zwischenraum nicht mehr fliegen, ohne sich ständig anzustoßen. Daher organisierten sie eine große Versammlung, in der sie beschlossen, den Himmel wieder hinaufzusetzen. Und am besagten Tag erhob sich alles Gefieder der Welt, um das Himmelsgewölbe nach oben zu treiben. Anfangs wollte sich der Himmel nicht bewegen: er genoß es, nahe bei der Erde zu sein, um besser beobachten zu können, was auf ihr passierte. Aber die Vögel vereinten alle ihre Kräfte gegen den Himmel, der schließlich aufgeben mußte. Erschöpft und glücklich kehrten sie auf die Erde zurück. Da bemerkten sie die Fledermaus, die währenddessen völlig teilnahmslos auf einem Zweig gesessen war und beobachtet hatte, wie die Vögel gänzlich außer Atem auf die Erde zurückfielen. Der Adler verdammte daraufhin die Fledermaus ob ihrer Faulheit auf ewig dazu, mit dem Kopf nach unten zu schlafen.«[11]

Diese Fabel faßt die Kernthemen des modernen Tanzes, nicht nur für Wim Vandekeybus' Stück, sondern generell noch einmal gleichnishaft zusammen, die Frage nach der Beziehung von Raum, Zeit, bewegtem Körper in offenen Relationen und die Frage nach ihrer Zeichenstruktur. Denn in dieser kleinen Geschichte ist vom Raumverstehen die Rede: davon, wie eine Raumordnung erschaffen werden kann durch Körper und Körperbewegung, davon, wie diese sich in diesem Raum, zwischen oben und unten, Himmel und Erde orientieren, ihn verändern, die Dimensionen seiner Räumlichkeit umschaffen. Diese Fabel von der Pyramide der Körper, die in den Himmel reicht, läßt sich, im Hinblick auf die Beziehung von Raum, Körper und ihrer Sprachfunktion, als Parallelgeschichte zum

Turmbau von Babel lesen. Während am Ende des Turmbaus die Verwirrung der Sprachen steht, die eine Differenzierung der Zeichensysteme zur Folge hat, zeichnet die Fabel von der bewegten Körperpyramide der Vögel einen kongruenten Schluß: Im Bild der kopfunter hängenden Fledermaus ist die Verwirrung der Dimensionen symbolisiert, eine Verwirrung der Orientierung im Raum, die in der Verdrehung der Raumrichtung ihre Ordnung ex negativo beschwört; Raumgliederung erscheint so als Schöpfung aus dem Chaos unendlicher Möglichkeiten der Orientierung in Raum und Zeit – das Bewußtsein dieser Unbestimmtheitsrelationen bestimmt den Tanz als Kunstwerk des 20. Jahrhunderts im ganzen Spektrum seiner Erscheinungsformen. Konstruktion und Dekonstruktion treten als gleichermaßen wirksame, einander ergänzende Faktoren der Choreographie auf.

So erscheint in der Tat das Intervall (als bestimmter oder unbestimmter, zufallsgenerierter Zwischenraum, im Extrem von Punkt und Unendlichkeit) als wesentlicher Bestimmungsfaktor der Vielheit von Möglichkeiten in der Beziehung von Raum und Zeit, in der Tanz immer neu, immer anders entsteht. So gesehen, ist das Intervall, die produktive Lücke, Baustein der Architektur moderner Zeichenproduktion, wie ein Weitblickender mit Humor und einem Schuß Zynismus bereits zu Beginn des 20. Jahrhunderts im Gedicht diagnostiziert, Christian Morgenstern in dem Galgenlied »Der Lattenzaun«:

Es war einmal ein Lattenzaun,
mit Zwischenraum, hindurchzuschaun.

Ein Architekt, der dieses sah,
stand eines Abends plötzlich da –

und nahm den Zwischenraum heraus
und baute draus ein großes Haus.

Der Zaun indessen stand ganz dumm,
mit Latten ohne was herum.

Der Anblick gräßlich und gemein.
Drum zog ihn der Senat auch ein.

Der Architekt jedoch entfloh
nach Afri- od- Ameriko.[12]

Anmerkungen

1 Zu Loïe Fullers Tanz und zu ihrer Wirkung auf zeitgenössische Dichter und bildende Künstler vgl. Gabriele Brandstetter, Brygida Maria Ochaim: Loïe Fuller. Tanz, Licht-Spiel, Art Nouveau, Freiburg 1989.

2 Vgl. Mary Wigman: Die Sprache des Tanzes, Stuttgart 1963 (Nachdruck München 1986), S. 97.

3 M. Wigman: Die Sprache des Tanzes, S. 12.

4 Vgl. Hedwig Müller: Mary Wigman. Leben und Werk der großen Tänzerin, Weinheim und Berlin 1986, S. 156.

5 Vgl. Roy Hargrave in: Martha Graham. The Early Years, hrsg. v. Merle Armitage, Los Angeles 1985 (1. Aufl. 1978), S. 57.

6 Oskar Schlemmer: Mißverständnisse, in: Schrifttanz, 4. Jg., Heft 2, Oktober 1931, S. 27.

7 Oskar Schlemmer: Tänzerische Mathematik, in: Der Tanz in dieser Zeit (Anbruch, Sondernummer 3/4), Wien 1926, S. 124.

8 Zitiert nach: »Time to walk in space«, Dance Perspectives, Nr. 34, New York 1968, S. 33.

9 Dance Perspektives, Nr. 34, S. 47.

10 Zitiert nach dem Programmheft der Aufführung in Salzburg 1990.

11 Vgl. Programmheft, Salzburg 1990.

12 Vgl. Christian Morgenstern: Galgenlieder, Palmström und andere Grotesken, in: ders., Werke in vier Bänden, hrsg. von Clemens Heselhaus, Bd. I, München, Zürich 1983, S. 26.

Rudolf von Laban mit einem Modell des Ikosaeders vor einer Tafel mit Zeichen seiner Bewegungsschrift

Anhang

Körperschrift und Raumzeichen

Rudolf von Laban: Unveröffentlichte Zeichnungen aus dem Laban-Nachlaß im Tanzarchiv Leipzig

Rudolf von Laban wurde der »Vater des neuen deutschen Tanzes« genannt. Die Breite seines Wirkens in der Entwicklung des deutschen Ausdruckstanzes, von den Anfängen auf dem Monte Verità bei Ascona bis in die jüngste Zeit durch das Fortwirken seines Ausbildungssystems und vor allem seiner Tanzschrift, rechtfertigt diesen Beinamen. Die Bedeutung Labans liegt freilich – tanzhistorisch betrachtet – nicht so sehr in der Schöpfung eines eigenständigen neuen Tanz- und Bewegungsstils – hierin waren ihm die aus Amerika stammenden Begründerinnen des modernen freien Tanzes, Loïe Fuller, Isadora Duncan, Ruth St. Denis vorausgegangen –, als vielmehr in seiner Leistung, die weitverzweigten Strömungen der Tanzreform zu bündeln und in einem theoretischen und pädagogischen System zusammenzufassen. Albrecht Knust, Schüler und Mitarbeiter Labans, der seine Tanzschrift, die Kinetographie, weiterentwickelte, wies darauf hin, daß in Labans weitgespanntem Engagement zwischen Tanztheater und Laien-Bewegungschor sich die facettenreiche Szene des Ausdruckstanzes, die sich aus vielen Quellen speiste, wie in einem Brennpunkt getroffen habe.

Von Anfang an interessierte sich Laban besonders für zwei grundlegende Fragen des Tanzes: Zum einen suchte er die Beziehungen des tanzenden Körpers zum Raum zu verstehen und zu analysieren; aus der kontinuierlichen Beschäftigung mit diesem Thema ging seine »Raumharmonielehre« hervor. Zum anderen experimentierte er mit verschiedenen Möglichkeiten einer Tanzschrift, auf der Suche nach einem System, in dem nicht nur die Körperbewegung und die Raumwege in Zeichen übersetzt, sondern auch die Zeit, die Dauer und der Rhythmus eines Tanzes notiert werden konnten. So entstand das Laban-System: Die Verknüpfung von Raum-Zeit-Modell und Bewegungsschrift, ihre Darstellung in einer komplexen Theorie und ihre Weiterführung in ein praktikables System der Tanznotation, von Laban Kinetographie genannt, das sich heute unter dem Namen »Labanotation« als verbindliche Tanzschrift durchgesetzt hat.

Rudolf Laban de Váraljá, wie der in Preßburg am 15. 12. 1879 geborene Tänzer, Choreograph und Pädagoge mit vollem Namen hieß, arbeitete seit Beginn seiner Karriere, 1895, am Theater seiner Heimatstadt, nicht nur im Bereich der Regie, sondern auch als Zeichner von Bühnenausstattungen. Zwischen 1900 und 1910 widmete er sich neben seinen vielfältigen Aktivitäten im Bereich von Tanz, Körperkulturbewegung und Tanzfestspielen auch dem Studium der bildenden Künste in Wien, München und Paris; ab 1902 nahm er zudem ein Architekturstudium auf. In diese Zeit fällt auch Labans Beschäftigung mit historischen Modellen der Aufzeichnung von Choreographien. Der Aufenthalt in der Künstler- und Lebensreformer-Kolonie auf dem Monte Verità zwischen 1911 und 1914 bot ein Experimentierfeld für die Entwicklung von

Rudolf von Laban: *Zeichnung der drei Schwungkreise* (Hoch-tief-Kreis, Seit-Kreis, Vor-rück-Kreis), in die der Ikosaeder eingeschrieben ist.

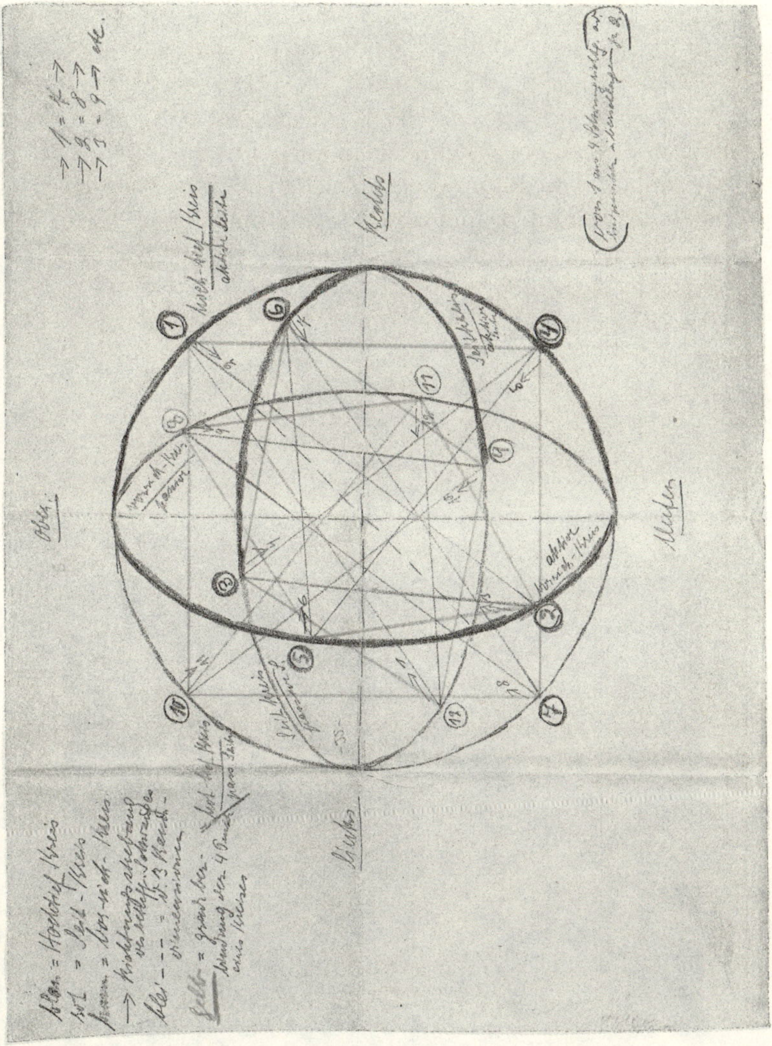
Oben
Unten
Links
Rechts

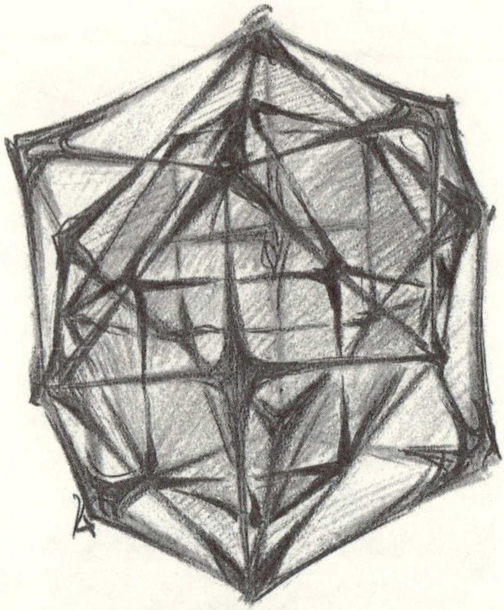

Rudolf von Laban: *Zeichnung des Ikosaeders*

Tänzerin im Ikosaeder

Rudolf von Laban: Zeichnung der vom Körper abstrahierten Raumgestalt des Solos *Der Mönch*

Rudolf von Laban im Tanzsolo *Der Mönch*

Szenenfoto aus Rudolf von Labans *Agamemnons Tod*

Labans »Raumharmonielehre« als Grundlegung eines freien Tanzes, der sich aus dem Körper- und Raumgefühl, aus »raumrhythmischem Empfinden« artikuliert.

Die Analyse des Bewegungsgeschehens vom Um-Raum des Tänzers her führte Laban zur Entdeckung des Ikosaeders als Modell für die Darstellung der Gesetzmäßigkeiten von Raum und bewegtem Körper. In den beiden regelmäßigen Kristallen des Dodekaeders und des Ikosaeders sieht Laban jene Raumgebilde, durch die sich die Schrägenverhältnisse der Körperbewegung im Raum formalisieren lassen; in diese Kristalle sind Neigung und Richtung der Bewegung in den drei grundlegenden Schwungkreisen – Hoch-tief, Seitlich, Vor-rück – eingeschrieben. Laban benutzte das Modell des Ikosaeders nicht nur zur Veranschaulichung der Körper-Raum-Beziehungen, sondern auch als didaktische Hilfe, um die Tänzer zu einer präzisen Bewegung innerhalb der Raumrichtungen zu erziehen.

Aus der Zeit seiner Experimente mit dem Raummodell

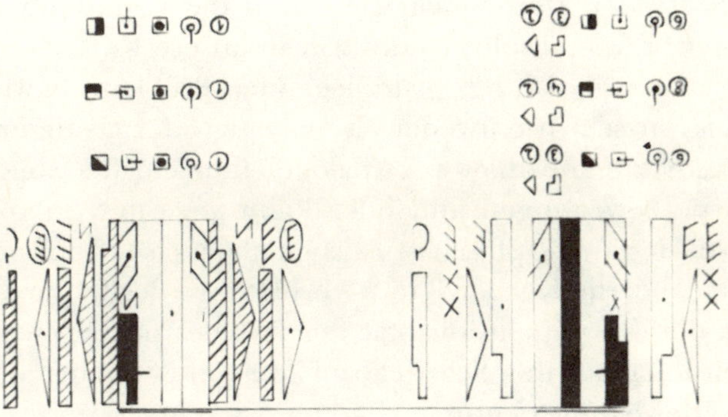

Das zugehörige Kinetogramm

des Ikosaeders und der Versuche, Bewegung und Raumwege in einer Tanzschrift festzuhalten, sind zahlreiche Zeichnungen und Skizzen erhalten, die diese Entwicklung vom Beginn der 20er Jahre bis 1934 dokumentieren. Das reichhaltige, in wesentlichen Teilen noch nicht ausgewertete und nicht veröffentlichte Material ist im Tanzarchiv Leipzig aufbewahrt.

Labans Bemühungen, die Erkenntnisse seines Raum-Tanz-Modells in einer Tanzschrift niederzulegen, führten zunächst zur Entwicklung der sogenannten Schwalbenschwanz-Schrift. Sie erfaßte in erster Linie die Schrägen- und Spannungsverhältnisse sowie die Bewegungsrichtung in Zeichen und Reihen von Richtungs-»Skalen«. 1926 erschien das auf diesen Arbeiten basierende Werk »Choreographie«, das vom Verlag mit den Worten angekündigt wurde: »Hier wird jene wissenschaftliche Grundlage für die Bestimmung der Tanzformen gegeben, die auf einer neuen Erfindung Labans, nämlich der Tanzschrift, fußt. – Mit diesem Buch geschieht etwas Ähnliches in der Geschichte der Menschheit wie durch die Erfindung der Noten. Etwas absolut Neues tritt in unsere Kultur!«

Laban war sich des grundlegenden Problems bewußt, eine Tanzschrift entweder als analoges oder als digitales System zu konzipieren. Analoge Tanzschriften bilden Körperbewegungen und/oder Raumwege in Symbolen, in stilisierten graphischen Zeichen ab; auch Labans erste Versuche, die Körper-Raum-Verhältnisse des Ikosaeders aus der Dreidimensionalität des Raumes in die Zweidimensionalität einer Schrift abzubilden und Grapheme für die Bewegungsrichtungen zu entwickeln, basierte zunächst noch auf einem statisch analogen Verhältnis von Tanz und Schrift. Sein Ziel ging jedoch dahin, auch den Zeitfaktor – ähnlich wie in der Musik-Notation – in die Tanzschrift zu integrieren, eine Aufgabe, die nur durch ein nichtanaloges Zeichensystem zu bewältigen war: die Kinetographie, die das Raum-Zeit-System von Bewegung und Tanz als Schrift darstellbar werden läßt. 1927 stellte Laban einen ersten Entwurf dieses Modells auf dem Tänzerkongreß in Magdeburg vor; 1928, auf dem Tänzerkongreß in Essen hatte er seine Kinetographie soweit ausgearbeitet, daß sie dem Anspruch gerecht wurde, die Kraft, die Richtung, die einzelnen Bewegungen des Körpers und die Zeitdauer der jeweiligen Bewegungen aufzuzeichnen. Mit der im selben Jahr gegründeten Gesellschaft für »Schrifttanz« und der gleichnamigen Zeitschrift war ein Forum der Diskussion und weiterführenden Reflexion seines Systems eröffnet. Hiermit war der Grundstein einer Tanzschrift gelegt, die – von Labans SchülerInnen fortentwickelt – heute aus der Choreographie nicht mehr wegzudenken ist und sowohl als Instrument der Tanz-Überlieferung als auch der Bewegungs-Analyse in verschiedenen Bereichen, vom Theater bis zur Tanztherapie, unentbehrlich wurde.

5

John Cage

theater ist raum-zeit
ist kunst
ist leben
unterschiedliche aktionen – dinge beieinander
jedes an seiner eigenen mitte
koexistent
daß alles sich durchdringt
wie des einen behinderung des anderen verhindern
vermeid die kontrolle beider
wenn ohne not intention hereinspielt (kontrolle)
laß die mittel die sie benutzt verschieden sein für jedes
d. h. vermeid das gleiche noch einmal zu tun
gebrauche nichts z. b. eine einzige zahl
wenn du auf zufallsoperationen setzt
mehr als einmal oder die versuchung zu betonen etwas
rüberzubringen
mach das theater so daß was effektiv dran ist im voraus
keiner weiß
daß keiner etwas drüber weiß oder ob's wirklich
funktioniert
was können wir tun ohne theater
wir können nicht atmen
oder woll'n es nicht einmal
den geist
den odem
beispiel: ausleuchtung
laß sie wirken wie das tageslicht es tut
leucht nicht unbedingt immer was aus
gestatte allem gesehn zu werden
zu verschwinden

eben noch hier zu sein
und dann dort
ob fels
ohne empfindung
oder person
mit empfindung
jedes an seiner eigenen mitte
koexistent
allesdurchdringung-nichtsbehinderung

Aus dem Amerikanischen von Alexander Schmitz

PIANO

EACH PAGE IS ONE SYSTEM. FOR A SINGLE PIANIST TO BE PLAYED WITH OR WITHOUT ANY OR ALL PARTS WRITTEN FOR ORCHESTRAL INSTRUMENTS. THE WHOLE IS TO BE TAKEN AS A BODY OF MATERIAL PRESENTABLE AT ANY POINT BETWEEN MINIMUM (NOTHING PLAYED) AND MAXIMUM (EVERYTHING PLAYED), BOTH HORIZONTALLY AND VERTICALLY: A PROGRAM MADE WITHIN A DETERMINED LENGTH OF TIME (TO BE ALTERED BY A CONDUCTOR WHEN THERE IS ONE) MAY INVOLVE ANY READING, I.E., ANY SEQUENCE OF PARTS OR PARTS THEREOF.

A FOLLOWING THE PERIMETER, FROM ANY NOTE ON IT, PLAY IN OPPOSITE DIRECTIONS IN THE PROPORTION GIVEN. HERE AND ELSEWHERE, THE ABSENCE OF INDICATIONS OF ANY KIND MEANS FREEDOM FOR THE PERFORMER IN THAT REGARD.

B AN AGGREGATE MUST BE PLAYED AS A SINGLE ICTUS. WHERE THIS IS IMPOSSIBLE, THE UNPLAYABLE NOTES SHALL BE TAKEN AS HARMONICS PREPARED IN ADVANCE. HARMONICS MAY ALSO BE PRODUCED WHERE THEY ARE NOT SO REQUIRED. RESONANCES, BOTH OF AGGREGATES AND INDIVIDUAL NOTES OF THEM, MAY BE FREE IN LENGTH. OVERLAPPINGS, INTERPENETRATIONS, ARE ALSO FREE. THE SINGLE STAFF IS PROVIDED WITH 2 CLEF SIGNS. WHERE THESE DIFFER, AMBIGUITY OBTAINS IN THE PROPORTION INDICATED BY THE 2 NUMBERS ABOVE THE AGGREGATE, THE FIRST OF THESE APPLYING TO THE CLEF SIGN ABOVE THE STAFF. AN INKED IN RECTANGLE ABOVE A PAIR OF NOTES INDICATES A CHROMATIC CLUSTER.

C M = MUTE. P = PIZZ. ALL SINGLE TONES.

D LIKE B, BUT WITH VERTICAL ARPEGGIATION AND TIME TENDENCIES MAKING USE OF HARMONICS UNNECESSARY. THE ARPEGGIATION IS INDICATED BY DOUBLE ARROWS ACCOMPANIED BY A SERIES OF NUMBERS. THE SIGN ⇕ 1,1,1 MEANS 1 NOTE IN THE MIDDLE FOLLOWED BY 1 NOTE HIGHER OR LOWER, FOLLOWED BY 1 NOTE LOWER IF THE 2ND WAS HIGHER, HIGHER IF THE SECOND WAS LOWER. ↓ 2,1 MEANS TWO NOTES OF WHICH AT LEAST 1 IS THE HIGHEST OF THE THREE FOLLOWED BY A THIRD LOWER NOTE.

THE HORIZONTAL ARROWS REFER TO TIME AND THE TENDENCY OF THE TONES TO SOUND SOONER, LATER, OR AT THE POINT OF NOTATION.

E PLAY WITH HANDS INDICATED. WHERE CLEFS DIFFER, A NOTE IS EITHER BASS OR TREBLE. THE NOTES HAVING A SINGLE STEM ARE TO BE ARPEGGIATED (UP OR DOWN). PLAY NOTATIONS FROM LEFT TO RIGHT.

F NUMBERS ARE SECONDS OR OTHER TIME UNITS.

G OF NOTES WRITTEN PLAY NUMBER GIVEN IN ANY MANNER (KEYS, HARP) BEGINNING AND ENDING AS INDICATED BY ARROW. DYNAMIC INDICATIONS ACCOMPANY EACH CIRCLE ON THE CIRCUMFERENCE OF WHICH THE NOTES ARE PLACED. (SCALE ppp-fff)

H ANY ONE OF THESE, AS IN C, OR ANY NUMBER (INCLUDING ALL) IN SEQUENCE, MAINTAINING, IN THE LATTER CASE, THE CLEF SIGN OF THE ONE FIRST PLAYED.

I PIZZ. WHERE INDICATED. A SINGLE TONE, INTERVAL, OR A 3 NOTE AGGREGATE. REAPPEARANCES OF TONES TO BE PLAYED AS ORIGINALLY.

J NUMBERS ARE OF NOTES TO BE PLAYED BETWEEN LIMITS CONNECTED BY LINES. ARROWS INDICATE DIRECTION IN SPACE-TIME BACKWARDS AND FORWARDS. A STRAIGHT LINE ABOVE A NUMBER MEANS ASCENDING OR DESCENDING GAMUT. ∿ MEANS ASCENDING AND DESCENDING.

K DISREGARD TIME. PLAY ONLY ODD OR EVEN NUMBER OF TONES IN A PERFORMANCE, USING OTHERS OF A GIVEN 3, 4, 5 OR 6 SIDED FIGURE AS GRACES OR PUNCTUATIONS.

L PLAY FROM LEFT TO RIGHT WITH HANDS INDICATED. CLEF AMBIGUITY AS IN B. PERIMETERS WERE COMPOSING MEANS AND DO NOT HERE AFFECT TIME, AS THEY DO IN A.

M BEGIN AT LEFT, END AT RIGHT, CHANGING DIRECTION AT INTERSECTIONS IF DESIRED. MAY BE EXPRESSED AS ONE VOICE, A 'COUNTERPOINT', OR AS 3 OR 4 VOICES. PEDALS ONLY IN AREAS INDICATED, NOT OBLIGATORY. ⌴ PED. L.....I U.C. L. ⌞..⌟ SOSTENUTO.

N LIKE I, BUT WITH VARYING DYNAMICS. SOSTENUTO PEDAL GIVEN.

O AUDIBLE (AS CHORDS, LINES, ARPEGGIATIONS AS IN D BUT FREE, ETC.) ONLY BETWEEN HORIZONTAL LINES. PEDALS AS IN M.

P ANY NOISES (INCLUDING AUXILIARY), DYNAMICS OF WHICH ARE NOTATED.

John Cage: *Concert for Piano and Orchester, Solo for Piano* (1957-1958). Auszug aus den Regieanweisungen.

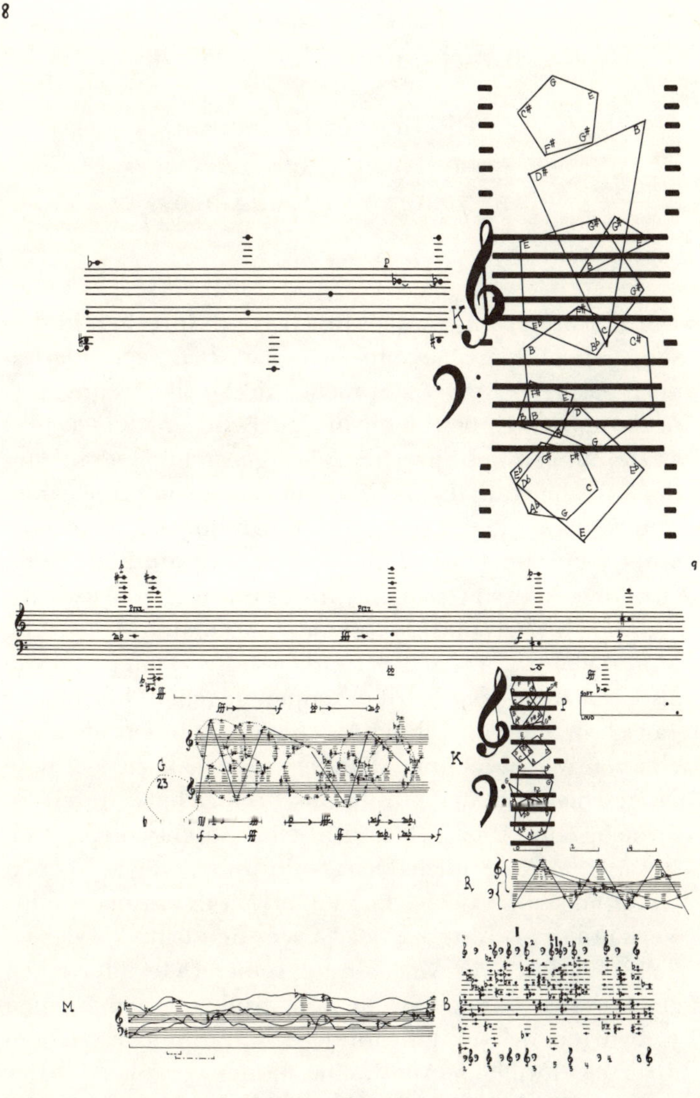

John Cage: *Concert for Piano and Orchester, Solo for Piano* (1957-1958). Seiten 8, 9

Stefan Schädler

Sprache und Klang-Raum

Vom Diskurs der Bedeutungen zum Theater der Ideen in Texten von John Cage

Die Erschütterungen, die Sprache und Sprechen in diesem Jahrhundert gekennzeichnet haben, veränderten auch das Verhältnis von Sprache und Musik. Freuds Aufdeckung des Unbewußten in den Brüchen, Rissen und Verfehlungen des Sprechens, Wittgensteins Begrenzung des Sprechens auf das Sagbare, die Zerstörung von Syntax und Semantik in der écriture automatique des surrealistischen Experiments und die Verdichtung von Bedeutung zur körperhaften Geste im expressionistischen Ausdruck – diese Ansätze und die, die auf sie folgten, haben die Materialität der Sprache grundlegend verändert und sie als Realität sui generis zu erkennen gegeben. Für immer galt es von der Vorstellung Abschied zu nehmen, als sei sie ein neutrales Medium, dem sich von Fall zu Fall eine unterschiedliche Bedeutung einschreiben ließe, durch die Sprache zum Abbild eines sich selbst durchsichtigen Geistes würde. Wie Sprache sich als ein komplexes, in eigenen Gesetzen strukturiertes Phänomen erwies, so machte ihr Verhältnis zur Tätigkeit des Geistes deutlich, daß dessen Selbstgewißheit die Verkennung seiner Determiniertheit zur Voraussetzung hat. In den großen systematischen Entwürfen des 19. Jahrhunderts war Sprache auch in ihrer eigenwilligen Autonomie immer verankert in der Bedeutung gebenden Kraft des Geistes, dessen hörbares Äußeres sie war. Diese Identität zerfiel: Sprache wie Geist sahen sich verwiesen auf etwas, das in ihrem Begriff nicht mehr aufging und das in Termini wie Praxis, Lebenswelt, Dasein oder Unbewußtes zu fassen gesucht wurde. In jedem Fall bedeutete der Verlust dieser fraglosen Identität die Auflösung des gemeinsamen Fokus, in dem Sprache wie Geist ihren Grund finden, Differenzen aufgehoben, äußerliche Determinationen getilgt sind. Der sich selbst wissende Geist hatte alle Abhängigkeiten, allen Widerstand externer Materialität weggearbeitet und in seiner eigenen Autonomie zur Ruhe gebracht. Umgekehrt setzte jedoch die Entdeckung des gegenüber einem Identitätsmodell Unreduzierbaren Phänomene frei, die bis dahin eher transitorischen Charakter hatten: vor allem die Phänomene der Zeit, der Zahl, des Extensionalen oder des Raumes, des Zufalls und der Wahrscheinlichkeit und schließlich auch das Phänomen der Quantität, die nicht mehr als bloß subordinierte Stufe im Durchgang zu den höheren qualitativen Bestimmungen begriffen wurde – nicht zuletzt in den frühen Entwürfen Freuds tritt sie in enge Beziehung zur Struktur des Unbewußten selbst.

Unter den Gesichtspunkten von Identität und Vermittlung waren Musik und Sprache im gemeinsamen Fokus des Ausdrucks in eine Perspektive eingerückt, in der Differenzen überbrückbar erschienen und sich in der Artikulation eines Inhalts ergänzen konnten. In dem Maße, in dem jedoch die je eigene Materialität von Musik und Sprache nach dem Ende des Identitätsmodells in den Blickpunkt gerieten, wurde das Verhältnis beider problematisch und hat in der Musik dieses Jahrhunderts zu Lösungsversuchen Anlaß gegeben, die zwischen den Polen einer Rückkehr zur Ausdrucksvorstellung und radikaler Differenzierung schwanken, nie aber die Erfahrung jenes Bruchs und des Erscheinens einer Differenz zu revozieren vermochten. Deutlich hat die Geschichte der

Vokalkomposition der Wiener Schule, vor allem Schönbergs, die Etappen des Verhältnisses von Sprache und Musik in den ersten Jahrzehnten dieses Jahrhunderts zum Ausdruck gebracht. Denn gerade jene Werke, die nach Aufgabe der vermittelnden Funktionen der Tonalität entstanden, verzichten auf den Gebrauch der Sprache, während sie sich auf die fast unmittelbare Wiedergabe bereits körperlicher Innervationen konzentrieren, die schon selbst sprachhaften Charakter annehmen. Erst nach Einführung des Verfahrens der »Komposition mit zwölf nur aufeinander bezogenen Tönen« wurde mit der zunehmenden Ausdehnung der Werke auch wieder die Einbeziehung von Sprache und Text möglich. Eben jenes Verfahren war bereits eine Reaktion auf die neu ins Bewußtsein getretenen Phänomene von Zeit und Raum: denn die Funktionen der Zahl und des Zählens führten unübersehbar in der Reihe das Nacheinander der zeitlichen und das Nebeneinander der räumlichen Ordnung in den innersten Kern kompositorischer Imagination ein. Schönbergs »zwei- oder mehrdimensionaler Raum, in dem musikalische Gedanken dargestellt werden«[1], notiert bereits die Transformation und Auflösung der in der funktional-harmonischen Perspektive gründenden Einheit des musikalischen Raumes in den Problemen von Darstellung und Notation und bringt erstmals implizit das Phänomen der Komplexität als einer nicht-linearen Verzweigungsstruktur zur Sprache. Komplexität aber setzt wiederum gerade die Unreduzierbarkeit und prinzipielle Offenheit zeitlicher Prozesse und extensionaler Kategorien voraus. Die historische Metaphorik von Schönbergs *»Moses und Aron«* bezieht ihre außerordentliche Spannung nicht zuletzt aus diesen ästhetischen Transformationen. Es war wiederum gerade der Aspekt des Räumlichen und Extensionalen, der Zahl und der Darstellung, die Adorno zu seiner Kritik an der »Dissoziation der Zeit« veranlaßte und die sich ihm später ausweitete zu einer Kritik an allen Aspekten des Quantitativen, an denen der unmittelbare Impuls des Ausdrucksbedürfnisses zu zerschellen schien.[2] So blieb ihm die Wiedergabe leibgebundener Empfindung Ziel und Utopie wie in der atonalen Phase – in Verkennung der Tatsache, daß es gerade die Kategorie des Quantitativen war, die als Zeit und Raum die künstlerischen Entwicklungen in diesem Jahrhundert ermöglichte und daß auch die leibgebundene Expression immer schon sich im Nacheinander der Zeit und im Nebeneinander des Ortes dem Quantitativen als Prozeß konfrontiert sieht. Zeit, Raum, Quantität und Zufall ergeben erst jene eigentümliche Verweisungsstruktur, die offene Prozesse und Komplexität ermöglicht.

Es ist nicht der Aspekt der Integration, der Cages Beitrag zum Verhältnis von Musik und Sprache kennzeichnet. Schon früh hat das Interesse für strukturelle Phänomene ihn zu einer konstruktivistischen Auffassung geführt, in der es nicht um eine erneute Annäherung und Verschmelzung beider ging, sondern vielmehr um die autonome Durchführung des konstruktivistischen Programms. Es ist erst dieser Konstruktivismus, der – nicht unähnlich den Verfahren artifizieller Komplexität – überhaupt ein Gemeinsames von Musik und Sprache zu erkennen gibt; nicht durch eine partielle Identifizierung, sondern durch das Gemeinsame formaler Darstellungssysteme als mentaler Strukturen, die Erfahrungen ermöglichen und repräsentieren. Die alte Frage nach dem Verhältnis von Musik und Sprache erweist sich als falsch gestellt, da sie das Gemeinsame des konstruktiven Aspekts übersieht und die Vereinbarkeit des Unvereinbaren sucht.

Die konstruktivistische Verwendung der Sprache als

Material in Cages späteren Texten löst sie von den Reglementierungen des Diskursiven, des konventionell »Sprachlichen«, und gewinnt ihr eine Konkretion zurück, die sie in die Nähe unmittelbarer Erfahrung bringt. Während das strukturelle Denken in Cages Musik von Anfang an präsent war, trat es in seinen Texten erst nach und nach in Erscheinung. Texte haben sein Werk schon bald begleitet, zunächst in programmatischer oder erläuternder Form, dann als Anleitungen zu Lesungen, Aufführungen und zunehmend dann unter Reflexion auf das materiale Wesen der Sprache selbst. Sein erstes veröffentlichtes Buch – SILENCE (1973) – kann als Kompendium des Denkens und Sprechens innerhalb der amerikanischen Musik zwischen 1940 und 1960 gelten, als Spiegel der Veränderungen, die sich in der Musik jener Zeit zutrugen und nicht zuletzt auch als Widerhall einer persönlichen Krise, die sich auch in den rein technischen Ausführungen immer noch erahnen läßt. »The Future of Music: Credo« (1937) eröffnet das Buch als manifest und artikuliert eine der wichtigsten kompositorischen Erfahrungen Cages aus jener Zeit: die Gleichwertigkeit von Geräuschen mit den traditionell als »musikalisch« bezeichneten Klängen. In die Zeit der Abfassung dieses Textes fallen die ersten Kompositionen, die Cage für reine Schlagzeugensembles schrieb. Er führt einige der für die kommenden Jahre wichtigsten Konzepte ein: die Vorstellung einer aus Dauern zusammengesetzten Zeit, die analog zum Film aus elementaren Bausteinen besteht; die Idee einer rhythmischen Struktur als Basis einer Musik, die Klang und Geräusch gleichberechtigt einbeziehen will und die Absage an die hierarchischen Funktionen der Harmonie, deren Ordnung auf der Dominanz eines Zielpunktes beruht. Im Gegensatz zu dieser läßt die rhythmische Struktur die Gleichwertigkeit von Klang und Geräusch zu und – wie

Cage später sagen wird – die von Klang und Stille, da das einzige beiden gemeinsame Merkmal die Dauer ist und nicht wie in einer harmonischen Ordnung die Frequenz, die nur auf den Klang beziehen kann. Obwohl dieser Text in prägnanten Formulierungen musikalische Konzeptionen thematisiert und folglich diskursiver Natur ist, wird die Linearität des Schreibens durchkreuzt von einem zweiten Text, der, fast willkürlich unterbrochen, die Kontinuität des Diskurses unterbricht und aufhebt. Gegenüber dem normal gesetzten Text ist es in Majuskeln gedruckt und erscheint dadurch, wie an einer anderen Raumstelle, nähergerückt. So eröffnet sich bereits in diesem frühen Text einer der entscheidenden Dimensionen von Cages Schreiben: die Einbeziehung des Raumes – als Seite und Stelle –, also die Kategorie des Extensionalen in das vom Innenraum des Subjekts beherrschte Sprechen. Die textuelle Struktur, eine raumbezogene Schrift, macht eine Reduktion dieses Sprechens auf die bloße Repräsentation von Ideen unmöglich. Dieses Gegeneinander von Idee und Raum, von Gedankenzug und Diskontinuität, von logischer Struktur und räumlicher Darstellung und Notation bildet ein Grundmotiv nicht nur von Cages Texten, sondern von seinem gesamten künstlerischen Schaffen. Wo sein kompositorisches Werk die Konstruktion musikalischer Zeit in den Mittelpunkt stellt, so ist es in den Schriften der Text-Raum, der die Stelle der fundamentalen Struktur einnimmt. Wie die Zeitdauern das in sie einfallende musikalische Material prismatisch aufbrechen lassen, so sind es die Raumsegmente der Seite oder Fläche, welche die syntaktischen und pragmatischen Funktionen des Sprechens und der Sprache auffächern und die Linearität einer Bewegung des Sinnes zu einem Nacheinander, Nebeneinander, zu einer Entzifferung machen, die nur dem »Jetzt« als Lokalität untersteht. Ist es in der Musik also die Vorstellung der Struktur, welche die Zeit als einen meßbaren Raum erscheinen läßt, so im räumlichen Text das Nebeneinander im gegebenen Raum, das dem Text das Nacheinander der Zeit einschreibt. Deutlich wird das vor allem im Vortrag, für den Cages Texte fast immer bestimmt sind, und in dem sich der Text-Raum als ein Klang-Raum erweist. Wie James Tenney gezeigt hat, liegt das Konzept des Klang-Raumes im Hintergrund von Cages Musik und tritt dort an die Stelle funktional-harmonischen Denkens.[3] Cages Texte zeigen eine Variante dieses Konzepts vom Klang-Raum: es erweist sich, daß dieser nicht nur die technische Bedeutung aller möglichen Positionen hat, die durch Kombinationen der fünf Determinanten des Klanges gegeben sind – »Frequenz oder Tonhöhe, Amplitude oder Lautstärke, Obertonstruktur oder Klangfarbe, Dauer und Morphologie (wie der Ton beginnt, andauert und erstirbt)«[4] –, sondern auch die metaphorische Bedeutung überhaupt möglicher Klangereignisse, möglicher Artikulationen und Laute. Es ist die Übertragung der Kategorie der Quantität, die als rhythmische Struktur oder als Zahl in den kompositorischen Verfahren so offensichtlich ist, auch auf die Konstruktion der Texte und der Verwendung des sprachlichen Materials, die diese umfassende Bedeutung des Klang-Raumes möglich macht, der so fast schon zu einer rein mentalen Struktur wird. Cage hat programmatisch formuliert: »Ich habe mich der Quantität verschrieben«[5] und damit seine Opposition gegenüber der Dominanz des subjektiven Ausdruckswillens über dessen materielle Manifestation kundgetan. An die Stelle des unendlichen Eins, in dem jener sich bündelt, tritt die finite Zahl, die als Nacheinander, als Wechsel, als Raum und Zeit die offene Struktur und die fundamentale Rolle des gegebenen Augenblicks bezeichnet.

In SILENCE entwickelt Cage nicht nur sein künstlerisches Programm, sondern auch eine zunehmend radikalere sprachliche Darstellung. Es ist nicht der Fundus der Ideen, der begreifen läßt, wer wir sind, sondern die von der Materialität der Sprache zurückgeworfene Spiegelung, die zu erkennen gibt, daß es der Augenblick der Gegenwart ist, in dem wir »sind«. Die Texte des Buches umkreisen diesen Durchbruch zum Nicht-Intentionalen, zum Unvorhersehbaren und zum Zufall, zu einem Realen, das nicht mehr in einer imaginären Beziehung zu einer Intention, einem bloß Wünschbaren steht. Die häufig vorgetragene Episode vom Besuch im schalltoten Raum in Harvard bezeichnet eben dies: die beiden Töne, die Cage hören konnte, waren »da«, ohne von seinem Willen beeinflußbar zu sein. Nicht nur wurde deutlich, daß Stille als solche nicht existiert, sondern daß die Identifikation von Form, Organisation und Denken: Leben, Existenz ausschloß. »Nähern wir uns in irgendeinem Augenblick diesem Augenblick mit einer vorgefaßten Idee von dem, was dieser Augenblick bringen wird, und wenn wir außerdem voraussetzen, seiner sicher sein zu können, weil wir dafür bezahlt haben, setzen wir einfach den falschen Fuß voran. Sagen wir, zehn Jahre gelingt alles so, wie es unsrer Vorstellung nach sollte und würde. Früher oder später wendet sich das Blatt und das Ergebnis ist nicht so, wie wir es wünschten. Wir kaufen etwas, um es zu behalten, und es wird gestohlen. Wir backen einen Kuchen, und es stellt sich heraus, daß der Zucker kein Zucker war, sondern Salz. Kaum fange ich an zu arbeiten klingelt das Telefon. Doch um fortzufahren: was ist Unterhaltung? Und wer wird unterhalten? Helden werden unterhalten und ihre Natur ist die der Natur: Akzeptierung dessen, was kommt ohne vorgefaßte Idee von dem, was geschehen wird und ungeachtet der Konsequenzen.«[6] Die Konsequenzen dieses Gedankens schreiten die Texte des Buches ab. Das Resultat ist eine Rahmenverschiebung: es ist nicht mehr Organisation, nicht mehr Integration des Unterschiedenen, wie es noch in Schönbergs Reihe nachklingt, sondern das Absichtslose, Zu-Fällige und Nicht-Vorhersehbare, das den Kern der Konstruktion ausmacht. Daher verschwindet auch »Form«, jene zentrale Kategorie einer Ästhetik des Kunstwollens und des Schönen aus dem Mittelpunkt der Betrachtungen und gibt den Blick frei auf die Paradoxie einer Intentionalität des Intentionslosen, der »zweckvollen Zwecklosigkeit oder dem zwecklosen Spiel«[7] und auf eine »Affirmation des Lebens« an Stelle einer sich von diesem abschließenden Kunst. Ihre Kraft bezieht diese Affirmation aus dem Kontext einer Überwindung einer Ästhetik, die noch die metaphysischen Dualismen von Form und Material, Innen und Außen, Kunst und Leben, Zahl und Substanz, Klang und Stille mitschleppte.

Zahl, Struktur und Zufall nahmen in Cages Texten seit SILENCE eine immer bestimmendere Rolle an, analog zur Evolution seiner kompositorischen Technik.[8] Dabei nehmen Zufall und Komposition mit den Unvollkommenheiten des Papiers die Bedeutung einer Technik an, die das Problem einer Verbindung von Ton zu Ton oder von Elementen des sprachlichen Materials untereinander, von Ereignis zu Ereignis ablösen. Zentral ist die Vorstellung des Klang-Raumes, in dem sich Ort und Zeit verbinden, und der von einer Ereignis-Matrix gesteuert wird. Diese Idee der Matrix löst die ältere Vorstellung eines Moduls ab, die weniger abstrakt und als rhythmische Struktur noch mit der Entscheidung von Ereignis zu Ereignis verknüpft war.[9] Der der zeitlichen Sequentierung analoge Aspekt der Plazierung der Texteinheiten auf der Seite durchbricht zunehmend die syntaktischen Gesetze und Regeln. Es ist nicht mehr die Verkettung des Gedankens oder der Intention, auf der sich ein Text aufbaut, sondern die Stellung der Worte in der Fläche, welche die Seite und die zur Verfügung stehende Zeit bestimmen, und die Leere zwischen diesen, die jetzt zu sprechen anfangen. In »Lecture on Nothing« (1959) ist es die siebenfache Wiederholung einer Passage, in »Lecture on Something« (1959) die Einfügung langer »Pausen«, in »45' for a Speaker« die Aufhebung von argumentativen Figuren durch sich wechselseitig brechende Artikulationsebenen, durch Zeitstaus und theatralische Einschübe von Gesten und Geräuschen, in »Where are we going? And what are we doing?« (1961) die strophische Verschränkung von vier unterschiedlichen Texten – Verfahren, durch welche die kommunikativen Funktionen der Sprache aufgehoben scheinen. Dieser Prozeß der Durchbrechung linearer Relationen, der sich in SILENCE paradigmatisch beobachten läßt, ist die Keimzelle für Cages spätere große Texte, die den räumlichen Aspekt vielfältig weiterentwickeln: als komplexe typographische Differenzierung in den Mesostics, in der Pulverisation der Sprache der »Empty Words«, und die Ausweitung einer konstruktivistischen Sprachbehandlung auf Musik und Theater wie in »Roaratorio«. Häufig gewinnen Cages Texte das Aussehen von in eins zusammenstürzenden Sprachen, die an verschiedenen Orten zu verschiedenen Zeiten gesprochen werden oder umgekehrt: das Aufsprengen einer Sprache in vielfältigste Facetten, ein kosmischer Staub von Ideen, Bildern, Begriffen und Metaphern.

Unter den zahlreichen Texten, die Cage verfaßt hat, heben sich die lapidar »I-VI« bezeichneten Norton-Lectures nicht nur mit ihrer Dauer von sechs Stunden heraus. Sie geben so etwas wie eine Methodenlehre von Cages Denken, seinem Gebrauch von Sprache und eine Zusammenfassung der wichtigsten Aspekte seiner Erfahrung.

Die poetische Technik des Mesostichons wird hier zu einer schwerelosen Kamera, die Durchblicke durch die hermetische Vieldimensionalität des Ausgangsmaterials erlaubt. Diese Technik – die zeilenweise Aufreihung der Buchstaben von Grundworten, denen nach beiden Seiten lexikalischen Regeln folgende Worte angelagert werden können – führt in einer ansonsten undurchdringlichen Komplexität ein Nacheinander von Momenten ein, Zeit also, die überhaupt erst diese Komplexität lesen läßt. Das heterogene Material setzt sich zusammen aus früheren Texten sowie aus für Cage bedeutsamen Autoren wie Wittgenstein, Thoreau, McLuhan und Fuller. Dieses Material wurde – nicht thematisch geordnet – in Gruppen gemäß einer Reihe methodischer Grundbegriffe gegliedert und mehreren Stufen von Reduktion und Selektion durch Zufallsverfahren unterworfen, um die zunächst gleichförmig-entropische Dichteverteilung zu differenzieren und erste unterschiedlich wahrscheinliche und somit wahrnehmbare Strukturen zu schaffen. Aus dem so gewonnenen Textmaterial wählte Cage durch Kombination von zwei Computerprogrammen – einem, das eine Liste möglicher Worte bezüglich des »Buchstaben-Codes« erstellt und einem, das eine Auswahl aus dieser Liste gemäß den Verknüpfungsregeln eines Mesostichons trifft – die Worte für jede Zeile aus, wobei er schließlich in einer Endredaktion Worte ausschloß, um innerhalb des endgültigen Textkorpus »Ideen« zu ermöglichen – »so wie ein Gärtner Schädlinge oder Unkraut entfernt«. Es handelt sich also um einen mehrfach selbstreferentiellen Prozeß, eine mehrfach auf sich selbst applizierte Operation, die nicht nur Unvorhersehbarkeit im Gegensatz zur Intentionalität ermöglicht, sondern dadurch erst eine Komplexität herstellt, die »Ideen« überhaupt erst auftreten läßt. Diese selbstreflexive Struktur wiederholt sich auf verschiedenen Ebenen und erzeugt als formales Prinzip auch innerhalb des Textes noch Wiederholungen und Mischungen, ein flexibles Spiel zwischen Variation und Repetition, zwei Polen, von denen jeder in den anderen hinüberspielt und ihn unter dem je anderen Aspekt zu sehen gibt. Es ist eine Poesie mentaler Wahrnehmungen oder eines mentalen Theaters: geschrieben, um gesprochen zu werden, vermag jedes Wort plötzlich einen gänzlich veränderten Kontext oder eine Transposition in eine andere Dimension herzustellen. Dies wird aber ermöglicht durch die Immaterialität des Scanners: die Zeit.

In der Einleitung zu den Norton-Lectures schreibt Cage: »In der Eigenheit des Gebrauchs von Zufallsoperationen steckt die Überzeugung, daß alle Antworten auf alle Fragen antworten. Die Nichthomogenität, die das Quellenmaterial dieser Vorlesungen auszeichnet, legt nahe, daß alles – was immer es sei – sagt, was zu sagen ist, daß der Sinn im Atem liegt, daß, ohne zu denken, wir angeben können, was gesagt wird, auch ohne es zu verstehen.« [10] Diese Konkretion unmittelbarer Vorgänge ist also das Ziel von Cages komplexen Sprachbeziehungen. Er eliminiert die linguistische Ebene des Sinns und der Bedeutung durch Auflösung des Sprechens in unverbunden aufeinander treffende Worte oder Silben und Buchstaben. Darin zeigt sich wohl der letzte Sinn des Klang-Raumes, den Cage aus den phonetischen Einheiten herstellt: seine Komplexität vielfältigster und nicht-definierter Beziehungsmöglichkeiten schafft eine »Laut-Hülle«, welche wie eine Haut den Austausch von Innen und Außen herstellt, indem sie zugleich die Gewalt konventioneller Sinnzusammenhänge ausschließt. Die Fläche, auf der Cage die Texte seines Klang-Raumes notiert, ist Metapher der an der Grenze von Innen und Außen lokalisierten Haut, die Berührungen erst ermöglicht. Wie diese aufs engste mit dem Gehirn verbunden ist und sogar dem gleichen organischen Substrat entstammt, so ist auch Cages sprachlicher Klang-Raum ein Schauplatz der Ideen, die aus der Berührung und dem Klang entstehen.

In einer einflußreichen Diagnose hatte Jean-Jacques Rousseau einmal geschrieben: »Das Studium der Philosophie und die Fortschritte des Denkens raubten der Sprache, indem sie deren Grammatik vervollkommneten, jenen lebendigen, leidenschaftlichen Tonfall, der sie zuvor so sanglich hatte erscheinen lassen. Während sich die Musiker vor den Zeiten von Menalippides und Philoxenos in der Botmäßigkeit der Dichter befunden hatten und nur unter deren Leitung, gewissermaßen nach deren Diktat, arbeiteten, wurden sie nun unabhängig; eben jene Freiheit ist es, über die sich – in einer Komödie von Pherekrates, von der Plutarch uns eine Passage überliefert hat – die Musik selbst bitter beklagt. Da sie nicht mehr so unmittelbar auf die Rede bezogen war, gewann die Melodie unmerklich eine eigene Existenz; die Musik ganz allgemein löste sich aus der Abhängigkeit vom Wort. Nun schwanden auch jene Wunderwirkungen dahin, deren sie fähig gewesen war, solange sie nichts weiter darstellte als den Tonfall und den harmonischen Hintergrund der Dichtung – jene Wunderwirkungen, die der Poesie eine Macht über die Leidenschaften ermöglichte, welche in der Folgezeit das Wort nur noch über die Vernunft ausüben konnte.« [11]

Cages konstruktivistischer Gebrauch von Sprache als einem zeitlich entschlüsselbaren Klang-Raum gewinnt dieser etwas von jener archaischen Erfahrung zurück, in der Laut und Empfindung eins waren.

Anmerkungen

1 Arnold Schönberg, Stil und Gedanke, in: Gesammelte Schriften 1, Frankfurt am Main 1976, S. 77.

2 Zur Diskussion des Zeitbegriffs vgl. Theodor W. Adorno, Philosophie der Neuen Musik, Frankfurt am Main 1976; ders., Vers une musique informelle, in: Gesammelte Schriften 16, Frankfurt am Main 1978, S. 493 ff.

3 James Tenney, John Cage und die Theorie der Harmonik, in: Musik-Texte (Heft 37), Dezember 1990, S. 44-53.

4 A.a.O., S. 47. Das Zitat entstammt: John Cage, Composition as Process, in: Silence, Middletown, Connecticut (Wesleyan University Press) 1961, S. 7.

5 John Cage, Silence, a.a.O., S. 240.

6 John Cage, Vortrag über Etwas, in: ders., Silence, übersetzt von Ernst Jandl, Neuwied und Berlin 1969, S. 32.

7 Cage, Silence, a.a.O., S. 100.

8 Zur Rolle des Zufalls vgl. Pierre Boulez/John Cage, Correspondance et documents, Basel 1990.

9 Die Erwähnung des Begriffs Modul findet sich in Silence, a.a.O., S. 92.

10 John Cage, I-VI, Cambridge/London 1990, S. 6.

11 Jean-Jacques Rousseau, Musik und Sprache, Leipzig 1989, S. 153 f.

Merce Cunningham
Zeit/Raum und Bewegung

Zu Beginn der fünfziger Jahre, insbesondere mit dem Aufkommen elektronischer, mit Hilfe magnetbeschichteter Bänder produzierter Musik, die Zeit als Raum maß (indem ein Betrag x von Klängen pro Inch plaziert werden konnte), wurde es möglich, die eigenen Vorstellungen vom Gebrauch der Zeit zwischen Musik und Tanz zu modifizieren. Eine neue Elastizität zwischen diesen beiden war verfügbar geworden.

Weil Musik nicht notwendigerweise auf dem periodisch wiederkehrenden Beat oder Schlag, d. h. dem Takt begründet war, sondern ebenso die Anwendung des nicht-periodischen Taktes oder auch ganz einfach den elektronischen Klang selbst ohne bewußt wahrnehmbares Metrum beinhalten mochte, konnte verändert, erweitert werden, was die Beziehung zwischen Musik und Tanz ausmachte.

Bis zu dem Zeitpunkt hatte meine Arbeit mit dem Komponisten John Cage darin bestanden, die Beziehung zwischen dem Tanz und der Musik durch Zeitstrukturen, durch rhythmische Strukturen festzulegen, indem an bestimmten strukturalen Punkten Verbindungen hergestellt wurden, wobei aber zwischen den einzelnen Punkten der Struktur Toleranzen möglich waren. Im Tanz betonte Punkte deckten sich nicht notwendigerweise mit Akzenten innerhalb des musikalischen Kontinuums.

Mit dem Aufkommen elektronischer Musik wurde diese Un-Relation erweitert. Der Tanz und die Musik begannen und endeten gemeinsam, die Beziehungen aber wurden in Unabhängigkeit belassen, unter der einzigen verbindlichen Maßgabe der Dauer des Werkes.

Der periodische Takt ist verbunden mit dem physiologischen System. Elektronische Musik ist hingegen verbunden mit dem Nervensystem, das zeitliche Dauer als fließend empfindet. Obwohl das herkömmliche Metrum durchaus noch in die Tänze hineinspielt, ergab der Einsatz nichtperiodischer Zeitsegmentierungen eine andere Art von Fluß und, mehr noch, die Möglichkeit, das Tempo jedes beliebigen Taktelementes zu verschieben. Das brachte mich dazu, technische Bewegung auszuarbeiten, indem ich Tanzklassen leitete, die abrupte Tempiwechsel einführten und kürzere wie längere Zeiteinheiten verwendeten, als allgemein üblich war – eben durch ungleichmäßig segmentierte Zeit.

Ich war mehr daran interessiert, herauszufinden, was in bezug auf die neuen Möglichkeiten, auf die das Aufkommen elektronischer Musik verwies, physisch machbar war, nicht daran, das zu illustrieren, auch nicht an dem Versuch, es ihnen gleich zu tun, sondern sie als das zu belassen, was sie waren, genauso wie den Tanz, nur eben unter Berücksichtigung der neuen Freiheiten innerhalb der Zeit, die sie zuzulassen schienen.

Obwohl die Musik, die zu meinen Tänzen gehört wird, sowohl akustisch als auch elektronisch erzeugt wird, ist sie doch immer »live« vorgetragener Klang und nicht auf Band vorproduziert. Die Musiker – zur Zeit David Tudor, Takehisa Kosugi und Michael Pugliese – setzen sowohl konventionelles als auch unorthodoxes Instrumentarium ein, und das *timing* der Tänze hängt nicht vom Klang ab, sondern ist vielmehr eine Sache zahlreicher Proben (die ohne Musik durchgeführt werden) und des Zeichengebens zwischen den Tänzern. Während dieser Proben nehme ich für jedes Werk die Zeit, indem ich eine Stoppuhr verwende und damit die Sektionen jedes Tanzes überprüfe. Solch eine Sektion kann von beliebiger Länge sein, von wenigen Sekunden bis zu mehreren Minuten, und innerhalb jeder Sektion kann es von Probe zu Probe Variationen geben, obwohl die Gesamtdauer sogar der längsten Sektionen überraschend konstant bleibt, auch dann noch, wenn wir gelegentlich irgendeinen der Tänze monatelang nicht geprobt haben.

Weil ich in der Choreographie der Tänze mit Zufallsoperationen arbeite, entstehen alle Beziehungen, die auftauchen können, unmittelbar während des Werksprozesses, sind also nicht im voraus geplant. Im Verlauf der Proben aber kristallisieren sich diese Beziehungen zwischen den Tänzern mehr oder weniger heraus, obwohl die Zeit davor und/oder danach fließend sein kann. Ich verstehe einen Tanz nicht als ein Objekt, sondern vielmehr als eine Abfolge von Bewegungsereignissen, die, obwohl im Sinne ihrer Wiederholbarkeit begrenzt, dennoch frei genug bleiben, nicht in der exakt gleichen Weise wiederholt zu werden.

Mit diesem Interesse an den möglichen Veränderungen zwischen Tanz und Musik und der Zeit, die sie nutzen, wurde ich in gleichem Maße neugierig auf die Nutzung des Raums. In der Schule war mir beigebracht worden, daß es auf der Bühne einen zentralen Punkt gäbe, der ihr wichtigster überhaupt sei und daß sich alles in einer auf ihn gerichteten, von ihm ausgehenden und ihn umkreisenden Beziehung befände. Aus welchen Gründen auch immer, diese Vorstellung ergab für mich keinen Sinn, sie schien zu begrenzt, obwohl ich zu jener Zeit noch keine Alternative im Kopf hatte.

Als ich dann aber an frühen Soli arbeitete, erschien es mir, als könne jeder beliebige Punkt im Raum als ein Zentrum gedacht werden. Das erinnert natürlich an buddhistisches Denken, aber auch an das Interesse, das Naturwissenschaftler am Gebrauch von *random numbers*, von Zufallszahlen an den Tag legten. Das alles war eine Sache der frühen fünfziger Jahre, ebenso wie die Veröffentlichung der englischen Fassung des *I Ging*, des chinesischen Buches der Wandlungen. So begann ich damit, den Spiel-Raum als einen Bereich zu verstehen, in dem die Tänzer entweder jeder für sich oder gemeinsam in jede Richtung schauen und damit betrachtet werden konnten wie Menschen, die man auf der Straße sieht, nämlich von allen Seiten. Also fingen meine Company und ich an, Vorstellungen in unkonventionellen Aufführungs-Räumlichkeiten zu geben, in Museen, Turnhallen, Freiluftbühnen, vor denen die Zuschauer an zwei, drei oder vier Seiten sitzen konnten. Das brachte für die Art der tänzerischen Arbeit eine andersartige Perspektive mit sich. Es gab kein »vorne« mehr, vielmehr war gerade dort und nur für diesen Augenblick »vorne«, wohin man in irgendeinem beliebigen Moment sah.

Es war, und ist noch immer, notwendig, sich daran zu gewöhnen. In unserer Arbeit mit Film und Video (ich habe eine Reihe Tänze speziell für die Kamera choreographiert) schien es unerläßlich, eine Möglichkeit zu finden, die Tänzer bei ihrem gerichteten Schauen noch flexibler zu machen. Die Bühnenart des »Nach-vorne-Schauens« ergab nur einen einzigen Fokus, der auch dann noch als solcher galt, wenn man sich bereits abgewandt hatte, weil die Beziehung zu diesem Bühnenpunkt beibehalten blieb. Für eine Kamera aber konnte dieser Bezugspunkt wandern. Ich motivierte den Tänzer oder die Tänzerin, dieses Wandern selbst anzuregen. Ich bitte sie, sich voneinander nach vorne, nach hinten oder zur Seite zu bewegen, so daß auch dann, wenn sich der Punkt, auf den sie sich zubewegen, für die Kamera verändert, sie dies auf sich selbst beziehen können. Es gibt zwei physische Aktionsweisen, deren man sich bewußt sein muß, wenn man sich räumlich bewegt. Eine ist die Richtung, in der man oder der Punkt, auf den man zugeht: die zweite ist die *Art* des Zugewandtseins, also: Bewegt man sich mit der Vorderseite, der Seite oder der Rückseite seines Körpers einem Punkt zu, den man im Blick hat?

Für die Kameraarbeit ist das nützlich, zumal die Kamera selbst ein beweglicher Ort sein kann, auf den man sich zubewegt. Und was den Tanz betrifft, so mag der Tänzer die Seite des Körpers ändern, die in ihre Richtung weist.

All das zusammen scheint mir in Beziehung zu stehen zur heutigen Welt und den Veränderungen in ihr. Wir leben, wie Marshall McLuhan schrieb, in einem globalen Dorf, in dem kein Teil zwingend wichtiger ist als ein anderer. Außerdem nehmen wir über die Technologie am Leben der Welt in weit unmittelbarerer und intensiverer Weise teil als zuvor. Es schließt nicht aus, was zuvor geschah, aber es eröffnet Dimensionen, die bis heute nicht zugänglich waren.

In den vergangenen Monaten hatte ich Gelegenheit, mit einer Tanztruppe namens Life Forms zusammenzuarbeiten. Dort arbeitet man mit einer dreidimensionalen menschlichen Trickfigur, die durch Manipulation von Gliedern, Rumpf und Kopf die unterschiedlichsten Formen annehmen kann: darüber hinaus kann man ihr Bewegungsabfolgen von jeweils ungefähr einer Minute Dauer auftragen und sich dabei diese Bewegungen aus allen Perspektiven, von oben inklusive, anschauen, wodurch das Bewußtsein geschärft wird dafür, woraus die jeweilige Bewegung besteht.

Der Tanzcomputer gestattet auch, der Figur direkt im Raum Bewegung zu verleihen, ohne vorab an eine be-

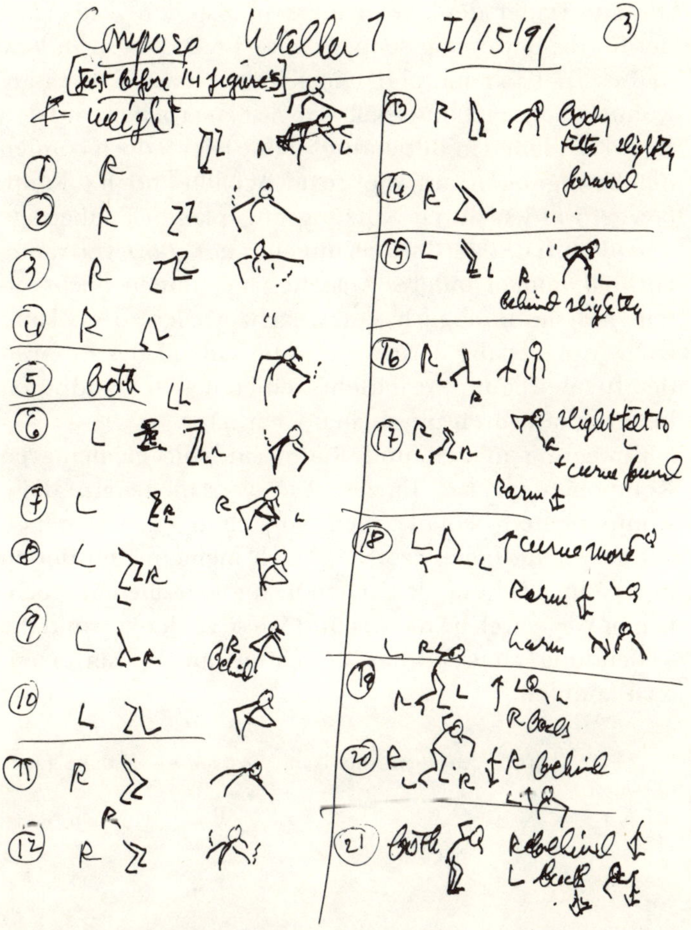

Merce Cunningham: *Walkers 1* eine Sequenz aus *Trackers,* die von Cunningham mit dem Computer bearbeitet wurde (1991)

stimmte Dauer denken zu müssen, also den Zeitbetrag, der für die Bewegungssequenz nötig ist. Dies ist so anders, daß es zuerst irritierend sein kann. Tänzer sind es gewohnt, zuallererst innerhalb der Zeit zu arbeiten und den Raum zu planen in Beziehung zu ihr. Hier jedoch können die Bewegungen auf die Form gepaßt und im Raum bewegt werden durch Nutzung ungeplanter Zeitbeträge und dadurch, daß Phrasierungen, auch ganz vertraute, ein vollkommen anderes Aussehen bekommen. Nicht selten sind sie unmöglich exakt nachzustellen, doch kann auch Annäherung bereits ein unterschiedliches Empfinden für Bewegung vermitteln – einen neuen Standpunkt in bezug auf ihren physischen Charakter.

Bewegung in Zeit und Raum sind die elementaren Komponenten des Tanzes. Die verschiedenen, diese Komponenten bedenkenden Vorstellungen, mit denen ich gearbeitet habe, eröffnen nach meinem Empfinden unter Einbeziehung der neuen technologischen Möglichkeiten Wege, welche die Art und Weise zu denken und die Vollendung menschlicher Bewegung im Tanzen erweitern könnten.

Aus dem Amerikanischen von Alexander Schmitz

Gerhard Bohner/Roland Pfrengle

Fassung 3

Raum/Zeit in einem Projekt für Tanz und elektronische Klänge

Choreographie – IM (GOLDENEN) SCHNITT –
Gerhard Bohner
Musik – IM SCHNITT –
Roland Pfrengle

Um neue Kontakte zwischen Tanz und Musik, neue Beziehungen in Zeit und Raum zu finden, wurde eine technische Anordnung gewählt: die Abtastung der Tänzerbewegung auf der Bühne durch elektronische Sensoren und die Weiterverarbeitung dieser Informationen durch einen Computer, der seinerseits wiederum elektronische Klänge und Strukturen generiert und beeinflußt, ermöglicht differenzierte Wechselwirkungen von visueller und akustischer Bewegung in Erweiterung des konventionellen Miteinanders von Tanz und Musik.

Die durch diese Konstellation erreichte Synchronität zwischen Tanz und Musik tritt nur teilweise unmittelbar in Erscheinung, sie wird u.a. durch Verschiebungen der Zeitachse in der Musik zu komplexeren Reaktionen der Klänge genutzt, um der Musik eine gewisse Eigenständigkeit zu erhalten.

Neben diesen Zeitbeziehungen sind auch die räumlichen Beziehungen mit Hilfe der »technischen« Synchronität in komplexere Zusammenhänge komponiert. Durch die Anordnung der 4 Lautsprecher hinten auf der Bühne und hinter dem Publikum wird der akustische Raum bis hinter die Zuhörer ausgedehnt. So besteht die Möglichkeit der Vergrößerung des Bühnen-Raumes durch die Akustik.

Für beide Ebenen, Zeit und Raum, gilt: die Beziehungen von Tanz zu Musik reichen von parallelen über kontrapunktische bis zu völlig eigenständigen Momenten.

Die 24 Teile der Choreographie sind für die FASSUNG 3 auf 32 erweitert. Die Musik ist generell nur durch den Tänzer beeinflußbar, außer in den Tänzen:
1,2,25: ist die Musik nur vom Musiker interpretierbar.
12,20,21: ist die Musik durch den Tänzer und den Musiker beeinflußbar.
3,4,12: ist die Musik vom Tänzer und Musiker unabhängig.

Die Raumbewegungen finden auf einer Fläche von 8 × 8 m statt, die Nummer 11,22,23,24 sind Variationen der Raumform 5.

Die Musik wird beeinflußt in den Parametern Tonhöhe, Geschwindigkeit, Klangfarbe, Lautstärke und Struktur.
Zeiträume entstehen in ihr durch verschiedene Zeitmaße zur gleichen Zeit.
Akustischer Raum ist definiert als Geometrie, musikalischer Raum als Rahmen musikalischer Elemente.

Roland Pfrengle

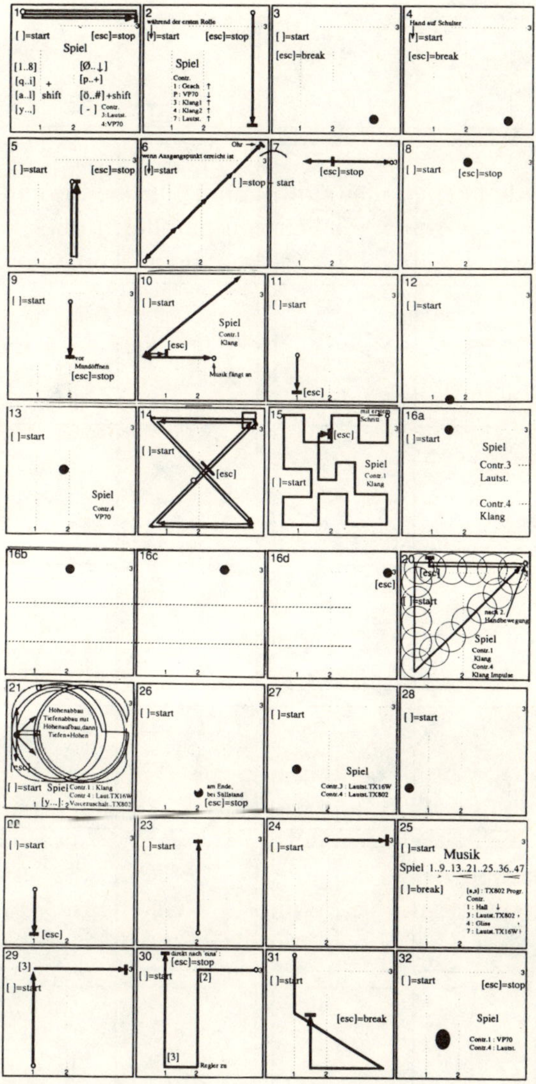

Roland Pfrengle: Bühnenaufteilung und Aufzeichnung zur Musik für die *Fassung 3, (Im (Goldenen) Schnitt 3)* (1989)

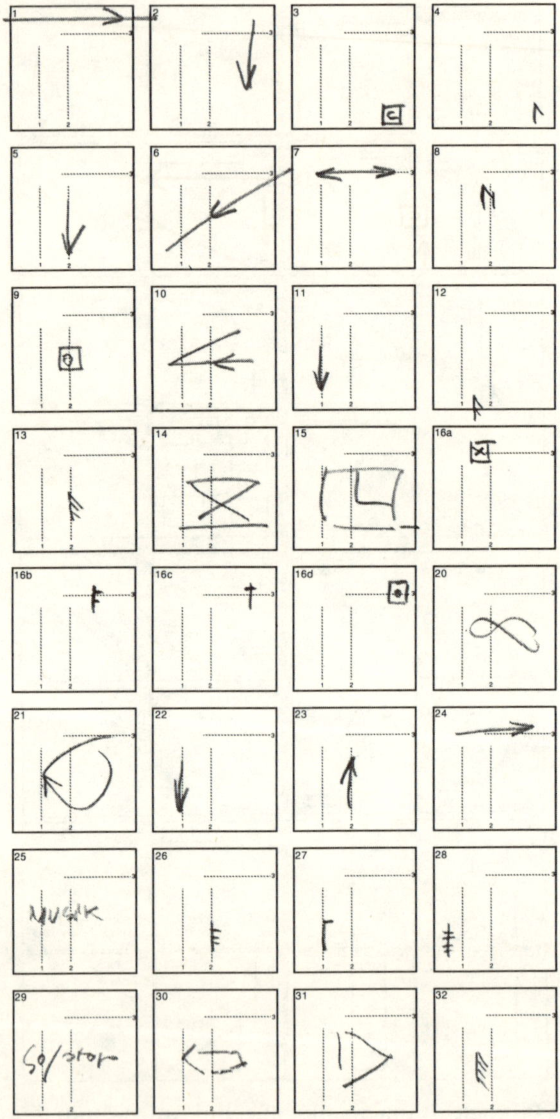

Gerhard Bohner: Bewegungsaufzeichnungen zu *Fassung 3, (Im (Goldenen) Schnitt 3)* (1989)

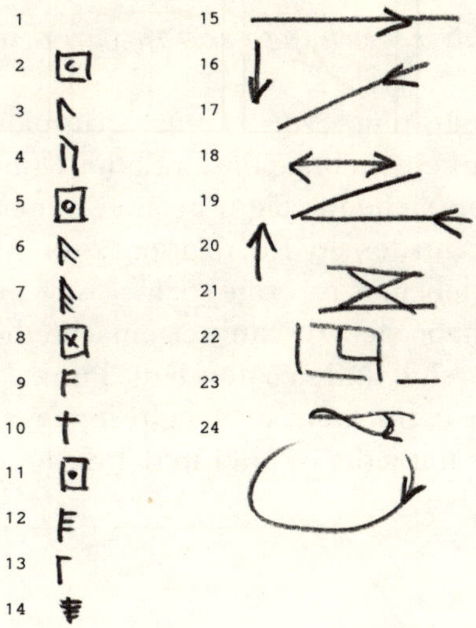

1
2 Kopf
3 Schulter
4 Arm
5 Brust
6 Ellenbogen
7 Hand
8 Taille
9 Hüfte
10 Knie
11 Becken
12 Fuß
13 Bein
14 Füße
15-24 Richtungszeichen

Trisha Brown
Systematisierter Zufall

Zur Entstehung der Tanzpartituren

Die Choreographie von *Locus* gruppiert sich um 27 Punkte auf einem imaginären Raum-Kubus, der etwas größer als eine stehende Figur in einer weiten Position ist. Die Punkte wurden in Korrelation zum Alphabet und einer geschriebenen Aussage, d. h. 1 ist A, 2 ist B (usw.) gesetzt. Ich habe vier Abschnitte gemacht, die jeweils drei Minuten lang sind und sich durch die Punkte bewegen, sie berühren, sie betrachten, sie überspringen, auf jeden Fall irgend etwas mit jedem Punkt in der Serie tun, sei es ein

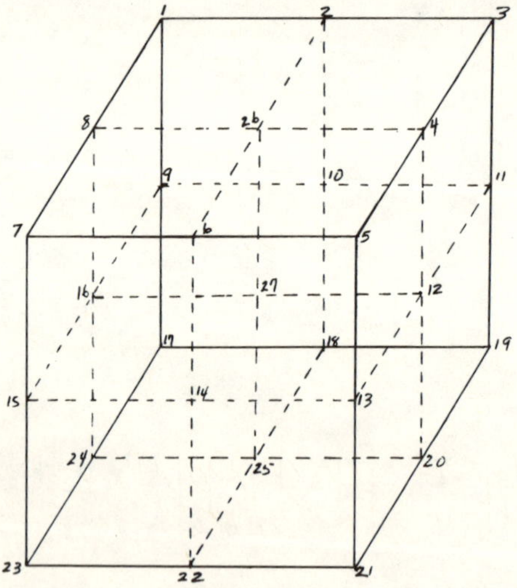

Trisha Brown: Zeichnung des imaginären Kubus mit Referenzpunkten zu *Locus* (1975)

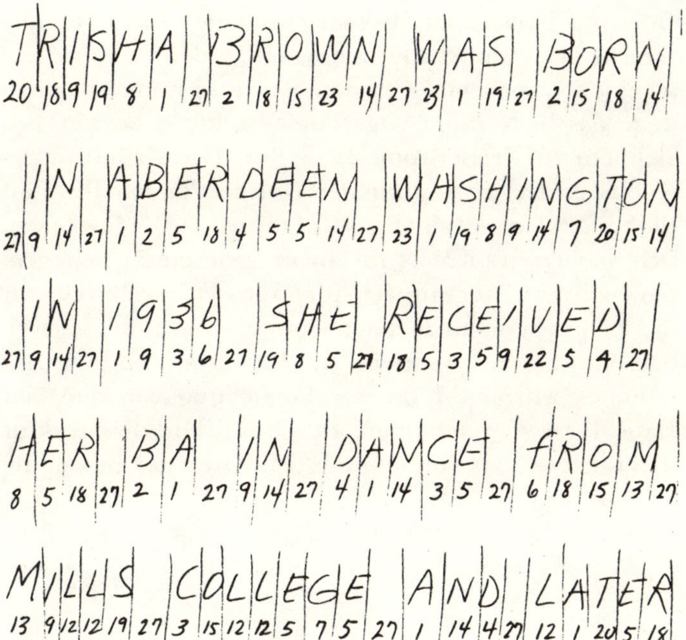

Trisha Brown: Auszug aus dem Bewegungsmuster zu *Locus* (1975). Biographische Daten stehen in Korrelation mit numerierten Referenzpunkten im imaginären Kubus.

einzelner Punkt oder aber im Zusammenspiel mit anderen. Es gibt zwar Wiederholungen bei den Raumwegen, nicht jedoch bei den Gebärden. Der Tanz ist nicht statisch dem Zuschauerraum zugewandt, sondern bewegt sich vielmehr in Kreisen um sich selbst. Der Grundriß des Kubus' ist vervielfältigt um ein Gitter zu bilden, das fünf Einheiten weit und vier tief ist. Man hat die Möglichkeiten, sich von einem Kubus zu einem anderen zu bewegen, ohne diese Bewegung zu verzerren. Dadurch, daß wir diese Optionen wahrnehmen, bewegen wir uns. Die jeweilige Auswahl des Wendens, der Plazierung und des Abschnittes wird während der Vorstellung von den vier Darstellern vorgenommen. Dies beschreibt die Struktur des Tanzes – man füllt ihn mit den Arten der Bewegung aus …

Aus: Trisha Brown, A Profile (1975)

Lucinda Childs
Scores

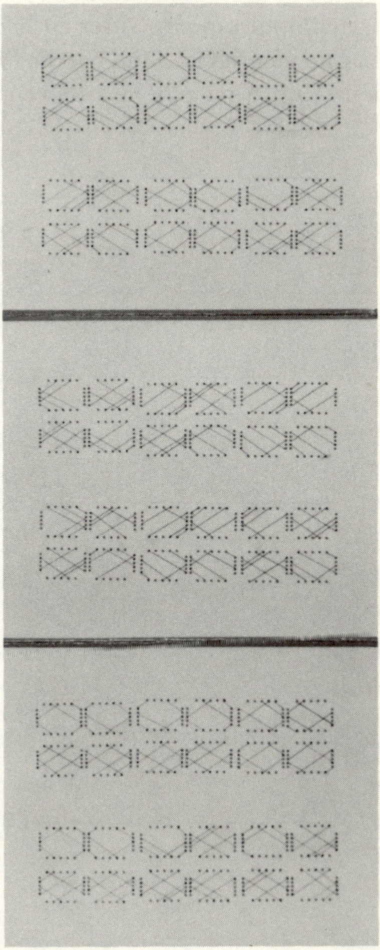

Lucinda Childs: Tanzpartitur zu *Melody Exerpt* (1977)

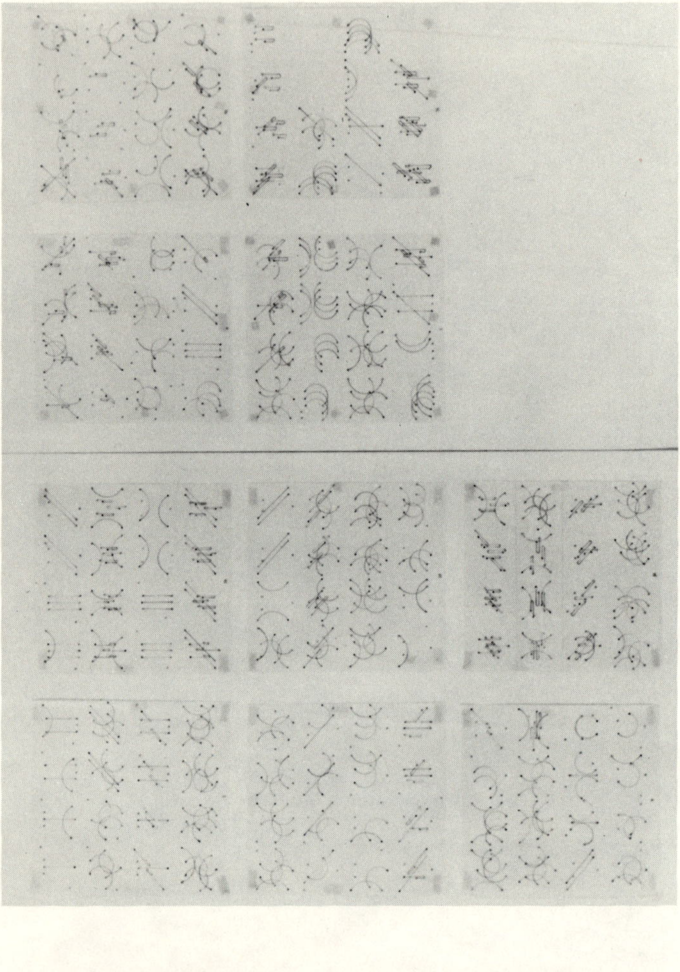

Lucinda Childs: Tanzpartitur zu *Relative Calm* (1981)

Lucinda Childs: Tanzpartitur zu *Caligo Mingling* (1973)

Zu den Autoren

Jörn Behrmann: geb. 1935, Wissenschaftlicher Mitarbeiter in der Forschungsstelle Gottstein, Max-Planck-Gesellschaft; Publikationen zum Verhältnis von Perspektivität und Zeit sowie zur wissenschaftlichen Kooperation mit Entwicklungsländern.

Martin Bergelt: geb. 1957, Literaturwissenschaftler, 1981-85 Theaterarbeit in Frankfurt am Theater am Turm. Seit 1989 selbständig (Kulturbüro Völckers & Bergelt).

Gerhard Bohner: geb. 1936, Tänzer und Choreograph, lebt in Berlin.

Gabriele Brandstetter: geb. 1954, Literatur- und Tanzwissenschaftlerin, Mitarbeiterin am Forschungsinstitut für Musiktheater der Universität Bayreuth, z. Zt. Forschungsaufenthalt an dem *Derra de Moroda Dance Archives* der Universität Salzburg. 1989 erschien *Loïe Fuller. Tanz. Licht-Spiel. Art Nouveau* (zusammen mit Brygida Maria Ochaim).

Trisha Brown: geb. 1936, Tänzerin und Choreographin. Seit 1970 Leiterin der Trisha Brown Dance Company (USA).

John Cage: geb. 1912, Komponist, Musiker, Schriftsteller und Maler, lebt in New York.

Lucinda Childs: geb. 1940, Tänzerin und Choreographin. Seit 1973 Leiterin der Lucinda Childs Dance Company (USA).

Merce Cunningham: geb. 1919, Tänzer und Choreograph. Seit 1953 Leiter der Merce Cunningham Dance Company (USA).

Georg Franck: geb. 1946, Dr. rer. pol., Autor und Architekt. 1991 erschien *Raumökonomie, Stadtentwicklung und Umweltpolitik.*

Bernd Guggenberger: geb. 1946, Professor für politische Wissenschaften am Otto-Suhr-Institut (Berlin). 1987 erschien *Sein oder Design. Zur Dialektik der Aufklärung.*

Herrmann Haken: geb. 1927, Professor für theoretische Physik an der Universität Stuttgart. Publikationen zur Synergetik. 1989 erschien *Entstehung von biologischer Information und Ordnung.*

Peter Kafka: geb. 1933, seit 1965 am Max-Planck-Institut für Astrophysik in Garching bei München. Bücher und Aufsätze über das Wesen der Fortschrittskritik. Zuletzt *Das Grundgesetz vom Aufstieg*, München 1989.

Rudolf zur Lippe: geb. 1937, Professor für Sozialphilosophie und Ästhetik an der Universität Oldenburg. Mitherausgeber der Zeitschrift *Poesis.* 1974 erschien *Naturbeherrschung am Menschen*, 2 Bände.

Erhard Oeser: geb. 1938, Professor für Philosophie und Wissenschaftstheorie an der Universität Wien. 1979 erschien *Wissenschaftstheorie als Rekonstruktion der Wissenschaftsgeschichte*, 2 Bände; 1987 *Psychozoikum.*

Roland Pfrengle: geb. 1945, studierte in Berlin u. a. Komposition; intensive Beschäftigung mit Fragen der Kommunikation, der Kybernetik und der Raumakustik, schrieb Kammermusik, Musik für Orchester, Bühnenwerke, elektronische Musik.

Stefan Schädler: geb. 1952, Musikwissenschaftler in Frankfurt; Tätigkeit als Musikdramaturg für den Rundfunk; arbeitet derzeit über John Cage.

Helmut Tributsch: geb. 1943, Professor am Institut für physikalische und theoretische Chemie der FU Berlin. 1986 erschien *Die gläsernen Türme von Atlantis*.

Paul Virilio: geb. 1932, leitet die Ecole d'Architecture Spécial (Paris) und ist als Architekt tätig. 1978 erschien *fahren, fahren, fahren*; 1980 *Geschwindigkeit und Politik*; 1989 *Der negative Horizont*.